21世纪高职高专规划教材·市场营销系列

市场营销原理与实务

主编　王枝茂

中国人民大学出版社
·北京·

图书在版编目（CIP）数据

市场营销原理与实务/王枝茂主编．—北京：中国人民大学出版社，2011.12
21 世纪高职高专规划教材．市场营销系列
ISBN 978-7-300-14971-4

Ⅰ.①市… Ⅱ.①王… Ⅲ.①市场营销学-高等职业教育-教材 Ⅳ.①F713.50

中国版本图书馆 CIP 数据核字（2011）第 263694 号

21 世纪高职高专规划教材·市场营销系列
市场营销原理与实务
主编　王枝茂

出版发行	中国人民大学出版社		
社　　址	北京中关村大街 31 号	**邮政编码**	100080
电　　话	010－62511242（总编室）		010－62511398（质管部）
	010－82501766（邮购部）		010－62514148（门市部）
	010－62515195（发行公司）		010－62515275（盗版举报）
网　　址	http://www.crup.com.cn		
	http://www.ttrnet.com(人大教研网)		
经　　销	新华书店		
印　　刷	北京民族印务有限责任公司		
规　　格	185 mm×260 mm　16 开本	**版　　次**	2011 年 12 月第 1 版
印　　张	14	**印　　次**	2014 年 8 月第 2 次印刷
字　　数	331 000	**定　　价**	26.00 元

前　言

本教材围绕高等教育的培养目标，坚持以能力为本位，以实践为基础，以学生为主体，确立课程体系和教材内容。本教材主要有以下特点：

1. 突出基本原理。针对高等职业教育学生的基础，以市场营销基本原理的介绍为主线，较系统地阐述市场营销的基本知识和基本策略，并注重介绍国内外市场营销的新成果和营销实践的新经验。

2. 注重技能的培养。坚持以能力为本位，每章前面有学习目标，后面有思考与练习，包括复习思考题、案例分析题、营销讨论题；每节中都有案例，方便学生学习和老师组织课堂教学及实践。

3. 尽量采用图表形式表达。采用图表形式，使教学内容具体、形象、直观。同时便于老师制作课件，充分利用现代化教学手段。

4. 重视新理论、新成果的运用。在市场经济条件下，国内外的企业在激烈的市场竞争实践中创造出许多市场营销的新经验、新方法，形成了一系列的新的思想。这些在本教材也有所体现。

本教材由太原科技大学王枝茂教授编写。编写过程中参阅了国内外许多相关教材和资料，在此谨向这些教材和资料的作者致谢。

由于编者水平有限，书中不足之处敬请读者批评指正。

编　者

2011 年 10 月

目　录

第一章　市场营销概论

【学习目标】

通过本章的学习，正确把握市场营销的核心概念，清晰描述市场营销观念的演变过程，认清市场营销在企业中的地位及重要性。

第一节　市场营销的核心概念

市场营销学是一门研究市场营销活动及其规律性的应用科学。市场营销活动是在一定的营销观念的指导下进行的，因此，准确把握市场营销的核心概念，全面理解市场营销观念的内涵，对于搞好市场营销、提高企业经济效益具有重要意义。

一、市场营销的概念

市场营销学自 20 世纪初在美国诞生以来，有近百年的历史。它随着时代和竞争环境的变化不断地演变。百年以来，西方的学者在不同的历史时期为市场营销下了不同的定义，其中包括权威的美国市场营销学会对市场营销定义作的几次修改。美国市场营销学会对市场营销所下的最新定义为：

市场营销作为一种计划及执行活动，其过程包括对一件商品、一项服务或一种思想的开发制作、定价、促销和流通等，其目的是经由交换及交易的过程达到满足组织或个人需求的目标。

根据这一定义，我们可以把“市场营销”的概念具体归纳为以下几个要点：

（1）市场营销的最终目标是“满足组织或个人的需求”。

（2）“交换”是核心，无交换过程，就无法满足组织或个人需求。

（3）交换过程是否顺利，取决于一连串的“计划及执行活动”。

（4）市场营销反映一种“观念及态度”。

这一定义的核心内容是满足顾客，但必须注意：现代市场营销活动不仅涉及商业活动，也涉及非商业活动；不仅涉及个人，也涉及团体；不仅涉及实物商品，也涉及无形服务及思想观念。市场营销的对象如表 1—1 所示。

表 1—1　　十大项营销对象

项目	举例
有形商品	如汽车、冰箱、衣服等。
无形服务	如航空、酒店、汽车租赁、理发、美容、维修人员的工作，以及为公司内部或其他公司提供专业的服务，如会计和程序员的工作。
事件	如大型商业展览、艺术表演和公司周年庆典等。
体验	如迪士尼的梦幻王国，人们可以身临其童话世界，登上海盗船或走进鬼屋猎奇。
人物	如艺术家、音乐家、医生、知名律师和金融家，以及其他专业人士都是重视名人效应的营销者关注的对象。
地点	城市、州、地区和国家。如香港每年斥资数百万美元宣传自己旅游胜地和商务会议城市形象。
财产权	个人和组织通过房地产代理商、投资公司及银行的营销活动，买卖财产权。
组织	如大学博物馆。从事艺术活动的组织和非牟利机构不断提高自身的公司形象，以示成功争取观众和获得支持。
信息	如将大学信息提供给家长、学生和公众。非小说类图书以及报纸杂志营销的也是信息。
理念	如“是朋友就不让他酒后开车”，“浪费心智是最大的不智”等。

资料来源：［美］菲利普·科特勒等：《营销管理》，7～8 页，北京，中国人民大学出版社，2009。

要完全了解市场营销的内涵，还必须先从市场营销的核心概念谈起。

二、市场营销的核心概念

所谓核心概念是指贯穿全学科的理论导向和主要线索。抓住了核心概念，就等于抓住了学科的主要脉络。市场营销学专家菲利普·科特勒（Philip Kotler）将市场营销的核心概念归纳为以下几个方面：需要、欲望与需求，商品，价值与满足，交换与交易，市场，市场营销与营销者，营销管理。

（一）需要、欲望与需求

需要及欲望是市场营销活动的起点。商品需求的大小表示消费者和市场营销者多大程度上想去满足自己特定的需要及欲望。需要、欲望及需求分别代表不同的意义。

所谓需要是指没有得到某些基本满足的感受状态。人类为了生存，需要食品、衣服、住所、安全、归属、受人尊重等，这些需要都不是社会或营销者所能创造的，它们存在于自身的生理和心理结构之中。

所谓欲望是指想得到基本需要的愿望。一种需要可以用不同的具体满足物来满足。一个人需要食品，想要得到一块面包；需要衣服，想得到一件皮尔·卡丹（Pierre Cardin）上装；需要被人尊重，想购买一辆汽车。人类的需要并不多，而他们的欲望却是多种多样的。市场营销人员虽然无法创造人们的基本需要，但可以利用各种营销手段来创造人们的欲望，并开发及销售特定的商品及服务来满足欲望。假如人们口渴时（生理的需要），我们可以通过营销手段使人们产生喝汽水、果汁、啤酒的欲望。

市场营销人员的任务不仅是激起消费者的欲望，而且还必须设法激起消费者购买营销者商品的需求。

所谓需求是指对于有能力购买并且愿意购买的某个具体商品的欲望。当具有购买能力时，欲望便能转化成需求。许多人都想要一辆汽车，但只有一部分人有能力购买并且愿意购买。因此，现代市场营销不仅估量有多少人想要本企业的产品，更为重要的是，应该了解有多少人真正愿意购买并且有相应的支付能力。

人的需要和欲望是市场营销学的出发点，但营销者并不创造需要，需要早就存在于营销活动出现之前。营销者只是影响人们的需要，力图通过各种营销活动，使产品具有吸引力，适应消费者的支付能力来满足其需要。

（二）商品

人们靠商品来满足自己的各种需要和欲望。从广义来说，任何能用以满足人类某种需要或欲望的东西都是商品。商品包括实体商品和无形商品。实体商品是指对人有某种效用的实物，如一台冰箱、一杯饮料等；无形商品是指围绕商品提供的各种服务。人们购买实体商品，主要目的不在于拥有该商品，而在于用它来满足需要和欲望。如人们购买电冰箱不是为了观赏，而是用来冷藏和保存食品，购买饮料是为了解渴。所以实体商品是满足人们需要的核心商品，如果制造商只是关心商品实体，忽视围绕商品提供的各种服务，那就会目光短浅，导致营销近视。营销者的任务有两个：一是推销商品实体，二是提供商品实体中所包含的各种服务。

（三）价值与满足

一件能满足欲望的商品到底值多少钱？有些经济学家主张，一件商品的价值是所投入的人力、物力、时间的总和，即商品的价值等于其“客观成本的总和”。实际上这是一种很狭隘的观念。真正的商品价值是主观的，而不是客观的。

市场营销学上的价值，是指消费者对商品满足各种需要的能力的综合评估，而不是指商品本身价值的大小。因此，真正决定商品价值的因素是“商品本身给人们所带来的满足”。如女性用的名牌化妆品，尽管价格很贵，可是买者还是趋之若鹜。难道化妆品卖的仅是香气和颜色吗？不是，化妆品卖的是青春、美丽及所带来的称赞。商品能满足人们的需要就产生价值，市场营销学讲究的就是创造价值。

（四）交换与交易

交换是市场营销理论的中心。如果没有买卖双方交易式的交换行为，单单用商品去满足特定的需要，还不足以构成市场营销活动。当人们决定以交换方式来满足需要或欲望时，就存在市场营销了。人类对需求或欲望的满足可以采取各种方式，如自产自销（种菜自己吃）、强取豪夺（偷盗或打劫）、乞讨（乞丐要钱）、交易式交换（买卖）等，但其中只有交易式交换才符合市场营销的基本精神。

所谓交换是指通过提供某种东西作为回报，从别人那里取得所需物的行为。交换的发生，必须具备以下五个条件：

（1）至少有两个以上的买卖（或交换）双方。

（2）交换双方都拥有另一方想要的东西（价值）。

（3）交换双方都有沟通及向另一方运送货品的能力。

（4）交换双方都拥有自由选择的权利。

（5）交换双方都觉得值得与对方交易。

以上五个条件满足之后，交换才可能发生。最终是否交换还要看交换双方是否能同意交换的价值。只有双方都认为自己在交换以后得到更大利益，交换才会真正产生。

交换并非是一次性的活动，而是一个过程。交换的双方都要经历一个寻找适合的商品或服务、谈判价格或其他交换条件以及达成交换协议的过程。一旦达成交换协议，交易也就产生了。

交易是交换的最基本单位，是由买卖双方之间的价值交换所构成的行为或者是买卖双方对某特定事物“达成交换”或“完成买卖”的过程。例如张先生要买一辆汽车，他首先要做大量的市场调查，看广告，比较各种车型和价格，选定自己最喜欢的车型，然后，他还要到各个汽车销售点，与汽车营销人员讨价还价，在得到自己认可的价格后就把汽车买下来，这样，买卖双方就完成了交易。整个交换过程包括研究汽车市场信息、看汽车、讨价还价、付款、办理汽车过户手续等。一次交易包括三个可以度量的实质内容：一是至少有两个有价值的事物；二是买卖双方所同意的条件；三是协议的时间和地点。

进行交易基本上有以下两种方式：

(1) 现金交换，如用钱买车、食物等。

(2) 非现金交换，如以物易物、补偿性交易等。

近年来，许多国家缺乏外汇，第二种交易方式在国际市场上颇为流行。

市场营销人员在交换及交易过程中所扮演的角色，包括确认客户的需要，寻找和开发产品，协调生产、运输，促使交易发生，以及售后服务等。对于市场营销人员来讲，要想做好市场营销规划，自己必须对通盘的交换过程有透彻的了解，设计出的市场营销策略及战术必须是整合性的。

(五) 市场

市场是发展的动态的概念。随着社会生产力的发展，市场的范围和规模、市场竞争关系、市场概念的内涵也随之变化。

从经济学的观点来看，市场可以有以下几种定义：

(1) 市场是商品交换的场所。

(2) 市场是商品交换和流通的领域。

(3) 市场是商品供给和需求关系的总和。

从企业或市场营销学的观点来看，市场是指某种商品的现实购买者与潜在购买者需求的总和。因为市场营销学主要研究作为销售者的企业的市场营销活动，即研究企业如何通过整体市场营销活动，适应并满足购买者的需求，以实现经营目标。因此，站在销售者的角度，同行供给者即其他销售者都是竞争者，而不是市场。销售者构成行业，购买者构成市场。

市场包括三个因素，即有某种需要的人、为满足这种需要的购买能力和购买欲望。用公式来表示就是：市场＝购买者＋购买力＋购买欲望。

市场的这三个因素是相互制约、缺一不可的，只有三者结合起来才能构成现实的市场，才能决定市场的规模和容量。例如，一个国家或地区人口众多，但收入很低，购买力有限，也不能成为很大的市场。只有人口众多，购买力强，方能成为一个有潜力的市场，但是如果商品不适合需要，不能引起人们的购买欲望，对消费者来说，仍然不能成为现实的市场。市场是上述三因素的统一。所以说市场是指具有特定需要和欲望，而且愿意并能够通过交换来满足这种需要或欲望的全部潜在顾客。

市场可以根据不同的标准划分类型，但市场营销学一般根据两种标准划分。一是根据购买者的身份，划分为消费者市场、生产者市场、中间商市场和政府市场。不同的市场有不同的需求和购买行为，因为这种分类方法有利于分别研究各类市场的特点，使营销者能按照购买者的要求制定专门的市场营销策略。二是根据商品或服务的具体用途，划分为生活资料市场、生产资料市场、技术市场、金融市场、房地产市场、旅游市场等，这种分类方法有利于研究不同商品和服务的特点，制定特定的营销策略。

（六）市场营销与市场营销者

由上述分析可知，我们可以将市场营销理解为与市场有关的人类活动，即以满足人类各种需要和欲望为目的，通过市场实现交换的活动。在交换双方中，如果一方比另一方更主动、更积极地寻求交换，则前者称为市场营销者，后者称为潜在顾客。所谓市场营销者，是指希望从别人那里取得资源并愿意以某种有价之物作为交换的人。市场营销者可以是卖主，也可以是买主。例如有几个人同时想买正在市场上出售的某种奇缺商品，他们几个各自采用不同的购买手段尽力使自己被卖主选中，这些购买者就都在进行市场营销活动。在另一种场合，买卖双方都在积极寻求交换，那么我们就把双方都称为市场营销者，并把这种情况称为相互市场营销。

（七）营销管理

营销管理是指为实现营销目标，而对整个营销活动，包括营销计划的编制、执行、营销手段的采用、分销渠道的选择、商品价格的制定等进行控制、调节的活动。任何营销活动在实践过程中都会发生偏差，影响营销目标的实现。所以，营销管理是市场营销活动不可缺少的重要环节。

综上所述，市场营销学的核心概念如图1—1所示。

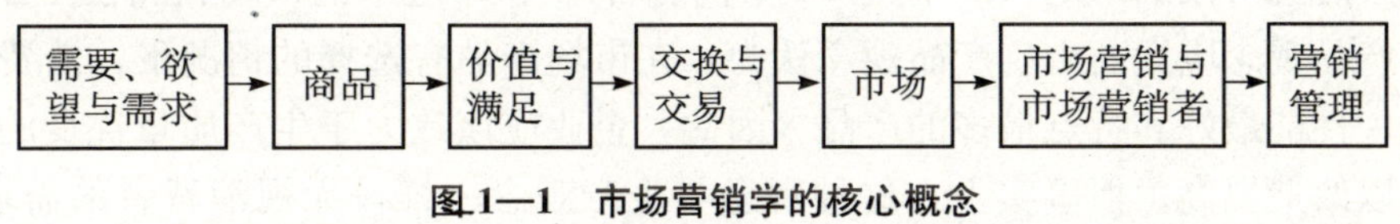

图1—1 市场营销学的核心概念

第二节 市场营销观念的演变

市场营销观念是企业市场营销活动的指导思想，是营销者处理企业利益、顾客需要和社会发展及其相互关系的态度、理念和准则。近年来，西方的市场营销学者就市场营销观念的发展阶段作了不同的划分，但其内涵基本相同。根据西方较为流行的划分方法，把市场营销观念的演变归纳为以下五个阶段。

一、生产观念

从工业革命至1920年间生产观念曾是主导西方企业的策略思想。在这段时间内，西方经济处于卖方市场的形式。市场商品供不应求，选择甚少，只要价格合理，消费者就会购买。市场营销的重心在于大量生产，解决供不应求的问题，消费者的需求和欲望并不受重视。我国在计划经济时期，由于市场上商品短缺，企业不愁其商品没有销路，所以在其经营管理中也奉行生产观念。具体表现为：工业企业集中力量发展生产，轻视市场营销，实行以产定销；商业企业集中力量抓货源，工业企业生产什么就收购什么，生产多少就收购多少，也不重视市场营销。

生产观念虽然是卖方市场的产物，但它却时常成为某些企业的策略选择。例如一些企业以生产观念作为指导，大力推行批量性的标准化生产，以提高生产效率，降低生产成本，最后实现以低价为竞争基础的市场扩张策略。不过以生产观念为指导的企业只有在市场上新产品质量基本相同的情况下才有一定的竞争力，一旦供不应求的市场状况得到缓和，消费者对商品质量产生不同的要求，企业就必须运用新的观念，来指导自己的生产经营。

案例1—1

20 世纪初，美国福特汽车公司制造的产品供不应求，亨利·福特曾傲慢地宣称："不管顾客需要什么颜色的汽车，我只有黑色的。"公司倾全力于汽车的大规模生产，降低成本，扩大市场。

T 型福特汽车 1912 年的售价为 600 美元，1914 年为 490 美元，1916 年为 360 美元，1924 年为 290 美元。1924 年，福特车的售价不到美国普通工人三个月的工资之和。轿车从此走进普通美国家庭，美国逐步成为汽车国家。

资料来源：李强：《市场营销学教程》，7 页，大连，东北财经大学出版社，2004。

二、产品观念

在生产观念阶段的末期（20 世纪 20 年代前后），供不应求的市场状况在西方社会得到了缓和，产品观念应运而生。产品观念认为，在市场产品有选择的情况下，消费者会欢迎质量最优、性能最好和特点最多的产品。因此，企业应该致力于生产质量优良的产品，并不断地加以改造提高。但事实上，这种观念与生产观念一样，无视消费者的需求和欲望。所谓优质产品往往是一群工程师在实验室里设计出来的，这些产品上市之前从来没有征求过消费者的意见。

产品观念在市场营销观的演变过程中至少经历了两个阶段。一是工程师们设计产品时并不知道消费者对其产品的价值衡量标准，结果生产出来的产品很可能低于或不吻合消费者的预期价值，从而造成滞销。二是一味追求高质量往往导致产品的质量和功能过剩。高质量、多功能往往附带着高成本。消费者的购买力并不是无限的，如果产品质量过高，客户就会拒绝承担为这些额外的高质量所增加的成本，从而转向购买其他企业的产品。

三、推销观念

自 20 世纪 30 年代以来，随着工业化和生产机械化的发展，生产部门的劳动生产率和产量迅速提高，产品质量也不断提高，大量产品充斥市场，供给已不成问题，买方市场开始在西方国家逐渐形成。在激烈的市场竞争中，许多企业的管理思想开始从生产观念或产品观念转移到了推销观念。这些企业认为要想在竞争中取胜，就必须卖掉自己生产的每一件产品；要想卖掉自己的产品，就必须引起消费者购买自己产品的兴趣和欲望，企业就必须进行大量的推销活动。因此，管理者的工作重点应是用尽一切手段去刺激顾客购买企业的产品，使企业现成的产品能尽快地推销给消费者。推销观念只重视企业的销售，而不管产品是否真正符合消费者的需要，至于消费者买后是否会后悔或觉得上当，也根本不去考虑。这就完全漠视了最基本的一条，即消费者才是市场营销的主人。以销售为导向的管理，其重点在于如何使用各种推销及促销手段，如广告、打折、送礼品、推销人员的游说等，以实现最大销售目的。

案例1—2

1994 年，“三株”莺啼初试，销售额达 1.25 亿元，1995 年猛增到 23 亿元，1996 年则达到惊人的 80 亿元，支撑这个销售奇迹的是“三株”惊人的销售手段。它在全国所有的大城市、省会城市等注册了 600 个子公司，吸纳了 15 万销售人员，“三株”的传单、招贴标语和横幅满天飞，成为家喻户晓的名牌。

最近几年，“三株”销售业绩开始滑坡，还欠下大批货款。这一方面有管理体制的原因，另一方面也与“三株”狭隘的推销观念有关。“三株”只注重花费大量的人力、物力把生产出来的产品推销出去，而忽视了市场的调查研究工作，致使产品功能与消费者日益变化的需求脱节。这样一来，即使是最好的推销手段也难以吸引消费。

资料来源：王方华：《市场营销学》，29 页，上海，复旦大学出版社，2001。

四、市场营销观念

市场营销观念产生于 20 世纪 50 年代中期。第二次世界大战以后，欧美各国的军工工业很快地转向民用工业，工业品和消费品生产的总量剧增，造成了生产相对过剩，随之导致了市场上的激烈竞争。在这一部分竞争中，许多企业开始认识到传统的推销观念已不能适应市场的发展，它们开始注意消费者的需求和欲望，并研究其购买行为。这一观念上的转变是市场营销理论上的一次重大的变革，企业开始从以生产为重心转向以消费为重心，从此结束了以产定销的局面。

美国市场营销学家西奥多·莱维特曾对推销观念和市场营销观念做过深刻的比较（见图 1—2），他指出：推销观念注重卖方需要，市场营销观念则注重买方需要；推销观念以卖方需要为出发点，考虑如何把产品变成现金，而市场营销观念则考虑如何通过制造、传送产品以及与最终产品消费有关的所有活动，来满足顾客的需要。从图 1—2 可以看出，推销观念的视角是由内向外的，它从工厂出发，以现有产品为中心，通过大量的推销和促

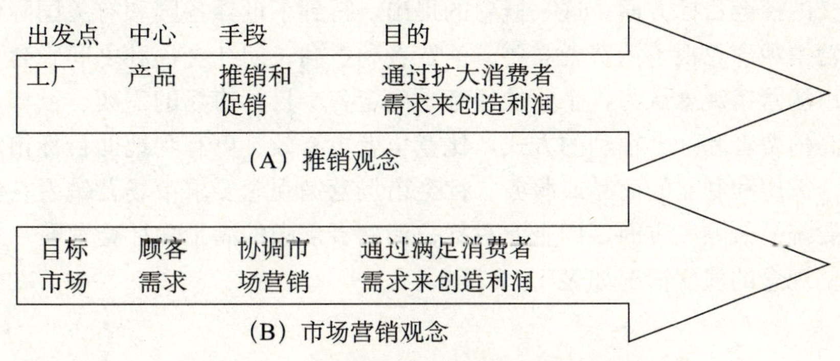

图 1—2 推销观念与市场营销观念的对比

销活动来创造利润。而市场营销是一种由外及里的观念。它从选定的目标市场出发，以顾客要求为中心，协调各种可能影响顾客的活动，通过满足消费者需求来创造利润。市场营销观念是以消费者为中心的指导思想，其宗旨包括以下几个方面：

（1）认清消费者的需求。

（2）激起和满足消费者的欲望。

（3）制造你能销售出去的东西。

（4）以顾客为主体。

案例1—3

中国家电巨头海尔2005年实现全球营业额1 039亿元，其中出口和海外生产销售达28亿美元。这一年海尔为满足市场需求开发新产品450个，平均每天1.82个；与200多家国际化品牌联合研发；有17家国际合作工厂为海尔订单生产产品；吸引74家国际供应商到海尔工业园区周边建厂；多家全球著名专业服务商和呼叫中心为海尔品牌提供物流和售后服务。2006年，海尔启动了全球化品牌战略。该战略的基本措施是“人单合一”。海尔CEO张瑞敏认为，“人单合一”就是使每一个人都面对市场，直接从市场获取订单，工厂按其订单制造并发货，每一张订单都有人为它负责。达到人与市场的高度融合。海尔为每个人提供创造世界级品牌的舞台和空间，期望每个人都成为世界名牌员工。

成功的企业通常都会有一个好的理念，并为贯彻这一理念而做出一系列的决策和管理。海尔的新产品研发、生产和供销服务链合作，乃至“人单合一”模式的推出，其内核都是为了强化企业与客户（市场）的关系，即实现其以顾客为中心的营销管理理念。

资料来源：吴健安：《市场营销学》，32～33页，北京，高等教育出版社，2007。

五、社会市场营销观念

社会市场营销观念是对市场营销观念的修改和补充。它产生于20世纪70年代西方资本主义国家出现能源短缺、通货膨胀、失业增加、环境污染严重、消费者保护运动盛行的形势下。1971年，杰拉尔德·蔡尔曼和菲利普·科特勒最早提出了“社会市场营销”观念，促使人们将市场营销原理运用于环境保护、计划生育、改善营养、使用安全带等具有重大推广意义的社会目标方面。这一概念的提出，得到了世界各国和有关国际组织的广泛重视。市场营销观念忽视了消费者需要、消费者利益和长期社会福利之间隐含着冲突的现实。而社会市场营销观念认为，企业的任务是确定各个目标市场的需要、欲望和利益，并以保护或提高消费者和社会福利的方式，比竞争者更有效、更有利地向目标市场提供能够满足其需要、欲望和利益的商品或服务。社会市场营销观念要求市场营销者在制定市场营销对策时，要统筹兼顾三方面，即企业目标、消费者需求的满足和社会发展。

市场营销观念的演变情况如表1—2所示。

表 1—2 市场营销观念的演变情况

市场营销观念的演变	标志	时间	产生条件	观念及态度	企业目标
生产观念	生产什么就卖什么	20 世纪 20 年代以前	卖方市场：社会需求大于社会供给，以产定销	以生产为中心：消费者喜欢廉价的产品	大量生产、大量销售、降低成本、确保利润
产品观念	生产最好的产品	20 世纪 20 年代前后	同上	以品质为中心：消费者喜欢质量、外形都优良的产品	生产优质产品，树立良好信誉来获取利润
推销观念	推销什么就能售出什么	20 世纪 30 年代以来	卖方市场：供给大于需求，开始出现以销定产	以销售为中心：不管是否合乎消费者的需要	通过提高销售量而获取利润
市场营销观念	生产消费者需要的产品	20 世纪 50 年代以后	买方市场：有效供给大于有支付能力的需求，以需定产	以消费者为中心	通过满足消费者的需求和欲望而获取利润
社会市场营销观念	使消费者需求、社会发展和企业目标协调一致	20 世纪 70 年代以后	同上	同上	将消费者需求、社会发展和企业目标统筹兼顾而获取利润

第三节 市场营销观念的创新与发展

全球化的深入和信息技术的发展，推动着市场环境的急剧变化和营销实践的迅速发展，不断催生新的市场营销理念的产生。下面主要介绍几种新的市场营销观念。

一、绿色营销

二十世纪六七十年代以来，生态失衡日趋严重，自然灾害的反复无常给人类的前景蒙上一层阴影。如何重新定位人与自然的关系，如何反思工业文明进程中的积极与消极因素，深刻影响着人们对生态平衡、人与自然界协调的认识。人们开始追求崇尚自然、有益健康和环境的绿色消费。发达国家众多企业已经率先行动起来，将环保观念纳入自己的经营活动之中。绿色产品、绿色技术、绿色设计等新鲜事物刺激了世界绿色市场的兴起。而这种观念的迅速传播被消费者接受，带动起崇尚自然的绿色消费。

绿色营销是指企业以环境保护观念作为其经营哲学，以绿色文化作为其价值观念，以消除或减少对地球生态环境的破坏为中心，以满足消费者的绿色消费为出发点，创造和发掘市场机会，并采取适宜的营销手段获取盈利和谋求发展的一种新型营销观念。

绿色营销的焦点是谋求消费者利益、企业利益、社会利益和生态环境利益的统一，既要充分满足消费者需求，实现企业利润目标，也要充分注意自然生态平衡。这就要求企业在营销活动中对产品的创意、设计和生产，以及定价与促销的实施都要以保护生态环境为前提，力求减少或避免环境污染，保护和节约自然资源，维护人类社会的长远利益，实现经济与社会可持续发展。国外企业的实践表明，绿色营销顺应了人们的绿色需求，保护了地球的生态资源，增强了企业的环保意识，为经济的可持续发展开辟了新的途径。

案例1—4

在现代食品越来越多样化的同时，人们却受到食品有毒残留物越来越多的困扰。因此，绿色食品成为当今农业和食品业发展的一个亮点，自然、健康营养、环保的绿色观念也应运而生。目前全社会经济观念和经济行为正在转变。那种不可持续的生产方式和掠夺式的消费方式，那种对自然资源采取竭泽而渔、杀鸡取卵的方法已严重威胁到人类的生存和发展。伴随着各国消费者环保意识的不断增强，世界范围内掀起了一股绿色浪潮，绿色食品、绿色工程、绿色工厂、绿色包装、绿色消费等新概念应运而生。绿色营销也在这股浪潮的冲击下相应产生。

内蒙古草原兴发公司的“绿色之旅”正是在这一大潮流下顺时而生的，为了让消费者相信自己的产品是绿色的、天然的、无污染的，该公司正是利用绿色营销手法，让消费者到草原上考察，让他们亲眼目睹了天然草场上养育的肉羔羊、绿鸟鸡是如何吃着青草、蚂蚱，喝着泉水长大的，使绿色天然的理念更加深入消费者心中。业内人士指出，“绿色营销”并非是完全取悦顾客，而是如何让他们置身其中。草原兴发正是在一定程度上把握住了“绿色营销”的精髓，在他们的市场战略上，通过全方位的展示和体验活动，让顾客亲身感受到草原兴发产品的健康环保之处，并产生直观的印象和购买的冲动，使绿色食品的观点更深入人心。

资料来源：http：//www. tom. com。

二、网络营销

20 世纪 90 年代以来，飞速发展的国际互联网促使网络技术应用急剧增长，全球范围内的企业纷纷上网提供信息服务和拓展业务范围，积极改组企业的内部结构和发展新的营销管理方法。网络营销就是伴随信息技术的发展而产生的，随着上网用户的迅速增加，互联网市场已经成为一个急速发展、潜力巨大的市场。

网络营销是指借助联机网络、计算机通信和数字交换式媒体等技术手段来实现企业营销目的的活动。网络营销作为适应网络发展与信息网络时代社会变革的新兴营销策略，越来越受到企业的重视。它同传统的营销有着千丝万缕的联系，它们同样都是以开发产品、生产产品、宣传、销售，以及增加和消费者的沟通为目的。

网络营销的内容非常丰富，主要包括以下几个方面：(1) 网上市场调查；(2) 网上消费行为分析；(3) 网络营销策略的制定；(4) 网上营销组合策略的制定；(5) 网上营销管理与控制。

案例1—5

1995 年，杰夫·贝索斯（Jeffrey Bezos）在美国西雅图市郊的一个租来的房屋中，以 30 万美元为第一笔投资开始了亚马逊网上书店的运作。而当时的出版业巨人 Barnes &

Noble的年销售额高达24亿美元。其巨大的规模、丰富的品种和高额的折扣，并没有给当时的亚马逊留下多少发展空间。然而，借助于Internet这一新技术所带来的新市场，亚马逊迅速发展壮大。1995年8月，亚马逊卖出了第一本书。短短半年时间，亚马逊完成了第一个目标，成为全球最大的网上书店。那时的亚马逊在这个全新的市场中没有劲敌和竞争对手，它是进入这个市场的第一家公司。宽松的竞争环境和Internet带来的新市场给了亚马逊巨大的发展机会。

到1998年底，亚马逊提供的书刊品种达到250万种，是当时传统书刊连锁商的14倍，拥有450万的客户和高达58%的重复购买率。1998年销售额从1997年的1.48亿美元上升到5.4亿美元，占据了全美在线售书42%～60%的市场份额。1997年9月，亚马逊公司的股票在美国Nasdaq证券交易市场挂牌上市。亚马逊公司第一期发行了250万股股票，发行价是9美元，1998年亚马逊的股票最高价达到209美元，是一年前发行价的23倍，其市值高达111亿美元，是1997年底上市的Barnes & Noble市值的6倍，这充分显示了公众对电子商务前景的信心。

1998年，亚马逊开通了网上的儿童书店和音乐书店。同时，它开始涉足零售业。亚马逊的经营思想得到了广大投资者的认可。尽管在当时亚马逊处于亏损中，在1999年底，它的股票市值还是达到了112亿美元。

资料来源：宋文官：《电子商务概论》，242～243页，北京，高等教育出版社，2002。

三、关系营销

20世纪80年代后期以来，关系营销得到了迅速的发展，最初关系营销理论关注的焦点是如何维系和改善同现有顾客的关系，后来又提出要与不同的顾客建立不同类型的关系。直到今天，人们对关系营销的讨论和关系营销的实践，已从单纯的顾客关系扩展到了企业与供应商、中间商、竞争者、政府、社区等的关系。

所谓关系营销，是把营销活动看成企业与消费者、供应商、分销商、竞争者、政府机构及其他公众发生互动作用的过程，其核心是建立和发展与这些公众的良好关系。

关系营销同传统营销相比，主要有以下特点：(1) 关系营销将关系从顾客关系扩展为相关利益者的关系；(2) 关系营销将交易双方利益视为互利、互补的，双方是合作伙伴关系（双赢）；(3) 关系营销以保持顾客、实现顾客价值最大化为特征；(4) 关系营销是创造价值的过程，因为保持顾客可节约成本，提高利润；(5) 关系营销是由各职能部门实施，并实行顾客、服务质量与市场营销的整合。

资料链接

玛莎百货——关系营销的先行者

从20世纪90年代起，关系营销被视为对传统营销理论的一次“革命”。玛莎百货是最早（20世纪30年代）深入实施关系营销的企业，《今日管理》杂志（Management Today）曾评论说：“从来没有哪家企业能像玛莎这样让顾客、供应商和竞争者都心悦诚服。”

资料来源：[美]菲利普·科特勒等：《营销管理》，561页，北京，中国人民大学出版社，2009。

四、整合营销

整合营销理论是美国学者舒尔茨在20世纪90年代初提出来的。一般认为，整合营销是以消费者为核心重组企业行为和市场行为，综合协调地使用各种传播方式，以统一的目标和统一的传播形象，传播一致的产品信息，实现与消费者的双向沟通，迅速树立产品品牌在消费者心目中的地位，建立产品与消费者长期密切的关系，更有效地达到广告传播和产品行销的目的。

在传统的营销观念中，厂商的广告主题语是“消费者请注意”，而在当代整合营销传播活动中，厂商的座右铭已变为“请注意消费者”了。一切以消费者为中心，凡是与消费者相关的活动均纳入营销体系，使传播的空间扩大。

整合营销传播主要有以下特征：(1) 在整合营销传播中，消费者处于核心地位；(2) 对消费者深刻全面的了解，是以建立资料库为基础的；(3) 整合营销传播的核心工作是培养真正的消费者价值观，与那些最有价值的消费者保持长期的紧密联系；(4) 以本质上一致的信息为支撑点进行传播。

整合营销的4C

(1) Consumer（顾客）：忘掉产品，考虑消费者的需要和欲望；

(2) Cost（成本）：忘掉定价，考虑消费者为满足其需要而愿意付出的成本；

(3) Convenience（便利）：忘掉渠道，考虑如何让消费者方便；

(4) Communication（沟通）：忘掉促销，考虑如何同消费者进行双向沟通。

资料来源：樊而峻等：《现代市场营销专题研究》，266页，北京，中国财政经济出版社，2003。

五、体验营销

2001年12月，美国著名未来学家阿尔文·托夫勒预言：服务经济的下一步是走向体验经济，人们会创造越来越多的跟体验有关的经济活动，商家将靠提供体验服务取胜。毫无疑问，人们的消费需求和欲望也随着体验经济的渐进发展而发生新的变化，人们更加期待某些不同寻常的产品和经历，并乐于体会由此产生的心灵感受。因此，面对新的消费心理和需求，企业应洞察先机，积极开展体验营销，提供能满足消费者体验方面需求的产品和服务，争得市场竞争中的优势地位。

体验营销指企业以满足消费者的体验需求为中心所开展的一切营销活动。体验营销主要研究如何根据消费者的期望，利用现代技术、艺术、大自然以及社会文化传统等各种手段来丰富产品的体验内涵，以更好地满足人们的娱乐体验、情感体验、超脱体验及审美体验等体验需求，在给人们心灵带来震撼和满足的同时实现产品销售的目的。现在很多著名公司都在自觉地运用体验营销，比如麦当劳、星巴克等。

体验营销作为一种新兴的营销方式，主要有以下三个特征：(1) 消费者的主动参与；

（2）以消费者体验需求为中心；（3）认为消费者是理性与感性的综合体。

案例1—6

2005年，张裕在烟台张裕卡斯特酒庄举行了开创国内先河的酒庄体验之旅活动，邀请了包括中央电视台、凤凰卫视、搜狐等80多家媒体的120余名记者参加。该活动以游客亲身体验无穷乐趣、评选首位张裕卡斯特酒庄公主以及承继欧洲葡萄酒庄传统文化为主要特点，为张裕的品牌传播提供一个建立于旅游基础的全新体验平台。

环节Ⅰ：串串葡萄妙手摘

"好葡萄酒是种出来的"，"三分工艺，七分原料"，张裕认为葡萄原料是获得好葡萄酒的关键性因素，为了让游客更充分体会到这一点，张裕专门划出了一个游客采摘区，提供名贵酿酒葡萄品种让游客一试身手，采摘葡萄用的帽子、围裙、剪刀、提篮等都统一设计制作，同时将记者和游客们编成了"赤霞珠"、"蛇龙珠"、"霞多丽"、"雷司令"等以葡萄命名的参赛队，5分钟之内采收葡萄最多的小组获胜，在轻松的气氛中让参与者更加了解葡萄原料的重要性。

环节Ⅱ：滴滴新酒新手制

当游客和记者们提着沉甸甸的葡萄篮来到酒庄的时候，张裕已排好了一排原木长桌和椅子，每个座位的桌上放着发酵瓶以及一个小木盆等各种专业的手工酿酒工具，在张裕澳大利亚籍葡萄酒专家克瑞斯的指导下，学习破碎葡萄，使之成浆，将破碎好的新鲜的葡萄汁连带葡萄皮、葡萄籽一并倒入发酵瓶内，然后在工作人员的指导下加入适量的亚硫酸，最后盖紧瓶塞，在瓶身附带的卡片上填写清楚个人资料，设计好个性化的签名瓶标。处理好的葡萄汁在专业人员的照看下于两周内完成发酵，再灌装在酒瓶里，通过快递送到游客手中，成为独特的纪念品。

环节Ⅲ：酒庄公主娇姿展

美女脚踩葡萄来源于欧洲葡萄酒厂的传统葡萄酒酿造法，现在成为丰收时节的传统庆祝方式被保留下来。张裕酒庄的庆祝活动请六位世界模特大赛的获奖模特作为候选葡萄酒公主脚踩葡萄，由游客和记者根据她们的美妙娇姿及关于葡萄酒的评价来评选出张裕酒庄公主的称号归属。一个直径2.5米、高1米的大木盆摆放在广场的舞台上，里面盛满刚刚采摘的葡萄。准备就绪的世界模特小姐们身着华丽的宫廷短裙款款出场，在弦乐四重奏乐队的伴奏下，在盛满葡萄的大木桶中翩翩起舞，与台下游客的热烈反应融为一体，尽情展现欧洲最古老的葡萄榨汁艺术，并将现场活动推向了高潮。参与这次体验之旅的游客普遍反应热烈。

葡萄酒庄在国外尤其是欧美，早已是传统的旅游胜地。张裕在国内首创的葡萄酒庄体验之旅能为张裕品牌提供具有战略意义的体验平台，能吸引更多消费者来到酒庄亲身体验，真切领略到张裕百年葡萄酒文化的魅力所在，潜移默化中起到品牌传播的作用，有助于建立品牌美誉度与忠诚度，并拉近品牌与消费者的距离，有力促使潜在消费群体转化为实际消费力。

资料来源：郭国庆：《市场营销学通论》，488～489页，北京，中国人民大学出版社，2007。

第四节　市场营销的重要性

在企业经营管理的实践中，高层管理者对营销的地位及重要性的认识经历了一个不断变化的过程。目前，在我国企业中，高层管理者已逐渐认识到市场营销的重要性。

一、市场营销在企业中的地位

一般来说，一个企业至少有四大组织功能，即市场营销、人事、财务、生产。依据这四大功能在企业中地位的不同可以有以下五种不同类型的企业：(1) 市场营销部门与其他部门是平行关系。它们相互制衡，其功能是同等重要的（见图 1—3 (a)）。(2) 市场营销部门与其他部门相互制衡，但市场营销部门扮演较重要的角色，处于较重要的地位（见图 1—3 (b)）。(3) 市场营销部门扮演主要角色，处于重要地位，是企业的重心，其他部门起辅助作用（见图 1—3 (c)）。(4) 强调顾客是企业的中心，市场营销部门与其他部门的功能平行，同等重要（见图 1—3 (d)）。(5) 顾客是企业的中心，市场营销具有导向的职能（见图 1—3 (e)）。上述前三种类型的企业，虽然都有市场营销部门，但都没有把顾客作为企业的中心，第四种类型的企业，虽然把顾客作为企业的中心，但忽视了市场营销部门在企业里的特殊地位。总之，这些企业充其量只不过是以“销售”为导向的，它们与第五种以市场营销为导向的企业有本质的区别。

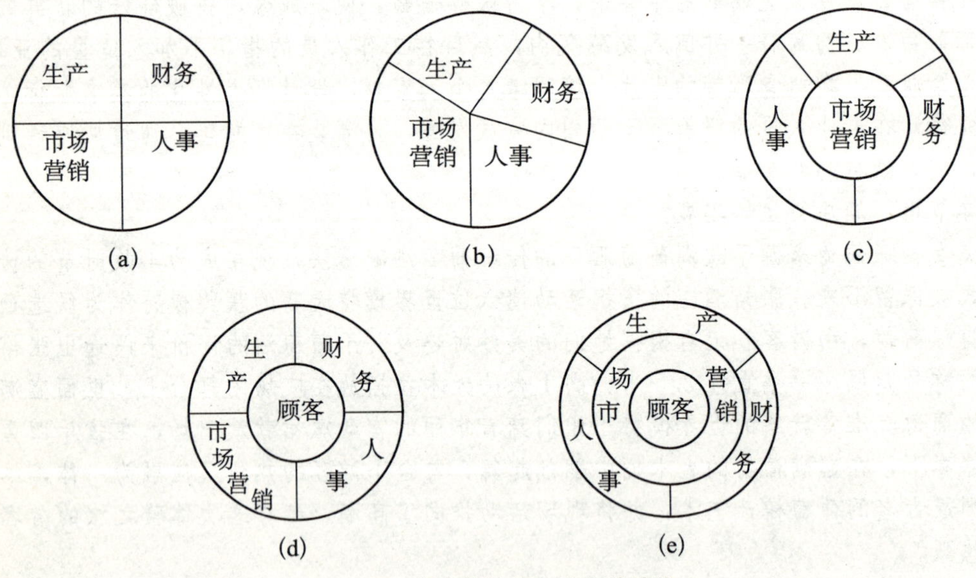

图 1—3　市场营销在企业中的地位

以市场为导向的企业，其基本宗旨有：(1) 顾客是中心。没有顾客，企业就无法生存。(2) 市场营销的功能在于确认消费者的需要及欲望，使消费者的意见及偏好有效地与其他部门沟通，并通过与其他部门合作的方式，达到满足及服务消费者的目的。(3) 在观念及组织权责上，市场营销部门的功能并不大于其他部门的功能。其他部门听从及支持市场营销部门，是因为市场营销部门转达消费者的需求，而不是其他部门不重要或在地位上低于营销部门。(4) 要有整体性的市场营销观念。市场营销部门必须与其他部门密切合作，发挥企业整体性的最大力量，这样才能确保企业生产经营的成功。

一般来说，许多企业并不是一开始就以市场营销为导向的，通常是随着竞争环境的改变而逐渐发展起来的。也有的企业在开始时是以市场营销为导向的，但是由于满足于已经取得的成就，不思进取，使原有的市场营销手段不再适应新的竞争环境。当新的竞争对手出现时，这些企业只有销售对策，却无新的市场营销策略，不得不以失败而告终。

当一个经济组织想转换成以市场营销为导向的企业时，它必须要注意观念的沟通，避免部门之间的冲突。要确认部门的主管，并通过适当的教育宣传，使他们明确市场营销的意义和用途，从而加强各部门之间的整体配合，以实现企业的目标。

二、市场营销的重要性

市场营销不仅对微观企业的生存和发展有很重要的意义，而且对整个社会的进步和宏观经济的繁荣也具有极其重要的影响作用。

从企业的生存和发展来看，企业的根本目标在于获取利润。成功的市场营销有助于达成这一目标。市场营销学不但提供了一种新的商业思维，而且还提供了有效的策略和战术。例如评估消费者的需求，确定目标市场，制定产品策略、价格策略、促销策略及分销策略。对企业而言，市场营销学提供了一套有效的沟通及传达方法。面对现代国际化的企业竞争，一个企业若不是以市场营销为导向，很难长久立足，最终必遭淘汰的命运。

市场营销不仅对营利性组织有用，而且也为非营利性组织的活动提供了一种有效的方法。

从市场营销对整个社会及国家的经济发展来看，市场营销对资源的分配和利用及人民生活水平的提高，都有极大的影响。因为一个市场营销系统健全的社会，产品的生产与销售都是以满足消费者的需要为宗旨的。比如生产消费者喜爱的服装款式，将产品运到适当的地点，在恰当的时候，以合理的价格出售。在交易过程中，买卖双方都能提供满意的服务。这都依赖于健全的市场营销系统。

通过健全的市场营销系统，人们的生活可以多样化，生活水平可大幅度提高。如果一个社会的市场营销系统不健全，人们的要求就无法得以满足，就会导致商业成本过高或社会负担过重，使人民生活水平停滞不前。

此外，市场营销对政府机关制定商业及经济政策也有莫大的帮助。政府制定的经济政策在企业的发展中有决定性影响。市场营销观念及方法有助于政府决策人员认清市场走向和供需关系，并据此制定出更符合经济规律、更实用的法令及规章制度，为企业及个人提供一个更理想的投资及工作环境。市场营销学本身并不能单独解决所有的经济问题，但是市场营销学却可帮助政府有效地理清问题并提供多样化的沟通渠道及解决方法。

资料链接

营销管理焦点的转变

近年来营销管理的重心和焦点随环境和顾客的变化发生了重大的变化，构成了营销管理前进的“参照路标”。

转变 1：从销售转向顾客价值；

转变 2：从公司产品为中心转向顾客为中心；

转变 3：从交易转向关系和服务；

转变 4：从单一走向组合乃至整合；

转变 5：营销组织建制的演变；

转变 6：从强调投入转向关注营销长期绩效。

资料来源：[美] 菲利普·科特勒等：《营销管理》，7～8 页，北京，中国人民大学出版社，2009。

思考与练习

一、复习思考题

1. 什么是市场营销?

2. 什么是市场营销的核心概念？为什么把需求与欲望区别开来对营销者是很重要的？

3. 是不是所有的企业都需要市场营销观念？你能举出不需要市场营销观念的企业例子吗？哪种类型的企业最需要市场营销观念？

4. 试比较市场营销观念与社会营销观念，你认为营销者会采取社会营销观念吗？为什么？

二、案例分析题

美国皮尔斯堡面粉公司的营销观念

美国皮尔斯堡面粉公司，于 1869 年成立，从成立到 20 世纪 20 年代以前，这家公司提出“本公司旨在制造面粉”的口号。因为在那个时代，人们的消费水平较低，面粉公司认为不需做大量宣传，只需保持面粉的质量，大批量生产，降低成本和售价，销量就自然大增，利润也继而增加，而不必讲究市场需求特点和推销方法。1930 年前后，美国皮尔斯堡公司发现，在推销公司产品的中间商中，有的已经开始从其他的厂家进货，销量也随之不断减少。公司为了扭转这种局面，第一次在公司内部成立商情调研部门，并选派了大量的推销人员，力图扭转局面，扩大销量，同时它们更改了口号：“本公司旨在推销面粉。”更加重视推销技巧，不惜采用各种手段，进行大量的广告宣传，甚至使用硬性兜售的手法，推销面粉。然而各种强力推销方式并未满足顾客经常变化的新需求，特别是随着人们生活水平的提高，这一问题也就日益明显，迫使面粉公司必须从满足顾客的心理及实际需要出发，对市场进行分析研究。1950 年前后，面粉公司经过市场调查，了解战后美国人民的生活方式已发生了变化。家庭妇女采购食品时，日益要求多种多样的半成品或成品，如各式饼干、点心、面包等，来代替购买面粉回家做。针对市场需求的变化，这家公司开始生产和推销各种成品或半成品的食品，使销量迅速上升。

1958 年，这家公司又进一步成立了皮尔斯堡销售公司，着眼于长期占领市场，着重研究今后三年到三十年市场的消费趋势，不断设计和制造新的产品，培训新的销售人员。

问题：结合案例分析该企业营销观念的演变和各阶段的特点。

三、营销讨论题

营销是创造需要还是满足需要？

观点选择：营销创造消费者的需要和欲望；营销只是反映消费者的需要和欲望。

第二章　市场营销环境分析

【学习目标】

通过本章的学习，掌握市场营销环境的概念和内容，了解营销环境分析的基本策略，能够运用所学方法对营销环境进行分析。

第一节　市场营销环境概述

企业的市场营销活动，是在一定的外部环境条件下进行的，并处于动态的变化中。企业必须建立适当的系统，采取适当的措施，监视和预测市场营销环境的发展变化，分析和识别由于环境变化而造成的主要机会和威胁，及时采取对策，使其经营管理与市场营销环境的变化相适应。

一、市场营销环境

市场营销环境是指与企业市场营销活动有关的外部因素和力量。它是独立于企业的变量，因而是企业不可控的，企业只能趋利避害，主动适应。

企业外部环境因素和力量，按照它与企业的营销活动直接相关程度和相关范围的大小，分为微观环境和宏观环境两个层次。微观环境是和企业紧密相连的，直接影响企业为目标市场顾客服务的各种参与者，包括企业本身、供应商、营销中介、顾客、竞争者和公众。宏观环境则是指影响微观环境的一系列巨大的社会力量，主要有人口、经济、自然、技术、政治法律、社会文化等。企业的市场营销环境如图 2—1 所示。

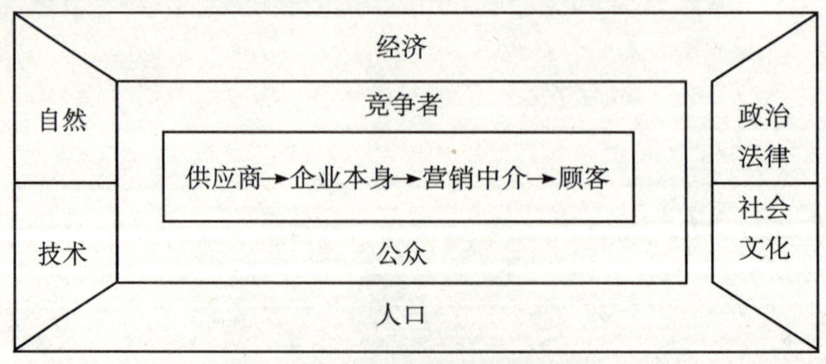

图 2—1　企业的市场营销环境

二、市场营销环境分析

市场营销环境是企业生存和发展的外部条件，对企业经营具有重大的影响。因此，企业应当分析外部环境因素的变化，明确其现状和发展的趋势，发现对企业发展的有利机会和不利威胁，并且根据企业自身的条件制定出相应的对策。

企业市场环境的变化对企业营销活动的影响，主要有两个方面：一方面，环境的变化对企业可能形成新的市场机会；另一方面，这种变化亦会对企业造成新的环境威胁。所谓市场机会是指对企业市场营销富有吸引力的领域。在该领域内，企业将拥有竞争优势。这些机会可以按其吸引力可能获得成功的概率来加以分类。企业在每一特定机会中成功的概率，取决于其业务实力是否与该行业所需要的成功条件相符合。所谓环境威胁，是指环境中一种不利的发展趋势所形成的挑战，如果不采取果断的市场营销行动，这种不利趋势将损害企业的市场地位。企业市场营销经理应善于识别所面临的威胁，并按其严重性和出现的可能性进行分类，之后，为那些严重性大、可能性也大的威胁制定应变计划。

案例2—1

波司登在变化中赢市场

波司登是国内羽绒服的知名品牌。

30年前，该集团只是一个“小作坊”。该集团的创始人高德康带领11位农民用仅有的8台缝纫机开始了艰辛的创业之旅。当时这个作坊式的缝纫机组只给别人做一些来料加工式的活，既没有自己的产品，也没有品牌。这种经营模式只能维持基本的生产，不能给这个作坊式的缝纫组带来发展空间和利润。于是高德康便深入分析了市场环境，发现贴牌生产的市场盈利空间很大。发现这个市场机会后，高德康便找到生产出我国第一件羽绒服的上海飞达厂作为自己的第一个贴牌企业。

在为上海飞达厂做“贴牌”时，高德康又敏锐地发现了羽绒服行业的巨大商机。高德康对市场环境进行了深入的分析，结果是：中国是一个正在走向富裕的国家，人们需要物美价廉的产品，只要对羽绒服稍加改进，就可以在短期内爆发出强大的生命力。得到这个市场结论后，高德康开始调整经营方向，一边“贴牌”生产加服装，一边潜心研究羽绒服市场的未来走势。一段时间以后，高德康掌握了从生产、加工到制作羽绒服的一整套成熟技术，于是便于1992年注册了“波司登”商标。两年后，波司登羽绒服正式面向市场销售。源于对市场的前瞻性洞察力，高德康终于创造了自己的品牌，参与市场竞争。

波司登用30年的时间从一家村级缝纫机组发展为一家上市公司，将波司登品牌扩充为“雪中飞”、“冰洁”和“康博”等多线品牌。这一价值超过百亿的名牌的创造是波司登面对市场变化不断调整，以市场为导向，对产品进行改进创新，从而适应了市场的结果。

资料来源：http：//www.cnad.com/html/Article/2009/0226/20090226112154918.shtml。

任何企业都会面临若干市场机会和环境威胁。然而，并不是所有的市场机会都有同样的吸引力，也不是所有的威胁都一样大。一般企业主要用“威胁矩阵图”（见图2—2（a））和“机会矩阵图”（见图2—2（b））来进行分析、评价营销环境。

进行“机会—威胁矩阵”分析时，首先将有关环境事件的影响区分为机会和威胁两类，将影响的程度和发生的概率大致上分为高低两档。然后以发生的概率为横坐标，以机会或威胁的强弱程度为纵坐标，分别作出威胁矩阵和机会矩阵，根据各环境事件的相应数据在坐标平面上描点，就可以区分其重要程度。

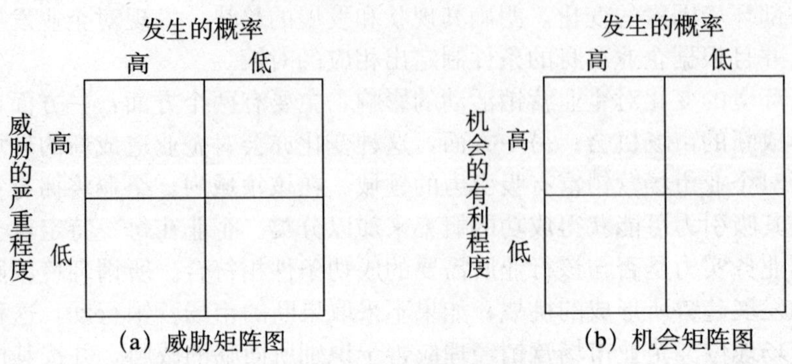

图 2—2　机会—威胁矩阵图

列于威胁矩阵或机会矩阵左上角的因素，皆为重要性高的因素，应高度重视并制定对策以利用机会或避开、减少威胁；对列于右上角或左下角的因素，其重要程度次之，一般不需要立即制定对策，但经营者仍然应严密监视其动向；至于列于右下角的因素，则可略而不顾。

通过环境事件的重要性分析，企业对所处的环境要有一个综合的估计，以综合考虑面临的机会和威胁程度。这种综合估计可用“机会—威胁综合矩阵”（见图 2—3）来表示，即以机会的强弱程度为纵坐标，以威胁的强弱程度为横坐标，并各分为高低两档，这样就可以按照处境把企业分为四种类型：

（1）理想企业，即具有重大机会而无重大威胁的企业。

（2）成熟企业，即面临的机会及威胁均低的企业。

（3）冒险企业，即面临的机会及威胁均高的企业。

（4）困难企业，即机会小而威胁大的企业。

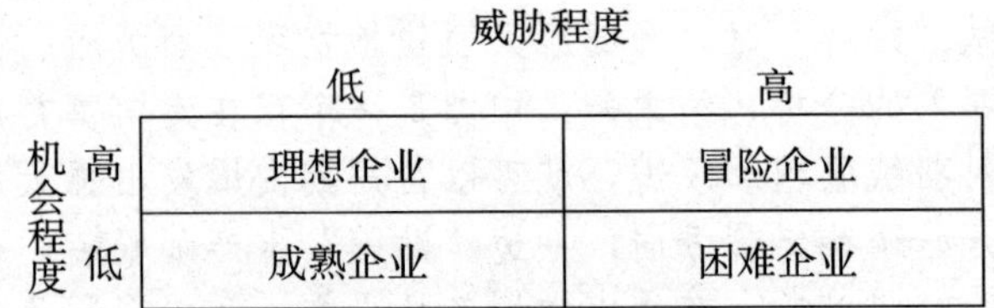

图 2—3　机会—威胁综合矩阵

企业通过对外部环境的分析，可找出重大的发展机会和避开重大的威胁，以改善企业的地位，谋求企业的发展。但是机会是建立在预见、预测的基础上的，总带有不同程度的不确定性，因而具有风险。为此，不仅开发研究人员对重大机会的评估要持慎重态度，企业也应在开发研究方面作必要的投资，进行机会分析和可行性研究，对机会的利用进行慎重的分析研究，这有助于企业做出正确的决策。

当企业面临重大的威胁时，根据主客观条件，有三种可供选择的对策：

（1）对抗：企业可以抵抗、抵制或扭转不利局面。

（2）修正：企业可以降低威胁的严重性。

（3）改行：企业可逐步转向较为有利可图的行业，即放弃面临重大威胁的行业。

案例2—2

菲利普摩里斯公司的环境分析

菲利普摩里斯公司是美国的一家著名的烟草公司。该公司环境分析步骤如下所述。

（一）环境扫描

通过环境扫描，发现如下环境因素影响企业的业务发展：

1. 美国公共卫生署已要求国会通过一项法令，规定所有牌子的香烟包装上必须印有警告文字："根据科学调查表明，每天抽烟者将平均缩短7年寿命。"

2. 愈来愈多的公共场所已禁止人们吸烟，或另外设立抽烟区及不抽烟区。

3. 近年来发现有一种昆虫专门分割烟草，如果不能找出控制该种昆虫繁殖的方法，可能造成烟草减产而不得不提高香烟的售价。

4. 菲利普摩里斯公司正在进行一项研究，将莴苣叶子培养成良性烟草，该研究一旦成功，则新的烟草将是无害的而受到人们的欢迎。

5. 美国以外的市场上香烟消费量迅速增加，尤其是发展中国家。

6. 美国国内有一些团体正在设法使大麻烟的销售及制造合法化，以便通过正常的零售渠道出售。

（二）要素评估

按其重要程度评估为：

第1项威胁的严重程度较高，而发生的可能性很低。

第2项威胁的严重性高，发生的概率亦高。

第3项威胁的严重性很高，而发生的概率稍高。

第4项机会的有利程度很高，但成功的可能性较低。

第5项机会的有利程度和发生的概率都很高。

第6项大麻烟合法化对企业会提供较有利的机会，但发生的概率很低，会受到社会舆论的谴责。

（三）制定对策

经过环境因素重要性分析，可见该公司面临两个重大威胁和一个重要机会，因而是冒险企业。该公司全面权衡后，决定逐渐减少在烟草工业上的投资，而增加在食品及饮料市场上的占有率。据美国《商业周刊》报道，该公司近年来已成功地收购了密勒酿造公司和七喜饮料公司，成为综合经营烟草、食品、饮料的庞大的企业集团，年营业额达590亿美元。

资料来源：郭昀：《市场分析》，113～114页，北京，经济日报出版社，2001。

第二节 市场营销微观环境

市场营销微观环境指的是企业本身、供应商、营销中介、顾客、竞争者和公众等因素。

一、企业本身

企业本身包括市场营销管理部门、其他职能部门和最高管理层。企业为实现其目标，必须进行制造、采购、研发、营销等业务活动。而市场营销部门一般由市场营销副总经理、销售经理、推销人员、广告经理、市场营销研究经理、市场营销计划经理、定价专家等组成。为使企业的营销业务卓有成效地开展，营销部门内各类专职人员需要通力合作，更重要的是必须取得企业内部其他部门如高层管理、制造、采购、研发、财务等部门的协调一致。所有这些企业的内部组织，就形成了企业内部的微观环境。

市场营销部门在制定决策时，不仅要考虑企业外部环境力量，而且要考虑企业内部环境力量。首先，要考虑其他业务部门的情况，并与之密切协作，共同研究制定年度和长期计划。其次，要考虑最高管理层的意图，以最高管理层制定的企业任务、目标、策略和政策等为依据，制定市场营销计划，并报最高管理层批准后执行。企业内部环境之间的关系如图 2—4 所示。

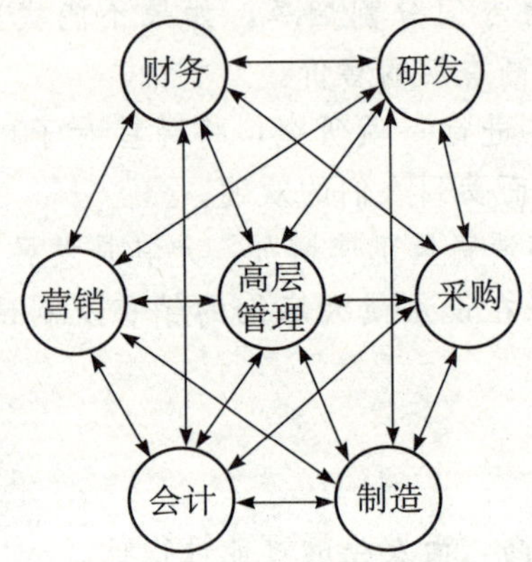

图 2—4 企业内部环境之间的关系

二、供应商

供应商是向企业及其竞争者供应为生产特定产品和服务所需要的各种资源的企业或个人。资源供应者对企业营销活动的影响主要体现在以下三方面：

(1) 资源供应的可靠性，即资源供应的保证程度，这将直接影响企业产品的销售量和交货期。

(2) 资源供应的价格变化，这将直接影响企业产品的成本。

(3) 供应资源的质量，这将直接影响企业产品的质量。

资源供应是影响企业竞争能力和产品销售量的重要条件。通常企业宁愿向多个供应商采购，以避免过于依赖单一的供应商，陷入营销业务受制于人的被动局面。

三、营销中介

营销中介是指协助本企业推销产品给最终购买者的所有中介单位，包括四种类型，即中间商、实体分销机构、营销服务机构、金融机构。生产企业必须借助营销中介单位的协助才能经济、有效地开展营销活动。

（一）中间商

中间商是指让产品从生产者流向消费者的中间环节或渠道，它主要包括批发商和零售商两大类。其任务主要是帮助企业寻找顾客，为企业的产品打开销路，并为顾客创造地点效用、时间效用及持有效用。

（二）实体分销机构

实体分销机构是帮助企业进行产品保管、储存以及运输的专业企业，它包括仓储公司、汽车运输公司等机构。仓储公司主要是储存和保管产品，为企业营销活动提供服务；运输公司以各种运输工具和运输方式为企业运输产品，即把产品送达目标市场，又把生产所需的生产资料运到企业。企业建立自己的销售网络时，需要实体分销机构提供时空效益的帮助，这时实体分销机构的作用就十分突出。

（三）营销服务机构

营销服务机构的涉及面比较广，包括广告公司、财务公司、营销咨询公司、市场调查公司等。这些机构提供的专业服务将对企业营销活动产生直接影响。

（四）金融机构

金融机构是指营销活动中进行资金融通的机构，包括银行、信贷机构、保险公司等，它们的主要功能是为企业营销活动提供融资及保险服务。

四、顾客

顾客是企业产品购买者的总称。企业经营者通常把购买企业产品的顾客群体称为市场。企业的产品市场由下列五种顾客群体中的一种或几种所组成，即消费者市场、生产者市场、中间商市场、政府市场、国际市场。市场的类型如图 2—5 所示。

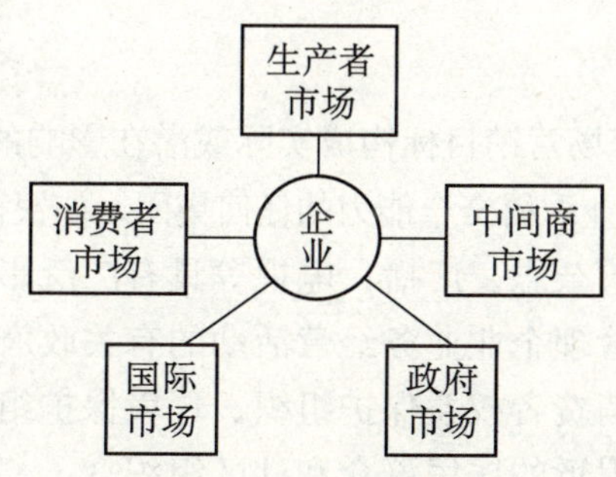

图 2—5　市场的类型

企业应明确其产品市场的主要类型，以便针对目标市场顾客的特点，制定适当的营销策略。这是扩大销售，提高市场占有率的根本措施。

（1）消费者市场，即由为个人消费而购买的个人和家庭所构成的市场。

（2）生产者市场，即由为了生产取得利润而购买的个人和企业所构成的市场。

（3）中间商市场，即由为了转卖取得利润而购买的批发商和零售商所构成的市场。

（4）政府市场，即由为了履行职责而购买的政府机构所构成的市场。

（5）国际市场，即由国外的消费者、生产者、中间商、政府机构等所构成的市场。

五、竞争者

企业要想在市场竞争中获得成功，就必须比竞争者更有效地满足消费者的需要和欲望。因此，企业所要做的并非仅仅是迎合目标顾客的需要，而是要通过有效的产品定位，使其产品与竞争者的产品在顾客心目中形成明显差异，从而取得竞争优势。竞争者包括以下几种：

（1）欲望竞争者，即消费者想要满足目前各种欲望的提供者。

（2）类别竞争者，即为满足消费者相同需要但提供不同类型且可以互相代替的产品竞争者。

（3）产品形式竞争者，即满足同一消费者欲望的同类产品不同产品形式之间的竞争。

（4）品牌竞争者，即能满足消费者某种欲望的同种产品的各种品牌。

竞争者的类型如图 2—6 所示。

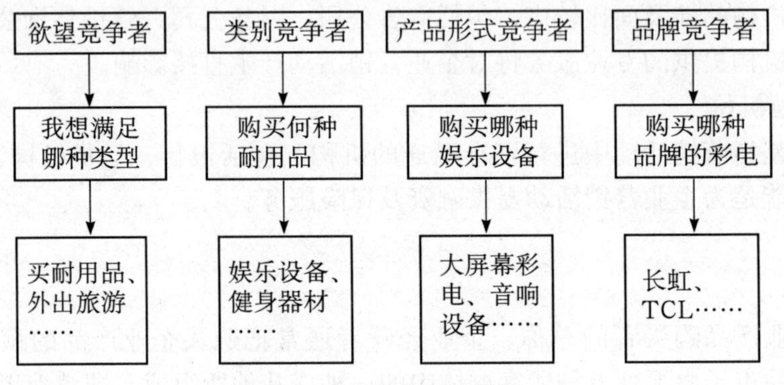

图 2—6　竞争者的类型

六、公众

公众是指对企业实现其市场营销目标构成实际或潜在影响的任何团体。包括以下几种：

（1）融资公众，即影响企业取得资金能力的任何集团，如银行、投资公司、保险公司等。

（2）媒体公众，即报纸、杂志、广播、电视等具有广泛影响的大众媒体。

（3）政府公众，即负责管理企业业务经营活动的有关政府机构。

（4）社团公众，即各种消费者权益保护组织、环境保护组织及其他群众团体等。

（5）社区公众，即企业附近的居民群众和社区组织。

（6）一般公众，指除上述各种关系公众之外的社会公众。

（7）内部公众，指企业的员工，包括高层管理人员和一般职工。

微观环境中的公众如图 2—7 所示。

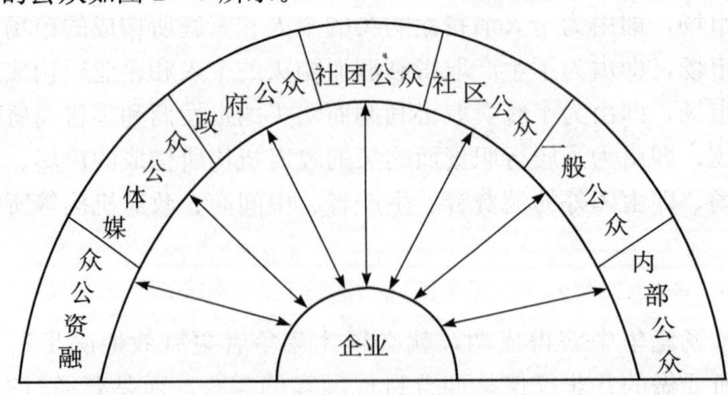

图 2—7　微观环境中的公众

第三节 市场营销宏观环境

微观环境中所有的因素都要受宏观环境中各种力量的影响。宏观环境是指那些给企业造成市场机会和环境威胁的主要社会力量，包括人口环境、经济环境、自然环境、技术环境、政治和法律环境以及社会和文化环境。这些主要社会力量是企业不可控制的变量。

一、人口环境

市场由具有购买兴趣同时又具有购买能力的人组成。因此，人口的数量和人口的一系列性质因素对市场需求都会产生重大的影响。

（一）总人口

一个国家或地区的总人口数，基本上反映了该国消费市场的大小，据此可以概括地反映生活必需消费品的需要量。

（二）人口的地理分布

指人口在不同地区的密集程度。任何一个国家、一个地区，乃至一个省市，人口的分布都是很不均匀的。人口的地理分布不均匀，带来了消费习惯和市场需求的不同，因而也必然影响到商业网点的建设和服务方式的变化。

（三）人口的年龄结构

指一定时期的不同年龄层次。消费者的年龄不同，对于商品和服务就有不同的消费需求。

（四）人口性别

人口性别差异也会给市场消费需求带来显著的差别，不但需求不同，而且购买习惯与行为方式亦有所不同。

（五）人口的教育程度和职业

人口的教育程度和职业不同，对市场需求表现出不同的倾向，这与消费者的收入、社交、居住环境及消费习惯有密切的相关性。一般而言，收入水平和受教育程度高，购买产品时则追求高雅、美观；收入水平和受教育程度低，购买产品时则讲究价廉、实用。

（六）家庭单位和平均人口数

一个国家或地区家庭单位的多少以及家庭平均人口的多少，可以直接影响某些消费品的需求。

（七）其他因素

包括民族、宗教信仰、籍贯等，都直接或间接对消费行为产生较大影响。

资料链接

中国人口的主要特征

1. 总量巨大。约13亿人，高居全球第一。

2. 高增长趋势。每增加 2 亿人的时间间隔从 119 年（1834—1953 年）锐减为 23 年（1992—2015 年）。

3. 城市化趋势。据预测，2005—2010 年，中国城市人口平均每年将净增 1 500 万人；到 2010 年，城市人口将超过 6 亿人，占全国总人口比例近 45%。

4. 加速老龄化。同其他国家相比，中国人口老龄化非常迅速。联合国预测至 21 世纪上半叶，中国老年人口将占全球老年人口的 20%左右，至 2040 年前后，每 5 个中国人中就会有 1 位 65 岁以上的老年人。

资料来源：[美] 菲利普·科特勒著：《营销管理》，62～63 页，北京，中国人民大学出版社，2009。

目前许多国家在人口环境方面出现了一系列新动向。例如：(1) 世界人口迅速增长，许多国家面临人口膨胀的压力；(2) 发达国家的人口出生率下降，儿童人数减少；(3) 许多国家人口趋于老龄化；(4) 许多国家的家庭结构发生变化，家庭规模趋于小型化；(5) 非家庭住户也在迅速增加；(6) 许多国家人口流动性增大，呈现出两个主要特点：一方面是人口从农村流向城市，另一方面是人口从城市流向郊区；(7) 一些由多民族组成的国家中，各民族占人口总数的比重也在发生变化等。

这些人口发展的新动向，对世界市场需求无疑也产生重要的影响。如发达国家人口出生率下降，儿童减少，以致使一些国家的儿童用品市场出现萎缩。又如随着人口平均寿命的延长和老年人的增多，许多国家人口出现老龄化，这就为老年用品市场的发展提供了机会。

当前人口发展中一个突出的重大问题就是世界人口增长速度过快。人口的急剧增长，对企业可能产生两种完全不同的影响。一是人口增长如果伴随着经济的更快发展，则人口增长的同时，人们的购买力也相应地或更快地提高，这就意味着市场的扩大，这种人口增长无疑给企业提供了发展的机会；二是如果人口的增长快于经济的增长，则人们的购买力不但没有增长，反而下降，这就意味着市场萎缩，生活贫困，对企业发展形成威胁。

二、经济环境

市场营销学认为，市场是由那些想购买物品并且有购买力的人构成的，这种人越多，市场的规模就越大。这就是说，购买力是构成市场和影响市场规模大小的一个重要因素。而整个购买力即社会购买力又直接或间接受消费者收入、价格水平、储蓄、信贷等经济因素的影响。所以，企业市场营销不仅受人口环境的影响，而且受经济环境的影响。分析经济环境，主要应着重分析以下几个经济因素。

(一) 消费者收入的变化

消费者的收入包括消费者个人工资、红利、租金、退休金、馈赠等收入。消费者的购买力来自消费者的收入，所以消费者收入是影响社会购买力、市场规模大小以及消费者支出多少和支出模式的一个重要因素。

消费者并不是将全部收入都用来购买商品。消费者购买力只是其收入的一部分。因此，消费者的收入可分为个人可支配收入和个人可任意支配收入两部分。个人可支配收入是指扣除消费者个人缴纳的各种税款（如个人所得税等）后可用于个人消费和储蓄的那部分个人收入。个人可支配收入是影响消费者购买力和消费者支出的决定性因素。个人可任意支配收入是指个人可支配收入减去消费者用于购买生活必需品的固定支出（如房租、保险费、分期付款、抵押借款等）所剩下的那部分个人收入。这部分收入是消费者用来扩大购买量及提高消费水平的基础。个人可任意支配收入一般用来购买奢侈品、汽车、大型器具及度假等。

进行经济环境分析时，还要区别货币收入和实际收入，因为实际收入决定实际购买力。假设消费者的货币收入不变，如果物价下跌，消费者的实际收入便增加；相反，如果物价上涨，消费者的实际收入便减少。即使消费者的货币收入随着物价上涨而增加，但是，如果通货膨胀率超过了货币收入增长率，消费者的实际收入也在减少。

企业的最高管理层不仅要分析研究消费者的平均收入，而且要分析研究各个阶层的消费者收入。此外，由于各地区的工资水平、就业情况有所不同，各地区的消费者的收入水平也有所不同。

（二）消费者支出模式的变化

消费者的支出模式主要受消费者收入的影响。随着消费者收入的变化，消费者支出模式就会发生相应变化。消费者支出模式也叫消费结构，指各类消费支出额在消费支出总额中所占的比重。这个问题涉及恩格尔定律。

德国统计学家恩斯特·恩格尔（Emest Engel）1857 年根据他对英国、法国、德国、比利时许多工人家庭收支预算的调查研究，发现了关于工人家庭收入变化与各方面支出变化之间比例关系的规律性，即家庭收入越少，用于食物方面的费用在家庭全部支出中所占的百分比越大；当家庭所得增加时，用于食物方面的支出在支出总额中所占百分比就会逐步下降。因此，人们就把消费支出中用于购买食物的支出和全部消费支出之比称为恩格尔系数，即：

$$\text{恩格尔系数}=\frac{\text{用于购买食物的支出}}{\text{全部消费支出}}$$

恩格尔系数可以用来衡量居民的生活福利水平。恩格尔系数大，就是食物的支出占全部支出的比重大，生活福利水平就低；恩格尔系数小，就是食物的支出占全部开支的比重较小，支出大部分用于吃以外的其他开支，生活福利水平就高。

按照联合国的划分标准，恩格尔系数在30％以下者为最富裕，其人均国内生产总值一般在 8 000 美元以上，如美、日、英、法、荷、德等发达国家；比率在 30％～40％者为富裕，人均国内生产总值一般在 5 000 美元～7 000 美元，如意大利、西班牙等国；比率在40％～50％者为小康水平，如土耳其、毛里求斯等国；比率在 50％～60％者为勉强度日；比率在 60％以上者为绝对贫困，其人均国内生产总值一般在 300 美元以下。据统计，我国 20 世纪末人均国内生产总值达到 800 美元以上，城乡居民的恩格尔系数为 45％左右。

（三）消费者储蓄和信贷情况的变化

进行经济环境分析时还应看到，社会购买力、消费者支出不仅直接受消费者收入的影响，而且直接受消费者储蓄和信贷情况的影响。

大多数家庭都有一些“流动资产”，即货币及其他能迅速变成现款的资产，包括银行储蓄存款、债券、股票等。储蓄来源于消费者的货币收入，其最终目的还是为了消费。但是在一定时期内，储蓄多少同样会影响消费者的购买力和消费支出。在一定时期内货币收入不变的情况下，如果储蓄增加，购买力和消费支出便减少；反之，如果储蓄减少，购买力和消费支出便增加。

在现代市场经济国家，消费者不仅以其货币收入购买他们需要的商品，而且可以用贷款来购买商品。所谓消费信贷，就是消费者凭借信用先取得商品使用权，然后按期归还货款。消费者信贷主要有以下四种：一是短期赊销。例如，消费者在某零售商店购买商品，无须立刻付清货款，有一定的赊销期限。如果顾客在期限内付清货款，可不付利息；如果超过期限就要付利息。二是购买住房，分期付款。消费者购买住房时，先付一部分房款，以所购住房作为抵押，向银行借款购买；以后按照借款合同的规定在若干年内分期偿还银行贷款和利息，每月还款数额和每月租住房屋的租金差不多。三是购买昂贵的消费品，分期付款。如消费者在某商场购买耐用消费品时，通常签订一个分期付款合同，先支付一部分货款，其余货款按计划逐月加息分期偿还。四是信用卡信贷。信用卡有两类：一类是由大百货公司、超级市场发给顾客的，顾客可凭卡在公司所属商店赊账购买商品；另一类是由金融机构印发的信用卡，顾客可凭卡到与发卡银行签订合同的任何商店、饭店、医院等企业、单位去购买商品（包括物品和服务），钱由发卡银行先垫付给这些企业、单位，然后再向赊款人收回。

资料链接

我国居民的收入与消费状况

改革开放以来，我国居民的人均收入水平呈上升态势。1985 年我国农村居民家庭人均纯收入为 397.6 元，2000 年为 2 253.43 元，增长了 4.67 倍，1985 年我国城镇居民家庭人均可支配收入为 739.1 元，2000 年为 6 279.98 元，增长了 7.5 倍。

随着收入的增加，居民的储蓄存款也在快速增长。2000 年城乡居民年底储蓄存款余额突破 6 万亿大关，达到 64 332.4 亿元，是 1985 年的近 40 倍，全国居民的消费水平也持续上升，1985 年至 2000 年 16 年间，年均增长率保持在 15%。

体现富裕程度的恩格系数总体是呈下降趋势的，截至 2000 年农村居民家庭的恩格系数是 49.1%，与 1985 年相比下降了 8.7 个百分比，城镇居民家庭的恩格系数在 2000 年是 39.2%，比 1985 年下降了 14.1 个百分点。

我国居民收入与消费状况如表 2—1 所示。

表 2—1　　我国居民收入与消费状况　　单位：元

收入与支出	2000 年	2002 年	2004 年	2006 年	2008 年
城镇居民人均可支配收入	6 280	7 702	9 422	17 759	15 780
农村居民人均纯收入	2 253	2 475	2 936	3 587	4 760
城镇居民人均消费支出	4 998	6 030	7 182	8 696	11 243
农村居民人均生活消费支出	1 670	1 834	2 185	2 829	3 661
人均储蓄存款余额	5 075	6 766	9 197	1 2292	16 407

资料来源：http：//www. stats. gov. cn/。

三、自然环境

自然环境的发展变化也会给企业造成一些环境威胁和市场机会，所以，企业的最高管理层还要分析研究其自然环境方面的动向。目前主要动向有以下三个方面。

(一) 某些自然资源发生短缺

近几十年来，世界各国尤其是现代化城市用水量增加很快，又因世界各地水资源分布不均，且每年各个季节的情况不同，所以目前世界上许多国家面临缺水。这种情况不仅会影响人们的生活，而且对工农业生产是一种环境威胁。又如，农产品、林产品、水产品、畜产品等可再生资源，因耕地面积减少、森林过量采伐、渔业的过度捕捞、草地退化、环境污染等多种原因造成再生能力损害而出现短缺。再如，石油、煤炭、铂、锌、银等不可再生的矿产资源，其总储量将随着开发利用而逐渐减少，最后不可避免地趋于枯竭。近十几年来，由于这类资源供不应求，很多需要这类资源的企业正面临着或曾面临过威胁，必须寻找代用品。在这种情况下，就需要研究与开发新的资源和原料，这又给某些企业带来了新的市场机会。

(二) 环境污染日益严重

在许多国家，随着工业化和城市化的发展，环境污染日益严重，已引起公众越来越强烈的关注和谴责。一方面，这种动向对一切造成污染的行业和企业构成一种“环境威胁”，它们在社会舆论压力和政府的干预下，不得不采取措施来控制污染。另一方面，这种动向也为生产控制污染设施或制造不污染环境的产品的企业带来新的市场机会。

(三) 政府对自然资源的管理和干预日益加强

随着经济发展的需要和科技的进步，许多国家的政府加强了对自然环境的保护，制定了一系列相应的法规。但是应该看到，政府为了社会利益和长远利益的需要对环境的干预，往往与企业的局部利益和眼前利益相矛盾。因此，一方面必须健全和完善环境保护的有关法规，加强治理环境的力度；另一方面必须统筹兼顾，有步骤地分阶段治理。

1992年6月，由100多个国家政府首脑出席的联合国环境与发展大会在巴西里约热内卢召开。大会通过了包括《21世纪议程》在内的一系列文件。《21世纪议程》提出，21世纪人类社会应该走可持续发展的道路。所谓可持续发展，就是既考虑当前发展的需要，又考虑未来发展的需要，不以牺牲后代人的利益为代价来满足当代人的利益。1994年3月25日国务院常务会议通过了《中国21世纪议程》，提出了中国21世纪推行可持续发展策略的国家政策和行动方案，其核心是以经济、科技、社会、人口、资源、环境的协调发展为目的，在保证经济高速增长的前提下，实现资源的综合和持续利用，不断改善环境质量。

案例2—3

麦当劳通过使用由可回收利用材料制成的包装物使产生的环境污染物减少了60%。所有麦当劳快餐店中使用的餐巾与盘子衬垫都是用可回收利用的纸制成的，一次性的饮料杯子，甚至包括其总部使用的文具用品都是如此。通过使用重量减轻20%的饮料管，麦当劳每年便少制造数百万磅的废弃物。除了在其产品上运用绿色营销外，麦当劳还用可回收利用的材料改造或新建餐厅。麦当劳还敦促它的供应商们使用可回收利用的产品与材料。由于成功地运用了绿色营销，麦当劳公司使公众意识到麦当劳是一家真正关心环境的公司。这不仅仅得到了消费者的认同，同时也使其获得了额外的销量。

绿色营销的例子还有很多，包括像宝洁公司（P&C）开发出能制成肥料的婴儿尿裤，研制出能够全分解的洗涤用品，从而减少了它们的产品及其包装物对环境的不利影响；美国电报电话公司（AT&T）用能完全生物（细菌）分解的木板包装箱替代了它原先的塑料泡沫包装箱；阿尔伯特—卡尔费公司推出了“臭氧友好”型不含任何氟碳氯化物的喷发水；Body Shop 公司在其全球 700 多家分店出售不需做动物试验，绝大多数都与“回收或再装利用”政策相一致的天然型产品；博世公司对其生产的每一只易拉罐都进行了回收利用等。进行绿色营销的公司，不仅提高了消费者对它们的认可程度，促进产品销售，同时也节约了能源成本。像博世公司的做法相比于直接从矿石制造出一只新罐其消耗的能源节省了 95%，降低了成本。

资料来源：［美］保罗·A·郝比格著、芮建伟等译：《跨文化市场营销》，16 页，北京，机械工业出版社，2000。

四、技术环境

企业的最高管理层还要密切注意企业技术环境的发展变化，了解技术环境发展变化对企业市场营销的影响。技术的发展对企业经营的影响主要有两方面：一方面它可能给企业提供有利的机会；另一方面它也会给某些企业生存带来威胁。一项新技术的出现，有时会形成一个新的工业部门或新的行业，但同时也会使某些技术陈旧的老产品遭到无情的打击，甚至摧毁一个工业部门。例如：由于电子技术的进步，晶体管和集成电路的出现打击了真空管工业；激光唱盘技术的出现，无疑将夺走磁带的市场，给磁带制造以“毁灭性的打击”。由于科学技术的进步，大量启用自动化设备和采用新技术，将出现许多新行业，包括新技术培训、新工具维修、电脑教育、信息处理、自动化控制、光纤通讯、遗传工程、海洋技术等。有人把技术的发展称为“创造性的毁灭力量”，它创造了一些新的工业部门，也毁灭了一些旧的工业部门。因此，营销人员必须密切注意技术环境的变化，了解新技术如何为人类服务，以促进本企业的技术进步；而且应该和研发人员密切合作，鼓励其进行更多的以市场为导向的研究，同时也应警惕创新对使用者可能造成的伤害，以防导致消费者的不信任和反对。

五、政治和法律环境

企业的市场营销决策还要受其政治和法律环境的强制和影响。政治和法律环境是指那些强制和影响社会上各种组织和个人的法律、政府机构和压力集团。这里重点讲以下两个方面。

（一）经济立法

企业必须懂得本国和有关国家的法律和法规，才能做好国内和国际市场营销管理工作，否则就会受到法律的制裁。

影响企业行为的法规很多，而且在不同的国家也有很大差异，但从立法的目的来看，主要有三类：一是为了保护企业相互之间的利益，防止不正当竞争的法规，如《中华人民共和国反不正当竞争法》；二是为了保护消费者的利益，使其免受不公平商业行为损害的法规，如《中华人民共和国消费者权益保护法》；三是为了保护社会利益，以防不受限制的企业商业行为对社会造成伤害的法规。从商品经济发达国家的发展历史来看，较早的经济立法的主要目的在于保护企业利益，保护竞争；较近的立法，则主要是保护消费者的利益和社会利益。

因此，营销人员必须了解目标市场所在国关于保护竞争、保护消费者和保护社会利益等方面的主要法律法规和知识，使营销行为符合法律要求。

（二）群众利益团体

群众利益团体是一种压力集团，在美国等发达国家，影响企业市场营销决策的群众利益团体主要是保护消费者利益的群众团体以及保护环境的群众利益团体等。这些群众团体疏通政府官员，给企业施加压力，使消费者利益和社会利益等得到保护。因此，这些国家的许多公司都设立法律和公共部门来负责研究和处理与这些群众利益团体的关系。

世界各国都陆续成立了消费者联盟，监视企业的活动，发动群众与企业的欺诈行为作斗争，给企业施加压力，以保护消费者利益。我国 1985 年 1 月成立了中国消费者协会，其任务是：宣传国家的经济（特别是有关消费方面的）政策；协助政府主管部门研究和制定保护消费者权益的立法；调查消费者对商品和服务的意见与要求；接受消费者对商品和服务的质量、价格、卫生、安全、规格、计量、说明、包装、商标、广告等方面的投诉。1985 年以来，中国消费者协会及相继成立的地方协会认真受理广大消费者的投诉，积极开展商品和服务质量、价格的监督检查，保护消费者利益，受到广大消费者的好评。总之，我国的消费者运动正发挥着日益重要的作用，企业制定市场营销策略时必须认真考虑这方面的因素。

六、社会和文化环境

不同的民族、地区和国家，有各自不同的适应其生活环境和历史传统的行为准则和生活方式，这种行为准则和生活方式总称为社会文化因素。社会文化因素的内容是十分广泛的，它包括风俗习惯、社会风尚、宗教信仰、语言文字、文化教育、价值观、恋爱婚姻等。社会文化是在长期的社会生活中形成的，带有传统的持续性的特点。

社会文化环境是影响人们欲望和行为的重要力量。例如，我国人民，每年农历新年，都要进行大扫除，除旧迎新，大量购买年货，张贴对联，有些地方赶庙会，互相拜年。西方人每逢圣诞节，也要大量购买节日用的各种食品、日用品、圣诞树、礼品，互送贺卡，欢度节日。人们的这些欲望和行为就是受其特定的社会环境和传统文化的影响，造成了在特定时期内对某些商品的大量需求。

社会和文化环境影响消费行为还表现在风俗禁忌上，它涉及交谈用语、产品的颜色、图案、造型等各个方面。例如：日本人有其独特的礼节，最忌讳在谈生意时在这方面造次，更不能拿礼节开玩笑；和沙特阿拉伯人谈判，绝不可问及对方的妻子；相反，和墨西哥人谈生意，问候对方的夫人则是必须的礼貌。如果不了解对方的风俗习惯，就会造成双方误会，引起不必要的麻烦。

社会文化环境影响消费行为，还表现在风俗习惯的差异上。东方国家企业与西方国家企业的促销方法有所不同。日本文化把和谐列在首位，广告宣传突出产品共性；相反，西方人喜欢看到的恰恰是产品的个性特点。亚洲国家的产品包装往往是标明产品的名称和价格，而美国企业设计包装是为了推销产品。企业的最高管理层在国际市场营销工作中作产品促销决策时如果不了解或不考虑东西方的文化差异，就不能实现潜在的交换、取得成功。

总之，企业的市场营销人员在国内和国际市场营销工作中都必须分析、研究和了解社会和文化环境，在产品设计造型、颜色、包装及名称、推销方式等方面都要事先考虑到社会文化环境因素的影响。

思考与练习

一、复习思考题

1. 市场营销环境对企业营销活动产生什么影响？
2. 市场营销环境包括哪些内容？
3. 为什么企业应向多个供应商采购而避免向单一供应商采购？
4. 企业在向目标市场推销产品时，将面临哪些不同类型的竞争？
5. 人口增长对企业经营有什么影响？
6. 什么是消费支出模式？什么是恩格尔系数？
7. 国家加强环境保护对企业经营有什么影响？
8. 科学技术的发展对企业经营有什么影响？
9. 政府规范企业行为的立法，按立法的目的划分，可分为哪些不同的类型？
10. 举例说明社会文化因素对市场营销的影响。

二、案例分析题

安利在中国的两次转型

安利公司1959年创立于美国，是世界知名的日用消费品生产商及销售商，业务遍及80多个国家和地区，营销人员超过300万人。2002年，安利在全美500家最大私营企业中排名第27位；在50家家居与个人用品制造大企业中排名第4位；公司总资产达380亿美元。近50年来，直销一直被安利公司看作最有效的营销方式，然而，当安利公司兴冲冲地将其直销模式导入中国的时候，却遭遇了前所未有的尴尬。

安利公司自1992年进入中国市场就开始引入“多层次直销”。当时，中国市场正处于从计划经济向社会主义市场经济的转型中，随着安利直销业务的发展，各种非法传销同时混入市场，扰乱了市场秩序。1998年4月，中国国务院颁布了禁止传销经营活动的通知，安利全球统一的营销模式在中国市场受挫，其巨大的知名度甚至成为非法传销的代名词。作为一个有40年直销文化传统的公司，在“保持传统，离开中国”还是“改变自己，适应中国”的痛苦抉择中，安利作出重大决策：根据中国当时特殊的市场背景与特点，对经营模式实施转型，即海外安利和中国安利采取不同的营销模式。1998年7月，安利（中国）以“店铺＋推销人员”的新方式重新开张营业。它把原来分布在全国的20多家分公司改选为第一批店铺，并陆续进行扩充；所有产品进入店铺并实行明码标价，由消费者自行选购，杜绝推销员自行定价带来的问题；通过考试将部分推销人员变为安利的合约雇员，营销人员的收入均从公司获得，推销员之间不再存在上下线关系。安利（中国）在传销被禁止后，销售立刻狂跌。1998 年，安利（中国）的销售额只有 3.2 亿元；然而从 1999 年开始，安利（中国）的业绩开始上升，而且一路狂升，增至 1999 年的 6.4 亿元。至 2001 年，营业额已达 48 亿元，2002 年更上升至 60 亿元，在 2004 年达到了历史性的 170 亿元，安利的转型获得了成功。

2005 年 9 月，中国国务院颁布《直销管理条例》和《禁止传销条例》，允许在中国市场进行直销，但在允许直销的同时禁止传销。这对安利既是好消息也是坏消息，意味着安利能回到直销，但要取得在中国的直销资格，就要放弃其海外的“多层次”模式，转而建立中国式的直销新业务模式。由此带来安利（中国）的第二次转型。

安利再次选择了适应中国环境，并于 2006 年 12 月获得中国商务部颁发的直销牌照。安利（中国）因此要推出全新业务制度和全新员工制度，在奖金拨付比例、产品定价、计酬制度等方面都要作出调整。安利新业务模式的重点是：构建完善的教育培训体系、推出全新的营销员工制度及广设服务网点。例如，安利新的直销模式中，禁止团队计酬；设置了直销员、营销员工和服务网点负责人三种员工身份；妥善安排未获直销经营许可的地区的直销员。

问题：安利在中国为什么要再次转变基本经营方式?

三、营销讨论题

在目前的中国转型市场上，哪种宏观因素对企业营销起决定作用?

观点选择：经济环境起决定作用；政治和法律环境起决定作用。

第三章　消费者市场与购买行为分析

【学习目标】

通过本章的学习，理解和掌握消费者行为模式、影响消费者行为的因素、消费者的购买决策过程，以及针对上述情况应采取哪些相应的基本策略和方法。

第一节　消费者市场与消费者的购买行为模式

消费者市场是市场体系的主体，是起决定作用的市场，是现代市场营销理论研究的主要对象。成功的市场营销者是那些能够有效地发展对消费者有价值的产品，并运用富有吸引力和说服力的方法将产品有效地呈现给消费者的企业和个人。因此，研究消费者的购买行为，对有效开展市场营销活动至关重要。

一、消费者市场

消费者市场是指为了满足个人消费而购买产品和服务的个人和家庭所构成的市场。生活消费是产品和服务流通的终点，故消费者市场也称为最终产品市场。

(一) 消费者市场的特点

(1) 购买的分散性。从交易的规模和方式看，消费者市场购买者众多，市场分散，成交次数频繁，但交易数量零星，绝大部分产品和服务都通过中间商销售，以方便消费者购买。因此，面向消费者市场的企业应特别注意分销渠道的选择、设计及管理。

(2) 购买的差异性。消费者市场提供生活消费品，购买者是受众多不同因素影响的个人或家庭，因而市场呈现较大的差异性、多样性。随着消费者购买力的不断提高，人们更加注重个性选择、个性消费，新的细分市场不断涌现，需求差异有不断扩大的趋势。企业应在市场细分的基础上准确选择目标市场，开展有效的市场营销活动，满足目标顾客的消费需求。

(3) 购买的多变性。消费者市场上的产品品种繁多，消费者选择性大，需求变化大。尤其是随着科学技术的发展，新产品层出不穷，市场竞争加剧，导致需求更加多样化。企业要密切注意市场变化，通过增加产品花色品种等满足消费者不断变化的需求。

(4) 购买的替代性。消费者市场产品品种繁多，不同产品之间往往可以相互替代。例如近年来各种功能饮料相继亮相，彼此之间具有很强的替代性，而饼干与方便面虽是不同种类的产品，但可相互替代。因此，消费者经常在替代产品之间进行购买选择，导致购买力在不同产品、品牌和企业之间转换。

（5）购买的非专业性。消费者市场的大多数购买者缺乏专业商品知识，一般消费者很难判断各种产品的质量优劣或质价是否相当，他们很容易受广告宣传或其他促销方法的影响。因此，企业应十分注意广告及其他促销工作，明晰产品定位、产品特征，强化其在消费者头脑中的形象，有效地吸引消费者的购买行为。

资料链接

中国转型市场的5个特征

中国转型市场的特征可以用5个字描述：

1. 大：地域辽阔；前景巨大；赚钱的天堂。
2. 变：发展快；变化快；政策多变；法规不健全。
3. 乱：市场秩序混乱；假冒侵权严重；反常怪事多，信誉（商业伦理）严重缺失。
4. 燥：短期导向；大起大落；过度竞争。
5. 异：区域差异、体制差异、行业差异、营销水平差异、世代差异都很显著。

资料来源：卢泰宏：《2001营销报告》，7～8页，广州，广州出版社，2001。

（二）消费者市场的购买对象

消费者进入市场其购买对象是多种多样的。如果以消费者的购买习性为划分标准，消费者的购买对象一般分为三类，即便利品、选购品、特殊品。

（1）便利品。又称日用品，是指消费者日常生活所需、经常重复购买的商品，诸如食品、饮料、肥皂、洗衣粉等。消费者在购买这类商品时，一般不愿花很多的时间比较价格和质量，愿意接受其他代用品，多数选择就近购买。因此，生产便利品的企业应注意分销的广泛性和经销网点的合理分布，以便消费者能及时就近购买。

（2）选购品。是指价格比便利品要贵，消费者购买时愿意花较多时间对许多同类产品进行比较之后才决定购买的商品，如服装、家电等。消费者在购买前，对这类商品了解不多，因而在决定购买前总是要对同一类型的商品在价格、样式、质量等方面进行比较。因此，生产选购品的企业应将销售网点设在商业网点较多的商业区，并将同类产品销售点相对集中，以便顾客进行比较和选择。

（3）特殊品。指消费者对其有特殊偏好并愿意花较多时间和精力去购买的消费品，如汽车、高档家具等。消费者在购买前对这些商品已经有一定的认识，偏爱特定的品牌，不愿接受代用品。因此，生产特殊品的企业应注意多创名牌产品，扩大本企业产品的知名度。

如按商品的耐用程度和使用频率分类，消费品还可分为耐用品和非耐用品。非耐用品是指使用次数较少、消费者需经常购买的商品，如食品、化妆品等。生产这类商品的企业要特别注意销售点的设置，以方便消费者购买。耐用品指多次使用、寿命较长的商品，如电视机、电冰箱及电脑等。消费者购买这类商品时，决策较为慎重。生产这类商品的企业，要注意技术创新，提高商品质量，同时要做好售后服务，满足消费者的售后要求。

二、消费者的购买行为模式

消费者的购买行为是指消费者为满足其个人或家庭生活的需要，而购买所需要的消费品的行动。市场营销的目的是为了迎合和满足目标消费者的需要，但是要真正了解消费者却绝非易事。过去市场营销人员凭借经验来了解消费者，然而随着企业和市场规模的扩大，市场营销人员必须通过市场调查来了解与消费者有关的问题，诸如以下问题：

哪些人构成市场？　　购买者
他们购买什么商品？　　购买对象
他们为什么要购买这些商品？　　购买目的
谁将参与购买过程？　　购买组织
他们以什么方式购买商品？　　购买行动
他们什么时候购买商品？　　购买时间
他们在哪里购买商品？　　购买地点

通过市场调查，营销者可以了解消费者买什么，在哪里买，买多少。但消费者为什么买，就不那么容易了解，答案往往深藏在消费者的头脑中。因此，营销人员在制定对消费者市场的营销策略之前，必须先研究消费者的购买行为。研究消费者购买行为的理论中最有代表性的是刺激—反应模式。购买者行为模式如图3—1所示。

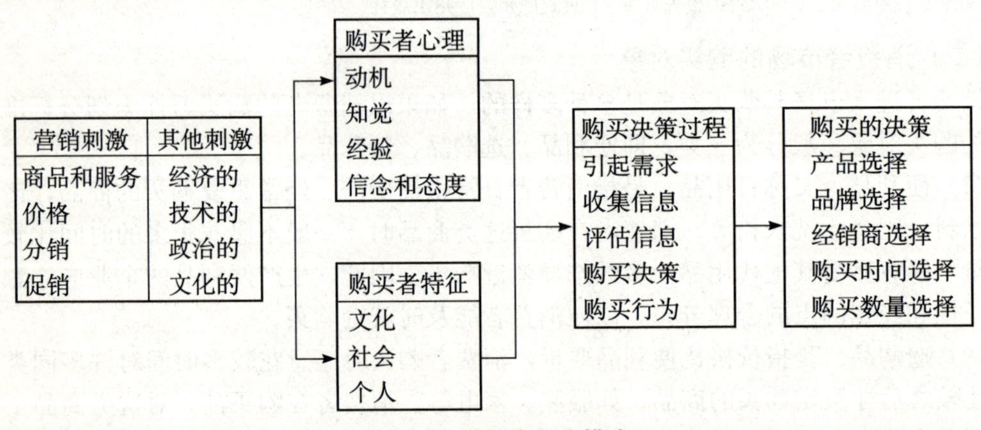

图3—1　购买者行为模式

该模式显示了购买行为的发生首先开端于外界的刺激进入消费者的“黑箱”，然后产生一系列的反应。营销者必须了解购买者的黑箱里有什么。

外界刺激分两类：一类是企业所能控制的营销因素，即商品和服务、价格、分销、促销对消费者产生的刺激；另一类是企业不能控制的环境因素，如政治的、经济的、技术的、文化的因素对消费者的刺激。这种刺激通过黑箱，产生可以看到的消费者的反应——产品选择、品牌选择、经销商（卖主）选择、购买时间以及购买数量选择等。

营销者的任务就是要了解在消费者的黑箱中刺激如何转化为反应。黑箱分两部分：第一部分是购买者特征，它们影响购买者对于刺激的认识和反应；第二部分是购买者决策过程，它影响购买决策。本章首先探讨购买者的特征及其对购买行为的影响，然后讨论购买者的决策过程。

三、消费者的购买角色

对于大多数消费者而言，确定谁是购买者是很容易的，因为参与购买决策过程的只有一个人。但对一些价格昂贵，并不经常购买的耐用消费品或其他关系重大的贵重商品的购买决策就不是一个人，而是由几个人共同参与做出的，而且这些参与者在购买决策过程中承担不同角色，起着不同的作用。参与购买决策的人可能充当以下五种不同的角色：

（1）倡议者，即首先提出购买某种产品或劳务的人。

（2）影响者，即其看法和建议影响最后决定的人。

（3）决定者，即最后决定购买决策（包括是否买、买什么、如何买、何处买）的人。

（4）购买者，即进行实际购买的人。

（5）使用者，即直接使用或消费所购买商品或劳务的人。

在现实生活中不难看到类似的情况。一个消费者以家庭为单位购买某品牌的大屏幕彩电，在这项购买中孩子可能是积极的倡议者，这家的亲友、熟人、同事、同学可能都是影响者，最后男女主人共同决定，并亲自上街购买，彩电的使用者当然是全家，但使用最多的恰恰是退休在家的老人。

上例中的购买决策者是男女主人。但他们只是在买与不买的决策中，扮演了决定者的角色。事实上所需的决策还有许多，实际情况更为复杂。

在购买的不同阶段，人们可能扮演不同的角色。美国学者对家庭购买轿车的情况进行研究，发现在买与不买的问题上，主要是夫妻双方共同决定的，但在不同的决策阶段，角色扮演有所变化。“何时买车”的决策，68%的家庭是男主人决定，只有3%的家庭由女主人决定，共同决定的占29%；“买什么颜色的车”，则由夫妻一方单独决定的各占25%，共同决定的占50%。

产品的购买者是谁，是一个极为微妙的问题。事实上存在着“名义决定者”与“实际决定者”之分。

传统上认为，购买决定者与一个家庭的“权威中心点”所在是相一致的。家庭有四种类型：（1）各自做主型，这种家庭的“权威中心点”是分离的，至少有两个以上；（2）丈夫做主型或妻子做主型，“权威中心点”只有一个，或在男主人一边，或在女主人一边；（3）共同做主型，由男女主人共同决定，“权威中心点”也是一个。一个家庭的社会地位、文化背景、主要成员的受教育程度和职务等，导致家庭成员分工不同，在不同购买决策中的作用也不相同。

营销者了解其产品购买者的主要参与者及其充当的角色，将有助于企业制定适当的营销策略，以影响和促进所有决策参与者，特别是决定者，作出购买本企业产品的决策。

四、消费者购买行为的类型

购买不同类型产品时所发生的购买行为也会有明显的差异。如果按购买者介入程度的高低和所购产品品牌之间存在的差异大小来分类，则购买行为可分为四种类型（见表3—1）。

表 3—1　　消费者购买行为的类型

介入程度 / 品牌差异	高度介入	低度介入
品牌差异大	复杂的购买行为	寻求多样化的购买行为
品牌差异小	化解不协调的购买行为	习惯性的购买行为

(一) 复杂的购买行为

所谓购买者的介入程度是指在购买过程中，消费者用于收集信息，进行评估比较以及实行购买时所花费的精力和时间的多少。如果所购商品相当贵重，不常购买，而且做出的决策一旦失误，将会造成很大损失时。这就要求购买者必须全力以赴、全身心地投入购买过程中去。当购买者必须高度介入，而所购买的商品又是品牌众多、品牌之间差别很大时，购买者发生的购买行为称为复杂的购买行为。通常在这种情况下，消费者对拟购商品缺乏必要的知识，甚至连选购时应注意商品有哪些基本属性都不清楚。因此，面临复杂购买的消费者必须先有一个学习的过程，弄清楚该种产品的基本属性，然后通过评价比较，形成对各种品牌的看法，最后谨慎地做出购买决策。

对这种类型的购买者，企业应该帮助购买者掌握该商品的基本属性、各属性的相对重要性，以及本企业品牌在这些属性上的优势，并通过各种促销措施来影响购买者最后的品牌选择。

(二) 化解不协调的购买行为

有些产品因为价格昂贵，不经常购买，消费者对这类商品的属性较为生疏，因而要求购买者高度投入，但是不同品牌之间差别并不大。因此，购买者在四处察看，了解何处可以买到该产品后，由于看不出不同品牌之间有何差异，就会根据价格和购买方便而迅速完成购买。购买以后，消费者也许会感到有些不协调或不够满意，在使用过程中，会了解更多情况，并寻求种种理由来减轻、化解这种不协调，以证明自己的购买决策是正确的。

对这类购买行为，企业应着重于信息交流，提供能使购买者对其选择本企业品牌感到心安理得的信念和评价。

(三) 习惯性的购买行为

消费者需要经常购买已经相当熟悉的产品。如果各个品牌之间不存在明显的差别，购买者一般不会花时间和精力去选购。这种既是购买者低度介入，又是品牌差别很小的购买，就是习惯性的购买行为。例如，买盐，消费者走进商店随手拿一包就买下了，即使认牌子买也是出于习惯，并不是出于对该品牌的忠诚感。这是习惯性购买行为的最重要的特点。

对这类购买行为，企业可利用价格优惠和其他手段促销，鼓励消费者购买，由于购买者并不重视品牌，企业在广告宣传上要特别突出本企业品牌的视觉符号和形象特征，力图能给顾客留下深刻的印象，以便引发顾客习惯性购买。

(四) 寻求多样化的购买行为

对某些产品的购买，消费者是作低度投入，但品牌之间却有很大的差异，这就是寻求多样化的购买行为。这种购买的行为特点是购买者频繁转换所购商品的品牌。所以如此，并非有什么不满之处，而是为了获得多样化。例如购买点心、糖果、饼干等，人们常常为了换口味而转变品牌。

对这类购买行为，作为市场领导者的企业，可通过占领货架、避免脱销和广告提示等方法来鼓励消费者转为习惯性购买。其他企业则可以利用价格优惠、免费试用和强调产品特色的广告来吸引顾客寻求不同特点的品牌。

第二节 影响消费者购买行为的因素

从图 3—1 可看出，影响消费者购买行为的既有外部因素（外界刺激），又有内部因素（个人特征）。外部因素为消费者做出何种购买决策提供条件，而内部因素则是消费者做出何种反应的根据。所以，影响消费者购买行为的主要因素是消费者的个人特征。个人特征包括四个因素，即文化因素、社会因素、个人因素和心理因素。

一、文化因素

影响购买行为的文化因素又包括文化、亚文化、社会阶层三部分。

（一）文化

文化是人类在社会发展过程中所创造的物质财富和精神财富的总和，是植根于一定的物质、社会、历史传统基础上形成的特定价值观念、信仰、思维方式、宗教、习俗的综合体。作为一种观念，“文化”看不见、摸不着，但人们能感觉到它的存在，如东、西方文化的巨大差异，东方文化中的中、日文化之间的差异，等等。作为其有形的一面，“文化”反映在一国的建筑、城市风貌、文学艺术、衣着，甚至饮食上。

文化是影响人们行为的基本因素。大部分人尊重他们的文化，接受他们文化中共同的价值观，遵循他们文化的道德规范和风俗习惯。所以，文化对消费者的购买行为具有强烈和广泛的影响。例如，家用电脑以使用者具有系统的专门知识和一定的价值观为先决条件，它只有在以先进的技术为基础的文化环境中方能引起消费者的兴趣。如果是在非洲中部某些落后部落的文化环境中，那里的人根本不知道电脑为何物，更不可能发生家庭购买电脑这种行为。

（二）亚文化

每种文化都是由更小的亚文化组成的，亚文化为其成员带来更明确的认同感和集体感。亚文化包括民族、种族、宗教和地域。许多亚文化构成重要的细分市场，而市场营销人员可以根据他们的需要设计产品并制定市场营销计划。

（1）民族亚文化群。如美国有爱尔兰人、波多黎各人、波兰人、华人等；中国有汉族、满族、回族、蒙古族、藏族等 56 个民族。不同的民族各有其特殊的文化风格。如维吾尔族偏好面食，南方汉族人多喜爱稻米类食物；藏族人有其特别的节庆、风俗。

（2）种族亚文化群。如白种人、黑种人、黄种人等，他们有显著不同的生活方式和地方特点。

（3）宗教亚文化。一个国家往往同时存在不同宗教信仰的人群，如天主教、佛教、基督教、伊斯兰教等。即使同一宗教也常有不同的派别。不同的宗教或同一宗教的不同派别，有不同的信仰、偏好和禁忌。

（4）地域亚文化群。不同的地理区域，会造成人们生活习惯及文化上的不同。例如我国汉族人口众多，且都讲汉语，但由于居住的地域辽阔，又形成各自的地方方言，广东人讲粤语，闽南人讲闽南话。在饮食方面，北方人以面食为主，南方人以米饭为主，西南人喜欢吃辣，江南人偏爱甜食等。

上述各种亚文化群体所形成的文化特点都导致了消费需求和购买行为上的差异性。

案例3—1

美国有70%的亚洲人是移民，大多数年龄都在25岁以下。最近美国商务部统计局的统计数字表明，亚裔美国人是美国增长最快的种族亚文化群体。这一群文化群体由中国人、日本人、菲律宾人、朝鲜人、亚洲印第安人、东南亚各国及太平洋岛国的人民组成。由于亚裔亚文化如此多种多样，要将这一群体的购买模式加以概括非常困难。有关亚裔美国消费者的研究提出，这一文化层次的个人和家庭可分为两个群体：(1)“同化的”亚裔美国人。他们精通英语，受过高等教育，担任专家和经理职位，表现出的购买模式与典型的美国人非常相似。(2)“未同化的”亚裔美国人。他们是新近的移民，仍保持自己原来的语言和风俗习惯。亚裔美国人这种多样化的语言、风格和口味的明显差别，要求营销者必须对亚洲各国有敏锐的认识。例如，美国布希农场公司的农产品销售部所销售的8个不同品种的加州米，便各标以不同的亚洲标签，以覆盖一系列民族和口味。该公司的广告还述及中国、日本、朝鲜对不同种类饭碗的各自偏好。

一些研究还表明，作为一个整体的美籍亚裔亚文化群体，具有一些共同的特征，如勤奋、家庭观念强烈、欣赏教育、中等家庭的收入超过白人家庭。而且这一文化层次也是美国最具创业心的群体，这可从亚洲人企业成员的表现得到明证。根据这些特质，美国大都会人寿保险公司将亚洲人作为一个主要的保险目标市场。

资料来源：何永祺：《市场营销学》，82页，大连，东北财经大学出版社，2001。

(三) 社会阶层

社会阶层是指社会中按等级排列的具有相对同质性和持久性的群体，它们是按等级排列的，每一阶层的成员具有类似的价值观、兴趣爱好和行为方式。社会阶层不是以单个因素（如收入）为依据而划分的，而是依据职业、收入、教育、财富和其他因素综合衡量的。在有的社会系统中，不同阶层的成员有不同的角色而且不能改变他的社会地位（如印度的种姓制度）；但在有的社会系统中，社会阶层的划分不那么固定和严格，人们既可以上升到更高的阶层，也可能降到下一个阶层。社会阶层是一种社会同质化的结果，将相似群体细分成不同的群体阶层，为市场细分提供了重要的依据。

以美国为例，社会阶层主要有七个：(1) 上上阶层（不到1%)：富豪和名人家族；(2) 上下阶层（约2%)：是一批新兴的因职业或生意成功的人；(3) 中上阶层（12%)：是中产阶级中有较好职业的一群，如医生、律师、大学教授等；(4) 中等阶层（32%)：仍属中产阶级，主要成员包括白领（办公室主管、经理人员）或高等蓝领（工厂主管、领班)，是典型的美国人；(5) 劳动阶层（38%)：是中等收入的蓝领工作者或过着劳动阶层生活的人；(6) 下上阶层（9%)：生活在贫困线以上，但没有失业，不靠福利金生活的人；(7) 下下阶层（7%)：是靠福利金生活的人，他们的生活贫困不堪，常常失业，是社会中最贫困的一群。

资料链接

中国社会科学院社会学研究所“当代中国社会结构变迁研究”课题组，依据科学的分析方法，通过大量翔实的调查，对当代中国社会阶层进行了分析，划分出“十大阶层”，他们是：(1) 国家与社会管理者阶层；(2) 经理人员阶层；(3) 私营企业主阶层；(4) 专业技术人员阶层；(5) 办事人员阶层；(6) 全体工商户阶层；(7) 商业服务人员阶层；(8) 产业工人阶层；(9) 农业劳动者阶层；(10) 城乡无业、失业人员阶层。

该课题组认为，当代中国经历了 5 次结构性的社会大流动：第 1 次是 1949—1956 年中国社会阶级阶层关系的重塑，这种重塑实际上是原有阶级阶层关系和位序结构的彻底颠覆；第 2 次是 1957—1965 年多维二元身份体系建构，赋予社会成员不同的政治、社会和经济身份，不同身份的人有明显不同的利益、福利和社会地位；第 3 次是 1966—1977 年社会流动的失序，政治运动对社会产生了全方位影响；第 4 次是 1978—1991 年社会分化与流动模式转接，不仅原有阶层发生了分化，新的阶层也开始出现；第 5 次是 1992 年以来新的社会阶层结构的初步形成，形成了一种由 10 个主要基于职业的社会阶层组成的新阶层结构，在新结构中，不同阶层所处的等级位置也初步确立起来。

资料来源：http：//news. qq. com。

二、社会因素

消费者的购买行为不仅受文化因素的影响，同时也受社会因素的影响，属于社会因素的主要有参照群体、家庭、角色和地位等。

(一) 参照群体

参照群体是指那些直接或间接影响人的看法和行为的所有群体。参照群体又可分为直接群体与间接群体。参照群体的划分如图 3—2 所示。

参照群体	直接群体	主要群体
		次要群体
	间接群体	向往群体
		疏离群体

图 3—2　参照群体的划分

所谓直接群体（又称成员群体）是指某人所属的群体或与其有直接关系的群体。直接参照群体又可分为主要群体和次要群体。主要群体即与个人有经常持续的相互影响的群体，一般都是非正式群体，对消费者的影响往往是直接的、频繁的，如家庭、朋友、邻居、同事等。次要群体是比较正式的且非持续性相互影响的群体，如宗教组织、职业协会等（如医生工会对成员、读者协会对读者的影响）。

所谓间接群体是指某人的非成员群体，即此人不属于其中的成员，但又受其影响的一群人。这种参照群体又分为向往群体和疏离群体。向往群体是指个人期望归属的群体（如体育明星、影视明星就是其崇拜者的向往群体）。疏离群体（厌恶群体）是个人拒绝接受其价值观和行为的群体。一个人总是不愿与厌恶的群体发生任何联系，在各方面都希望与其保持一定的距离，甚至经常反其道而行之。

参照群体对消费者的购买行为影响，主要表现在以下三个方面：(1) 参照群体为消费者展示出新的行为模式和生活方式；(2) 由于消费者有效仿其参照群体的愿望，因而消费者对某些事物的看法和对某产品的态度也会受到参照群体的影响；(3) 参照群体促使人们的行为趋于某种“一致化”，从而影响消费者对某些产品和品牌的选择。

从营销的角度看，某一企业产品的销售与消费者本身关系很大。因此凡能影响消费者做出决策的参照群体都不可忽视。营销人员的任务是发现消费者购买过程中有哪些群体会影响消费者的行为；这些群体如何影响消费者；营销人员应如何利用及影响这些群体，使其对企业有正面的看法，并通过参照群体去强化消费者购买本企业产品的动机与态度，哪一类产品会受那些特别参照群体的影响。

(二) 家庭

家庭是社会组织成员的一个基本单位，也是消费者的首要参照群体之一，对消费者的购买行为有着重要影响。一个人在其一生中要经历两个家庭。第一个是父母的家庭，第二个是自己组建的家庭。当消费者做出购买决策时，必然要受到这两个家庭的影响，其中，受原有家庭的影响比较间接，受现有家庭的影响比较直接。家庭的购买决策大致有三种类型：(1) 一人独自做主；(2) 全家参与意见，人人做主；(3) 全家共同决定。这里的“全家”虽然包括子女，但主要是夫妻二人。夫妻二人购买决策权的大小取决于多种因素，如各地的生活习惯、妇女就业状况、双方工资及教育水平、家庭内部的劳动分工以及产品类型等。孩子在家庭中的影响力也不可忽视，尤其是中国独生子女在家庭中受重视的程度越来越高。随着孩子的日渐成长、知识的增加和经济上的独立，会使他们在家庭购买决策中的权力逐渐加大。

营销人员的任务是利用适当的营销方法去影响相关的各类购买者、决定者，了解企业产品在家庭决策过程中属于哪一种类型的决策，不同的家庭成员在决策中扮演什么角色，以及该如何影响他们。

(三) 角色和地位

一个人在其一生中参加许多群体，如家庭、俱乐部及各种组织。每个人在各群体中的位置可用角色和地位来确定。在父母眼里，你的角色是儿女；在自己的家里，你的角色是丈夫（妻子）；在公司里，你的角色是经理（职员）。每一个角色都将在某种程度上影响其购买行为。每种角色都有相应的地位，这一地位反映了社会对他（她）的总评价。人们往往选择与自己的角色和地位相属的产品。例如，企业经理会开着奔驰轿车，戴着劳力士手表。地位的象征会随着不同社会阶层和不同的地域而异。好莱坞的电影明星都希望在比弗利山庄有一栋房子，因为该区的房子是成功与财富的象征；在日本成功的生意人喜欢名牌衣物，如皮尔·卡丹的衣服、劳力士的手表、库斯的皮带等。这恰恰是受地位影响的购买行为。营销人员应重点了解产品所代表的地位的象征。利用营销方法使产品成为某种特殊地位的象征，当这种象征与消费者的地位及角色联系起来之后，营销者就达到了销售的目的。

三、个人因素

消费者的购买行为还受下列个人因素的影响，即年龄及生命周期、职业、经济状况、生活方式、性格与自我观念。

(一) 年龄及生命周期

随着年龄及生命周期的不同，消费行为也会随之改变，依照美国学者的研究，家庭的生命周期可分为九个阶段，各阶段的购买偏好是不一样的。

(1) 单身阶段：几乎没有经济负担，购买重点以满足个人需要为主。

(2) 新婚阶段：经济情况比有子女时要好，购买重点以组织家庭为主，如可能添置床、家具、冰箱、彩电等。

(3) 养育孩子初期（最小的孩子不超过 6 岁）：负担重，购买的重点是婴幼儿用品，如可能购买婴儿食品、玩具、童车等。

(4) 养育孩子中期（最小的孩子超过 6 岁）：经济情况好转，孩子的教育成为重心，如可能购买儿童读物、钢琴等。

(5) 养育孩子晚期（孩子长大但尚未独立）：此时家庭的状况较佳，负担小，可能会购买一些高质量、有品味的产品。

(6) 子女离家初期（孩子已独立搬走）：这一时期通常是事业达到高峰的阶段。财力宽裕，购买的重点转向度假用品、奢侈品、家庭修缮用品等。

(7) 子女离家晚期（尚未退休，老夫老妻）：健康成了重要课题，可能大量购买保健品。

(8) 鳏寡初期（尚未退休，配偶去世）：因寂寞而想再婚，或许卖房子。

(9) 鳏寡晚期（退休、独居）：身体状况已开始显著走下坡路，对医疗产品及服务需求提高。

不同年龄及生命周期分别代表着不同的家庭结构、经济能力及购买行为，营销人员要洞悉在各个阶段消费者的需要，提供适当的产品。

(二) 职业

职业需要会产生相应的购买行为，例如教师需要购买专业参考书，运动员需要购买解除肌肉紧张和疲劳的药物，演员需要购买演出服和化妆品。因此，营销人员应认清各行各业的特殊需要，发展适当的产品来满足这些需要。

(三) 经济状况

产品选购在很大程度上取决于一个人的经济状况。所谓经济状况主要包括收入、存款、资产和筹款能力的大小。经济状况直接影响消费者的购买力和兴趣爱好，因此，营销人员在产品设计和市场定位时应充分考虑不同消费群体的经济状况。

(四) 生活方式

所谓生活方式是指人们的生活形态，集中表现在他们的行动、兴趣和思想见解上。生活方式能比社会阶层、个人性格更深刻也更全面地反映一个人在态度、行为和心理需要方面的特点。所以通过分析消费者的生活方式来了解其消费需要和购买行为，往往比用社会阶层和个性来分析更为有效。

(五) 性格与自我观念

每个人具有影响其购买行为的个人性格。所谓性格是指导致一个人对客观环境做出一定的、持久的、明显反应的心理特征。性格常常可用外向或内向、乐观或悲观、柔弱或刚强、活泼或文静、占有欲强或弱、防卫性高或低，以及自信心强或弱等来划分。消费者的性格会反映到产品的选择上。例如一个性格活泼、外向、追求时尚的现代女性在衣服的颜色和样式的选择上，可能与一个传统、害羞、缺乏自信心的女性完全不同。美国万宝路香烟公司的成名标志是一个抽着香烟的西部牛仔。这个广告给人一种印象，即抽万宝路香烟的男性个性粗犷、不怕吃苦、有正义感、勇敢，有牛仔精神。

自我观念是指一个人对自己的看法及印象。简单地说，就是自己认为自己是怎样一个人。有关学者认为，人只会选购符合其自我形象的产品，而拒绝购买不符合其自我观念的产品。例如以高级知识分子为目标市场的服装厂，其产品必须是剪裁得体、典雅大方、面料高档的产品，以符合消费者风格、风度的要求。所以，一个营销人员应适当地利用消费者的个性及自我观念，将产品的特色与个性相联系，并树立适当的品牌形象。

中国独生代的性格及自我观念就非常典型，如表3—2所示。

表3—2　　中国独生代的消费价值与特征

	独生代	传统世代对比
特征1 无所不闻； 超早熟	独生代生逢IT时代，一出生便有电视、手机、互联网并任其使用，信息应有尽有，见多识广，催其早熟。从小习惯影视语言和网络语言，对广告反应迅速，对新事物接收快、吸收快。	传统世代信息不充分；用经验弥补信息不足；对新事物保持理性。
特征2 独立个人； 酷自我	独生代“很少挫折”的成长背景，造就了“很自我”的风格，以自我为中心。 对前辈的观念不以为然，他们大多思想独立，不愿被改造，敢于接受挑战，在信息时代如鱼得水，消费观念更是“自我”。大部分收入花在服饰、信息、交友及旅游上。	传统世代注重别人的看法；受群体影响大；重中庸和谐。
特征3 享乐主义； 全方位	独生代享受家庭的宠爱，有永不满足的消费需求。通吃物质和精神快餐（漫画、杂志、网络；垂涎所有美味、美丽、美妙的东西）。 独生代热衷信用卡消费，超前消费是其基本模式。	传统世代从吃苦耐劳到有限享乐；滞后消费是其基本模式。
特征4 有钱就花； 不存钱	独生代无忧患意识，伴随中国经济繁荣，期望值不断上升。 独生代抱着“有钱就花”的观念，图的就是痛快。	传统世代缺乏安全感，一定要存钱防未来。
特征5 崇尚品牌； 追求时尚	独生代认同超前消费和及时消费，讲究情调、品位、审美，崇尚品牌和高档。 在具体消费上，行为大胆和叛逆，是时尚消费的引领者和追随者。	传统世代消费重实在，甚至重节俭，与品牌距离远。对促销降价反应敏感。
特征6 旅游；“电游”；追求感觉和新体验	独生代热衷旅游体验。网络是他们充分表达的工具和平台。 他们乐于尝试，挑战自我，是电子游戏消费的主力和极限运动的先锋。	传统世代过去很少把钱花在体验消费上，如旅游，他们甚至反对网吧、电子游戏。

资料来源：卢泰宏：《消费者行为学》，510～512页，北京，电子工业出版社，2006。

四、心理因素

人类的心理是非常微妙而复杂的。心理因素深深影响消费者购买行为。一般来说，营销学对心理因素的研究偏重于动机、知觉、经验、信念和态度这几个方面。

（一）动机

任何人在任何时候都存在着许多需求，但是在某个时点上这些需求并不都强烈到促使人们采取行动的程度。一个需求只有当其强烈到某种程度后才变成动机。所以，动机是一个被激励的需求，它能使一个人采取行动来满足这种需求。购买动机是消费者购买行为的基础。消费者的需求引起购买动机，由于消费者的需求是千差万别的，所以，消费者的购买动机是多种多样的。

马斯洛的需求层次理论主张，人类的动机是五种不同需求的结果。该理论依据重要性把这五种需要排列为生理需求、安全需求、社会需求、尊重需求、自我实现需求（见图3—3）。有了需求才会有满足需求的动机。一个人最重要的动机是满足生理需求。生理需求满足之后才会进而追求其他的需求。虽然需求层次有其轻重先后的次序性，但有时人们可以同时追求两个以上的需求。需求层次理论为营销提供了宝贵的资料。营销的最终目标就是满足人类的需求，提供有价值的产品。需求、价值与动机是息息相关的。营销人员应随时考虑消费者的购买动机。

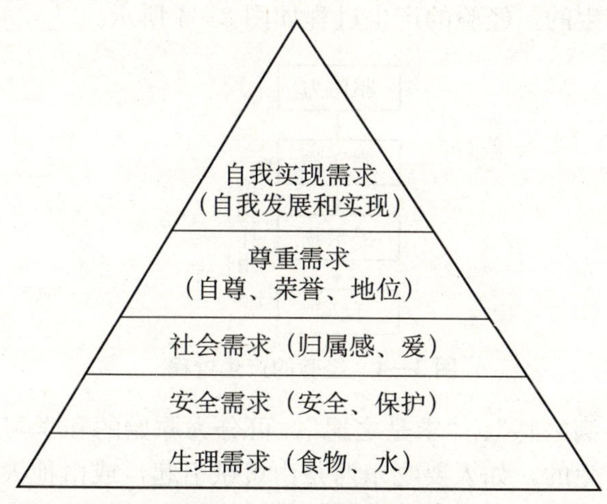

图3—3 马斯洛的需求层次

（二）知觉

消费者产生了购买动机后，将会发生什么样的行动，还要取决于对客观情景的知觉。所谓知觉是指将感觉到的外界刺激变成有意义的个人经验的一种过程。简言之，知觉就是理解了的感觉。消费者在购买产品之前要经历一个从感觉到知觉的认识过程。消费者首先通过五种感官形成对某一商品各项属性的反映，这就是感觉；然后将感觉得到的信息，通过大脑的综合分析，以各人自己的方式做出解释，这就是知觉。两个具有相同的购买动机、处于完全相同的客观情景之下的消费者，可能由于各人对情景的知觉不同，发生完全不同的购买行为。心理学家认为：人们对于相同的情景之所以会发生不同的知觉，从而产生不同的行为，原因在于知觉具有选择性。感觉到的东西并不一定都形成知觉，知觉的选择性表现在三个方面，即有选择的注意、有选择的扭曲和有选择的记忆。

（1）有选择的注意。消费者日常会接触到大量有关销售各种产品的信息刺激。但是在大量的刺激中，只对和他们目前需求有关的或使其发生兴趣的刺激引起注意，这就是有选择的注意。

(2) 有选择的扭曲。是指虽然消费者注意到某些营销刺激或信息（如广告），但因受其本身的背景影响，往往扭曲其真正意义，将其理解成另一种东西。

(3) 有选择的记忆。是指在所注意的营销信息中（如广告），消费者只会选择那些符合自己态度及信念的信息去记忆。

有选择的注意、有选择的扭曲和有选择的记忆是影响知觉的三项重要因素。营销任务的重点在于有效、正确地把营销信息传达给消费者，其目的在于：吸引消费者的注意；避免消费者扭曲本企业的信息，以达到正面宣传的效果；将本企业的产品优点印入消费者的记忆中，成为其选购的对象。

(三) 经验

消费者购买产品的动机是由需求推动形成，而需求的形成又比较复杂。它既可以由内在的因素激起，也可以由外在的因素唤起。现代营销理论认为，绝大多数的购买行为都受后天经验的影响。

行为科学认为，经验是由驱使力、刺激物、提示物、反应以及增强作用五个因素进行一系列的交互作用而产生的。经验的产生过程如图 3—4 所示。

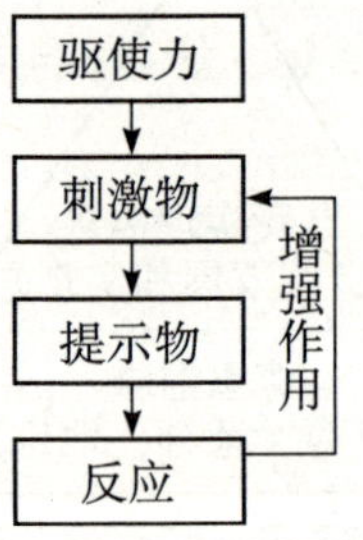

图 3—4　经验的产生过程

驱使力是一种“不满之感”、“求是之愿”，可分为原始的和学习的。人们大部分的驱使力是通过后天学习产生的，如人要吃东西是由饥饿引起，或由他人的影响而引起。刺激物就是一种能消除或减缓驱使力紧张程度的物体。当人们的一种驱使力引向某一刺激物时就形成动机。提示物则决定着动机的方向和程度。反应是对诱因或刺激的反作用。增强作用是加强刺激反应关系，与物品满足程度有关，如果物品满足程度高，就会引起顾客重复购买；反之，顾客就不满意，不再继续购买。譬如，一个父亲觉得提高家庭的生活质量是他的“责任”（驱使力），所以当他看到左邻右舍都买了电视机，晚上全家人坐在一起看电视，其乐融融（刺激）时，他就会问妻子是否赞同买台电视机，结果妻子非常同意（暗示），当然他也打听了许多有关电视机的信息，如价格、品牌、样式、功能（暗示），最后决定去买一台。这时他心中对买什么牌子及样子、尺寸大概都有了答案（反应）。如果购物者通过一年的使用，感到非常满意，他就会到处向朋友介绍同样牌子的电视机（强化作用）。

经验理论对营销学的影响是：强调消费者是可以由经验改变而产生特定的购买习惯的。营销的任务在于如何将产品与消费者的内驱力相结合，配合营销手段（刺激、暗示）促使消费者对本企业产品采取购买行动（反应），并用营销工具（如广告促销）强化其对该品牌的忠诚度及偏好（强化作用）。

(四) 信念和态度

消费者的信念和态度是影响其购买行为的心理因素之一。信念和态度总体来说产生于经验。所谓信念是指一个人对某些事物所持的看法。人们对商品所具有的信念可能基于实际认识，也可能基于个人见解和信任，有时还可能掺有感情色彩。譬如在各类电脑商标中，IBM电脑是世界公认的质量第一（信念），所以使用者对其产品也都十分信赖，自然而然地给予好评。营销人员应更重视建立良好而且特殊的商标信念或产品信念。良好的信念有助于某一商标的形象及忠诚度的建立，这也是营销的无形资产。

态度是指一个人对某些事物或观念长期持有的好与坏的认识评价、情感感受和行动倾向。态度一旦形成，就不易改变。一个人的态度会影响他对人、事物的好恶，也影响他们的购买决策。如果一个人持有“质量第一”的态度，在购买电器用品时，可能不在乎价格是否昂贵，可能考虑购买质量好的名牌产品。所以说，态度一旦形成，就像建立一个购买行为模式，非常不易改变。营销人员的工作重点是利用及配合消费者的营销态度来规划其产品的营销策略，培养及建立消费者对企业及产品的良好态度。

案例3—2

手机在国际市场上的功用是通讯，开始的手机都是黑色的方块形产品。在中国，手机是时尚的、炫耀型的商品。摩托罗拉曾把中国手机市场划分为4个细分市场，也是根据中国人购买手机的4种原因（科技追求、时间管理、形象追求和个人交往）划分的。跨国手机品牌没有想到，解码中国手机市场最重要的关键词是，中国的消费者把手机看成是时尚商品，对手机的追求，中国人是“中（重）看”，欧洲人和美国人是“中（重）用”。西方人下班后不用手机；不在别人面前使用手机。中国的情况恰恰相反，中国人的手机变成了社交型的、炫耀型的商品，变成追求款式的东西。中国的厂商利用外来的技术、利用组装的工艺只是改变时尚的面孔迎合消费者，以巧补弱取得成功。2003年洋品牌手机反过来跟着中国时尚的风标走。西门子鸭蛋形的一款手机SL55，在北京销售非常好。西门子公司中国总裁说，他在中国市场上做手机，以10年时间为代价学到一句话：在中国卖手机是卖时尚。

资料来源：http：//lz. book. sohu. com。

第三节　消费者的购买决策过程

消费者的购买决策过程，是指消费者购买行为或购买活动的具体步骤、程序、阶段。由于影响消费者购买行为的社会因素、个人因素、文化因素、心理因素在不同消费者之间的程度不同，因而消费者的购买决策过程也大有差异。有的产品购买过程只需几分钟，有的购买过程则需几个月甚至几年。但不管哪种购买决策过程，消费者在为满足需要而采取购买行为之前，必然发生一系列的心理活动过程。以复杂的购买行为而言，购买决策的全过程可划分为五个分阶段，即引起需要、收集信息、评估信息、购买决策、购后行为（见图3—5）。

把购买过程分成若干分阶段，目的在于使企业的营销人员了解消费者的购买过程早在决定购买以前就已经开始了，而且延长到实施购买以后。因此，营销人员应该通过调查研究，了解消费者在各阶段的具体思想和行动，以便采取适当的措施，影响消费者的购买行

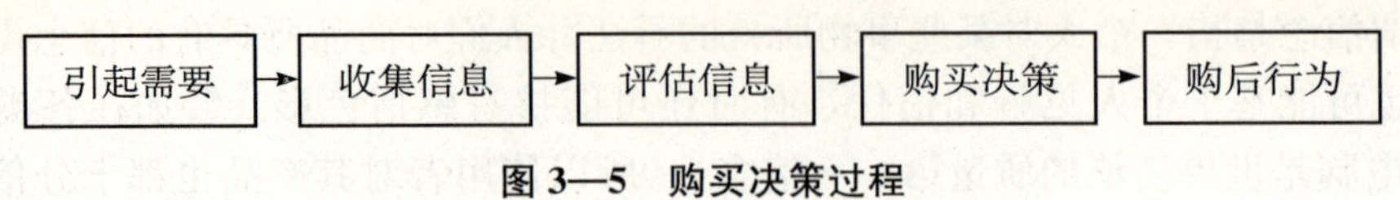

图 3—5 购买决策过程

为，以扩大本企业产品的销路。

一、引起需要

当消费者感觉到有某种需要应予以满足时，购买过程就开始了。人的消费需要是由刺激引起的，刺激是引发购买行为的先决条件。刺激是导致购买欲望的诱因。刺激可分为内在刺激和外在刺激。内在刺激来自人类一般基本需要，即人体内部的刺激，如饥思食、渴思饮、冷思暖、困思息等；外在刺激来自人体外部的刺激，又称为触发诱因，如看了介绍某种新产品的广告、产品的包装设计、衣服的式样等，产生兴趣，从而引起需要。

引起需求这一阶段的存在对营销人员有两方面的意义。一是营销人员必须了解本企业产品实际上或潜在地能引起消费者的哪些需要，以作为设计触发诱因的根据。例如生产电风扇的企业，其营销人员除了应该知道电风扇能满足人们通风降温的需要以外，还应了解其能满足诸如室内装饰、显示主人的身份地位、显示主人的生活情趣等的需要。如果一种产品同时能满足的需要越多，就越能引起消费者的购买动机。二是消费者对某种产品的需要强度会随时间的推移而发生变化，并且会被一些诱因引发，而促使其采取购买行动。例如消费者对夏令用品的需求强度，将随着夏季的临近而加强，正当夏季时达到最大，随后就会减弱以至消失。因此，营销人员一方面要掌握引起需要的时机；另一方面要善于安排适当的诱因，如通过广告宣传、实物展销、样品试用等方式突出该产品足以增强需要强度的种种优点，以引起消费者的需要。

二、收集信息

如果消费者的需求很强烈，可供满足这种需要的产品很确定，而且就在消费者附近，则消费者将立即采取购买行动以满足其强烈的需要。但是大多数情况下，已被引起的需要，并不能立即获得满足，消费者需要收集有关信息，以便做出选择。收集有关信息的积极程度将视需求强度的高低而分为两种状态。有些消费者的需要并不强烈，所以收集信息的积极性并不高，但是他们对于满足需要有关的信息的注意力会明显地增大。例如，有人想买手表，则他对于手表广告橱窗的陈列、别人所戴的手表的品牌等就会特别注意。这种状态称为“增强注意”。另有一种消费者的需求十分强烈，因而收集有关信息的积极性也很高。他们已不满足于顺便看到和听到而获得的信息，而是主动地、有目的地收集有关信息。这种状态称为“主动收集”。消费者所需的信息量的多少，要看所要购买的是哪一种的消费品。如果消费者对所要购买的产品完全不了解，且价格昂贵，购买频率低，则所需要的信息量就大，反之，就较小。

消费者所需信息主要有四个来源：

（1）个人来源，即消费者从家庭、亲友、邻居及其他熟人那里得到的信息。

（2）商业来源，即消费者从广告售货员、经销商、商品陈列、包装、说明书等处得到的信息。

(3) 公众来源，即消费者通过从群众的评议、报纸杂志、电视、电台等大众传媒的评述中得到的信息。

(4) 经验来源，即消费者通过亲自操作、检查、使用该产品所得到的信息。

每一个消费者各有其收集及整理信息的方式。通常相关的资料会集合在记忆中，如电视机牌子是一类，口香糖是一类，书籍是一类。但是并非所有接触到的信息都会被消费者接收，事实上消费者只选择接收其感兴趣的信息。从信息的接收一直到最后某种产品被选购，消费者自有一套信息的过滤系统（见图 3—6）。

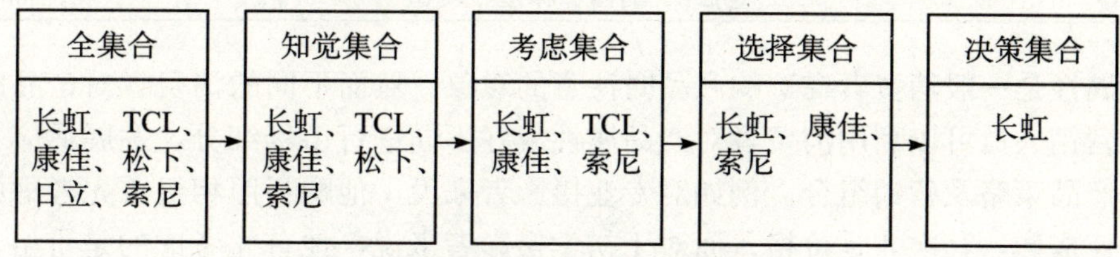

图 3—6 信息过滤系统（以电视机为例）

某一项产品或某一类产品，通常在市场上会有多种品牌。“全集合”包括市场上此类或此项产品的所有品牌。通常一个消费者不太可能知道所有品牌，而仅知道一部分或主要的品牌子，即“知觉集合”。而消费者在所知道的品牌中，只会考虑某些特定的品牌，即“考虑集合”。在考虑集合中，通过一些特别的考虑因素，如价格、保修期、品牌知名度等，选出一些最好的品牌，这就是“选择集合”。消费者再从选择集合中决定某一“特定的品牌”来达成最后的决策。

依据这个购买系统的过滤，营销人员在此阶段的任务是使自己的产品在众多的品牌中脱颖而出，进入目标消费者心中，进入知觉集合或选择集合。为此，广告、产品包装、颜色、大众媒体、适当的货品陈列等都可利用。

三、评估信息

消费者收集到所需的信息后，就会对这些资料进行分析对比、综合评估，以做出抉择。对不同品牌的评估比较一般来说是通过五个过程进行的。信息评估的程序如图 3—7 所示。

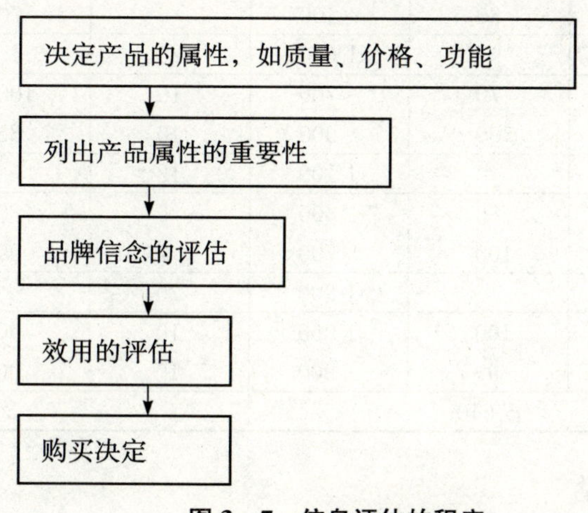

图 3—7 信息评估的程序

(一) 决定产品的属性

如表3—3所示，产品通常是一群产品属性的集合，产品属性通常是指通过人类感官所能感觉到的产品特征。

表3—3 **产品属性**

产品项目	产品属性	产品利益
电视机	图像、音质、价格、造型	娱乐
照相机	快速、图像、价格、型号	摄影
牙膏	防蛀、洁齿、味道、类型	清洁口腔

产品属性是一般消费者在选购产品时注意的对象。然而不同的消费者对产品的属性偏好不同。营销人员可以利用消费者对产品属性偏好不同进行市场细分，发展适应不同消费者偏好的产品策略及营销组合。例如对专业摄影者来说，他购买照相机首先考虑的是图像清晰、快速成影，其次才是价格；而对于初学摄影者来说，他首先考虑的是价格，其次才考虑图像。

(二) 列出产品属性的重要性

虽然一种产品可能有多种属性，但是并非每一种属性都具有同等的重要性。对于不同属性的重要性，消费者都有自己的一套看法。一般将其数字化，例如1～10，10代表极其重要，5代表中等重要，0代表不重要。这些数字称为权数。权数本身是消费者根据自己的偏好及想法评定的，是十分主观的。营销人员的重点在于了解消费者评估属性及重要权数的方法，强化企业产品在某些重要属性上的表现及改进方向，并将本企业产品的良好属性，通过营销渠道介绍给消费者，以吸引消费者购买企业产品。电视机属性评估表（见表3—4）中列出了各单项属性的权数及类别的权数。由表3—4可知该消费者对质量及售后服务特别重视（都是20）。

表3—4 **电视机属性评估表**

电视机	A品牌			B品牌		
属性	权数	得分	满意分数	权数	得分	满意分数
(1) 价格	13		1 040	13		910
单价	8	80	640	8	70	560
赠品	5	80	400	5	70	350
(2) 质量	20		1 600	20		1 850
画面质量	10	70	700	10	100	1 000
音质	10	90	900	10	85	850
(3) 外观	12		1 100	12		1 030
颜色	5	80	400	5	80	400
样式	7	100	700	7	90	630
(4) 售后服务	20		1 900	20		1 800
保修期限	10	100	1 000	10	90	900
服务项目	10	90	900	10	90	900
总和	5 640			5 590		

(三) 品牌信念的评估

根据以往积累的经验及知识，消费者对某一品牌产品的各项性能都有一定的看法，叫

"品牌信念"。通过品牌信念对该品牌产品产生的特殊印象叫"品牌形象"。例如我国对日本电器索尼的评价颇高，这种品牌在市场上有良好的品牌信念及形象。

在营销活动中，品牌信念及品牌形象非常重要。消费者若对某一品牌印象不好，购买时通常不会将这一品牌列入购买的考虑之中。品牌印象良好的产品，通常会产生品牌效益。但事实上，消费者"主观的品牌信念"未必正确地代表真正的"客观的产品属性及产品表现"。有时这两者之间有相当程度的距离。因此，希望通过营销人员的努力，使消费者能真正认识企业产品的实际属性，更希望能通过营销手段在消费者心目中建立"更高层次"的良好品牌形象及品牌信念。

(四) 效用的评估

产品的属性会提供给消费者某些使用效用。通常产品效用愈高，则消费者的满意度愈高，产品被购买的可能性越大。由物质产品的属性转换到实质产品的效用及心理上的满意程度，是消费者主观上的转换评估，在经济学上称这种转换关系叫"效用系数"。从理论上说，如果某一品牌能够提供给消费者对该产品所期望的每项属性，那么这个品牌的产品就提供了最大效用，消费者的满意度也高，其结果必然是消费者购买该产品。根据表 3—4，消费者将对产品的某一属性的满意度以 100 分为最高分，分数愈高就表示消费者愈满意。例如 A 品牌单价属性的满意度是 80，乘以权数 8，加权后的满意度分数是 640，依照同样方法，我们计算了 A、B 品牌的满意部分，其结果分别是 5 640 分和 5 590 分。

(五) 购买决定

当效用评估完成之后，下一步便是依据评估的结果做出决定。这时的决定不单是对单项属性的考虑，还包括了全盘性的效用评估及综合满意度。进行全盘性考虑时，一般会采用两种购买策略，即补偿性策略及非补偿性策略。补偿性策略强调产品属性之间的相互补偿。例如衣服不是名牌（弱属性），但是价格很便宜、样式好看（强属性），所以还是应该考虑购买。补偿性策略必须注意产品具备的某些特定属性。例如食品罐头在大清仓时，虽然价格十分便宜（强属性），可是由于没几天就要过期了，不太新鲜（弱属性），很多消费者出于健康的考虑拒绝购买。

四、购买决策

信息评估阶段使消费者对可供选择的若干品牌根据合乎自己心意的程度排出了先后的次序，一般情况下，消费者将会购买他最喜欢的品牌。但是从信息评估到做出购买决策之间还有一些中间环节，购买决策的影响因素如图 3—8 所示。

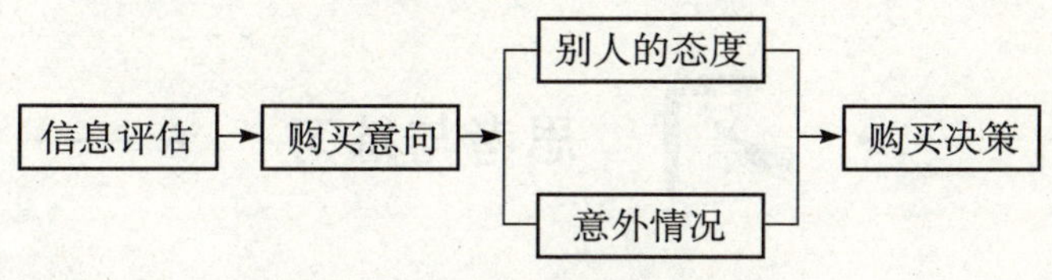

图 3—8 购买决策的影响因素

消费者经过信息评估将会产生购买意向，但是有了购买意向并不一定实施购买，这时有两个因素将会影响购买决策。一是别人的态度，如妻子要买一身时装，受到丈夫的反对，她就改变或放弃购买意图。别人的态度对消费者购买决策的影响程度，取决于别人态度的强烈程度和别人与消费者的亲近程度。二是意外情况，例如，购买者可能没有谈妥购买条件，可能对推销员的态度产生强烈反感，也可能是发生了意外的开支等，以致没有实施购买。

由此可见，购买意图并不能成为预测实际购买行为的完全可靠的因素。购买意图可以显示购买行为的方向，但却不可能把很多意外情况和别人的态度等中间环节介入因素包括在内。

五、购后行为

消费者购买某种产品并经过使用后，必然会产生某种程度的满意或不满意。若感到满意或很满意，他们就会再去购买这种产品，并且会对别人称赞这种产品。消费者对产品的好评，应该说是最有效的广告，对其他消费者会有很大的影响力。反之，若消费者的购后感受是不满意或很不满意，则不但他们自己以后不会再去购买这种产品，而且会对别人说这种产品的坏话，使原来想买这种产品的人也不再购买。可见，消费者的购后感受和行为与企业的产品销路关系极大。企业必须以热情诚恳的态度来对待消费者的意见和批评，并且应采取切实的措施，例如：经常征求顾客的意见，加强售后服务；改变消费者对产品属性的评估；改变消费者对品牌的信念及印象；等等。尽可能增加消费者购后的满意感，减少其不满意感。

案例3—3

沃尔玛自 1996 年登陆中国内地以来，已在很多城市开设了颇有规模的连锁超市。沃尔玛以其优质低价的商品和服务赢得了消费者的青睐。沃尔玛为什么会取得成功呢?

首先，沃尔玛把超一流的服务看成是自己至高无上的职责，在很多沃尔玛店内都悬挂着这样的标语：(1) 顾客永远是对的；(2) 顾客如果有错误，请参看第一条。其次，沃尔玛注意降低成本，做到质优价廉。沃尔玛在店内广告甚至包装袋上都印有“天天平价”的广告。此外，沃尔玛的“一站式”购物新理念以及在店址选择等方面，都尽最大可能为消费者着想，从而吸引了众多的消费者。如今“沃尔玛”本身就是一个知名品牌，人们不仅相信它经营的其他厂家的商品，对于店内沃尔玛自有品牌的商品，消费者也非常认同，这为沃尔玛带来了可观的利润和较高的知名度。

资料来源：荣晓华：《消费者行为学》，305 页，大连，东北财经大学出版社，2006。

思考与练习

一、复习思考题

1. 什么是消费者的购买行为？影响消费者购买行为的主要因素有哪些？
2. 购买行为一般可分为哪几个阶段？每个阶段消费者的主要行为是什么？
3. 说明复杂的购买行为、化解不协调的购买行为、习惯性的购买行为、多样化的购买行为产生的条件和相应的营销策略。

4. 在消费者购买过程的“信息收集”阶段，营销人员的任务有哪些？

5. 参照群体有哪些类型？它对消费行为有哪些影响？

二、案例分析题

消费者利益如何成为康佳手中的指挥棒

顾客对于某一品牌的美誉度和忠诚度，是决定顾客购买倾向的最重要因素。康佳一直信奉这个道理，并且身体力行，在全国范围开展“大拇指”服务工程，向数千万康佳用户郑重承诺：康佳产品遍四方，用户服务到府上。

前不久，独立市场调查公司中怡康和赛诺分别对 2003 年彩电厂商产销量进行调查并公布了调查数据，康佳、长虹、TCL 占据了国内销售量排行榜的前三甲，三者之和的市场份额接近 50%，而康佳以 17.04%的市场份额荣登榜首。不可否认，康佳始终坚持“做消费者利益守望人”的经营理念，为市场销售和赢得消费者永久的信赖提供了强大的支持和后劲。

康佳一直信奉这样一个道理：如果说一个人的传播影响范围是 30 个人的话，那么在通过营销手段争取到一个顾客的同时，也就产生了通过完善的服务争取到 30 个潜在顾客的机会。营销领域的激烈竞争，必将延伸到服务领域。因此，早在 1998 年，康佳集团就在当时全国 47 个分公司铺开了“大拇指”服务工程，向数千万康佳用户庄重承诺：康佳产品遍四方，用户服务到府上。今天，康佳的服务网络已经覆盖到全国各地，共设立了 200 多个用户服务部（站）和 3 000 多个授权维修服务网点，拥有一支数千人的专业服务队伍。康佳不断在追求完善售后服务体系和内容，真正地从保护消费者利益的角度出发。康佳推出多种举措，如电脑快速回信和免费特快邮寄用户购买的零配件、24 小时热线服务、上门服务。

目前，康佳已经建立了完善的用户服务网络，并启动了客户关系管理（CRM）系统，将用户服务提升到一个新的阶段。近年来，康佳的产品维修及时率始终保持在 99.9%以上，连续多年被中国消费者协会评为全国优质服务先进单位、消费者信得过企业。

在国内市场上，康佳牢牢把握住消费者需求这个市场脉动的最强音，为消费者提供高清晰、画面生动的高端电视，满足每一个消费者对高品质生活的追求。无论何时，对于一个消费者来说，产品的质量是“品质”的最主要内涵。而随着数字时代的来临，高端市场不但是产品和技术全面竞争的时代，服务也被提升到前所未有的高度，康佳有针对性地提出要把服务做成品牌的新概念，继续完善“大拇指服务工程”的体系和提升服务质量，把康佳的服务理念做成彩电行业的旗帜。

在康佳集团发展与提升经营理念下，康佳将要从以下几个方面提升“大拇指服务工程”的品牌价值：第一，继续加强网络覆盖能力，哪里有康佳的彩电销售，就把售后服务铺建到哪里去；第二，提升服务质量，增强人性化内容，每个员工都必须把“做消费者利益守望人”当作工作的立足点，强化康佳在消费者心目中的品牌地位；第三，建立科学的售后服务支撑体系，保持对客户要求高速反应、及时上门，逐步形成 24 小时快速反应体系，实现“维修但不耽误用户使用”的目标；第四，丰富和完善服务类型，让用户能够通过更加简单的方式，享受到康佳提供的贴心服务，售后服务同样需要创新思维的指导，为彩电行业引入多元化的服务模式。

康佳战略与技术先行、多元化的产品布局，使康佳了解了各种不同层次的消费者的需求，产品投放具有更多品种、价格等方面的优势，迅速赢得了更广泛的市场。在技术上自主研发了DSP数字超微点阵技术并成功推出应用到各款高端电视中，实现了由“线”到“点”的飞跃，在高端电视，特别是数字化技术上抢得先机。康佳首先提出“高清战略”，并在此基础上，提升了自己的品牌形象和定位，树立了业界领先的地位，而康佳的“全面高清”路线则被称为引领中国彩电业的“第四条路线”。得“高清”者得天下，康佳业绩的一路攀升、屡屡高居榜首最终说明了康佳的实力。康佳正在收获多年市场培育的硕果。众所周知，一场全球化的轰轰烈烈的数字革命已经来临。为推进国内数字电视产业的发展，2004年起康佳集团开始全面介入数字电视产业，以当前的核心业务数字电视接收机为基础，向上下游扩张，从而完成整合数字电视产业链的任务，扩张产业规模，打造一个数字电视的王国，为消费者贡献高画质、音质的数字电视，并以此为契机实现自己的第二次腾飞。

问题：在本案例中，康佳是如何满足消费者的需求的？康佳的服务消费者策略体现在哪些方面？

三、营销讨论题

消费者如何作出购买决策？

观点选择：消费者购买决策过程是理性的；消费者购买决策过程是情绪化的。

第四章　市场营销研究与需求测量

【学习目标】

通过本章的学习，了解市场营销信息的概念和作用，基本掌握市场营销信息研究的程序和方法，了解市场需求及有关概念，掌握市场需求的测量方法。

第一节　市场营销信息系统

市场营销研究是指系统地收集、分析、提供与企业市场营销问题有关的信息活动。市场营销研究作为企业管理不可缺少的内容之一，对企业做出正确的营销决策具有重要的决定性作用。

市场营销信息系统是指由人员、设备和程序组成的，为企业营销决策者及时、准确地收集、整理、分析、评价和分配所需信息的系统。市场营销信息系统的服务对象是企业的营销决策者，其基本的职能是根据营销决策的不同需要收集、整理、分析、评价和提供有关的信息。市场营销信息系统处于环境与市场管理人员（也就是信息使用者）之间。各种市场营销资料由环境流向企业市场营销信息系统。市场营销信息系统则将资料加以转换，并通过市场营销信息流程传给管理人员。管理人员依据这些资料制定各种计划、方案，由此形成的各种资料又通过市场营销沟通流程回到环境（见图 4—1）。

一、市场营销环境

市场营销环境系统是企业搜索、处理并利用相关环境资料的工具。相关环境包括宏观环境与微观环境，它们的范围十分广泛且经常变化。企业在制定决策时必须明确哪些范围内的环境是最值得研究的。企业主要应收集与研究人口、价格水平、消费方式等数据资料，以及竞争者的过去、现状与未来等有关信息。有效的市场营销信息系统应能向决策者提供快速、准确、可靠的信息。

二、市场营销信息系统的构成

市场营销信息系统由四个子系统构成。

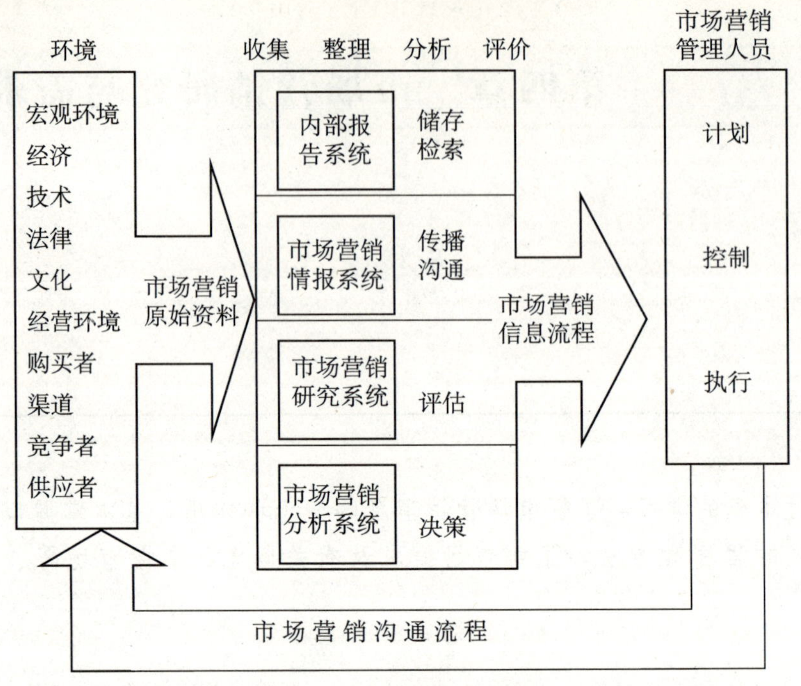

图 4—1 市场营销信息系统

（一）内部报告系统

该系统的主要任务是向管理人员提供有关销售、成本、存货、现金流程、应收账款等各种反映企业经营现状的信息。内部报告系统的核心是订货—收款循环。这一循环过程可以反映企业的营销效果，也可以反映企业各部门的运行效率。营销信息在系统中的传递过程如下：（1）企业收到客户的订单以后，先审核信用资料，并检查公司可以供应的存货；（2）将订单复印数份，分送顾客和销售部门，作为凭证；（3）登记发货账册和发出提货单；（4）到仓库提货并发送；（5）通知会计做账。以上五个步骤在作业上就是订货处理、发货处理和账务处理。这些工作的好坏对于客户的服务质量、销售成本和时效都有很大影响。

（二）市场营销情报系统

该系统是指企业的市场营销人员用以了解外部环境发展变化信息的系统。它与内部报告系统提供的信息不同，内部报告系统提供的是有关企业经营效果的信息，而市场营销情报系统提供的是有关外部环境已经发生或正在发生的有关事件的信息。企业的市场营销情报系统为获取有关的情报信息，可以通过查阅有关资料，也可以通过与有关企业内部和外部人员进行交谈。但为了更系统、更及时地得到有关外部环境变化的情报信息，企业还常常使用以下的渠道或方式：（1）训练和鼓励企业的推销人员发现和报告有关环境最新发展变化的信息；（2）鼓励企业的中间商为企业提供有关信息；（3）向专业的信息供应机构购买所需的信息；（4）由企业建立专门的情报机构收集和传递有关信息。

（三）市场营销研究系统

在企业的市场营销决策中，除了要充分利用内部报告系统和市场营销情报系统提供的信息和情报资料外，同时还常常要针对企业特定的决策问题进行更全面深入的专门研究，这样的专业研究要借助于市场营销研究系统来进行。市场营销研究系统的主要任务是收集、评估、传递管理人员制定决策所需的各种信息。企业管理人员常常请市场研究部门从事市场调查、消费者偏好测验、销售研究、广告评估等工作。研究部门的工作主要侧重于特定问题的解决，即针对某一特定问题收集原始数据，加以分析研究，写成报告供最高管理层参考。

（四）市场营销分析系统

该系统的任务是从改善经营或取得最佳经营效益的目的出发，通过分析各种模型，帮助市场营销管理人员分析复杂的市场营销问题。它包括一些先进的统计程序和模型，借助这些程序和模型，可以从信息中发掘出更精确的调查结果。

惠普公司的市场营销研究系统

惠普公司（HP）是一家知名的生产技术性产品的公司，该公司很清楚地认识到市场营销调研的重要性。在公司总部，惠普设立了市场研究与信息中心，该中心为世界各地的惠普分支机构服务。

惠普的市场研究与信息中心分为三个部门，即市场信息中心、决策支持部门和区域研究部门。市场信息中心利用相关的信息服务组织为公司提供有关产业、市场和竞争者的背景信息；决策支持部门为公司有关部门提供决策咨询；遍布各特定地区的区域研究部门为当地的惠普分支机构的发展提供服务。

惠普的市场研究与信息中心的研究过程是由收集信息、测试方案、追踪结果三部分组成的，收集信息是为了确定市场机会，并制定出具有创造性的利用市场机会的方案；测试方案是在潜在的购买者中对所做出的特定的决策进行试验；追踪结果是对执行结果进行评估，并对相关的影响因素作出解释。惠普的市场研究与信息中心通过确定市场机会、提供产品改进和定价建议、促进营销沟通的质量提高等，对惠普公司的发展做出了很大的贡献。

资料来源：张庚淼：《市场营销调研》，6～7页，大连，东北财经大学出版社，2002。

三、有效的市场营销信息系统

现代营销管理人员已成为上述四个子系统的受益者。但许多管理人员面临着信息负荷过重的问题，以致无法阅读应该全部读完的数据资料。许多信息系统在设计方面最容易出现的错误就是没有考虑到管理人员能否有效地使用众多的信息。因此，市场营销信息系统的设计人员、市场营销人员以及购买人员，在为市场营销系统投资之前，必须慎重考虑该系统的利用率问题。

一个有效的市场营销信息系统一般应具有以下条件：

（1）它能为各级管理人员提供从事其工作所需要的一切信息。

（2）它能够对信息进行选择，以便使各级管理人员获得与他能够且必须采取的行为有关的信息。

（3）它提供信息的时间限于管理人员能够且应当采取行动的时间。

(4) 它提供所要求的任何形式的资料与信息。

(5) 它所提供的信息一定是最新的，并且所提供的信息形式都是有关管理人员最易了解和消化的。

第二节 市场营销研究

市场营销研究是为企业的市场营销决策服务的。因此，必须根据企业市场营销决策的要求选择所研究的内容和研究类型。

一、市场营销研究的内容

市场营销研究的内容涉及企业营销决策的各个方面。企业进行不同的决策，就需要对该决策涉及的问题进行研究。从企业营销管理的过程看，市场营销研究涉及的内容包括以下三方面。

(一) 顾客需求和目标市场研究

这部分内容包括：市场机会与威胁研究、市场需求量研究、顾客需求特点研究、市场细分及目标市场研究等。

(二) 市场营销策略研究

在市场营销策略研究中，主要针对 4P 策略所涉及的内容进行研究，如产品设计、定价及成本、渠道结构及渠道覆盖面、促销组合方式、媒介等方面。

(三) 营销方案实施过程与实施效果的研究

在营销方案的实施中，主要应研究实施过程中发现的各种问题。对实施效果的研究，则主要涉及各种营销因素所产生的效果，如销售效果、促销效果等。另外对顾客满意度研究也应属于实施效果研究所包含的内容。

二、市场营销研究的类型

根据所研究的问题的性质、目的和要求不同，一般可把市场营销研究分为以下四种类型。

(一) 探索性研究

探索性研究是用于探询某一问题的性质、问题发生的原因，或为解决某些陌生的问题寻找一些思路或线索而进行的市场营销研究。如未来电子产品发展的趋势，现有产品市场中还有哪些需求尚未满足等。在应用探索性研究时，一般可以通过使用第二手资料，如企业已经积累的内外资料信息、邀请专家讨论咨询以及参考以往案例等方式进行。

(二) 描述性研究

描述性研究是对某一具体问题进行的进一步的研究。与探索性研究比较，描述性研究要回答的是为什么这种原因会对某一市场营销问题产生影响，或针对某一问题的线索来进一步研究。该种研究类型的主要目的是描述某些群体的特征，估计某目标市场占总量的百分比，及使用已有资料做出预测等。常见的描述性研究分为交叉分析和长期分析。交叉分析是调查某一特定时间内的特征与行为，而长期分析则是对某一固定群体反复调查其在不同时间下的特征与行为。如交叉分析可能调查消费者是否看到最近某品牌的电视广告，长期分析则可能调查消费者对该电视广告的记忆。

（三）因果关系研究

因果关系研究是用来揭示市场营销变量之间的因果关系问题的一种研究。在市场营销研究中，研究的因果关系主要是营销输入变量（各种营销因素）与营销结果变量的关系，如促销费用与促销效果的因果关系、价格变化与销售量或销售额变化的因果关系等。因果关系研究的关键是找出影响营销结果的相关因素。找出了相关的影响后，就可借助于统计分析方法找出各种影响因素与要考察的营销结果变量之间在数量上的因果关系，也可以采取定性的方法，即找出影响结果变量的因素，或将这些因素对结果变量的影响按重要性进行排序。

（四）预测性研究

预测性研究是通过对有关资料的分析研究，预计某种问题可能的走向或结果。预测性研究是对未来进行估计，所以因果关系研究常常是这一研究的基础。通过因果关系研究，找出预测目标和影响因素之间的因果关系，就可以根据影响因素的变化推测预测目标未来的变化。

三、市场营销研究的程序

（一）确定研究问题及目标

市场营销研究首先的工作就是要将研究的问题定义清楚，确定研究的方向及目标。

确定问题范围及目标时，应避免其过宽或过窄。范围定得过宽，不但浪费不必要的研究精力，甚至有时根本抓不住重点。例如，研究“女性消费者所喜爱的东西”，这个定义太宽。又如，研究“奥运女选手最喜欢的化妆品”，这个定义太窄，市场太小，研究结果没有经济价值。

如果公司确定其研究定义及范围是运动女性化妆品的需要，那么相关的研究目标有以下几个方面：

（1）有多少运动女性人口？以哪些运动为主？

（2）运动时，使用化妆品的习惯是什么？

（3）在现有市场，运动化妆品的偏好及抱怨是什么？

（4）还有什么需要未被满足？

（5）运动女性化妆品的市场有多大？

（6）应为产品定出什么样的价位？

（二）制定研究计划

研究计划实际是收集所需的资料信息的计划。要解决研究目标中的有关问题，可能需要收集不同的信息，而这些不同的信息可能会有很大的差别。所以需要制定一个有效的收集信息的计划，以保证能够收集到所需要的各种信息。

1. 资料来源

在进行市场营销研究时，一般按资料获得的方式或途径的不同分为两类，即第二手资料和第一手资料。第二手资料是指为其他的目的或用途已经收集好的资料；第一手资料是指为某一特定的目的收集的资料。

一般的研究者都从现成的二手资料开始找起，希望能直接找到可使用的资料。二手资料最大的优点是方便、节省时间及成本。但是由于原收集者对这类资料的单位、分类、定义及期间的整理不同，二手资料本身并不适用或无法完全适合新的研究需要。一般常见的二手资料包括：公司内部的销售、会计、人事、生产等资料，外部的政府统计资料、公报，一般性的期刊、报纸及商业性资料等。

相反，一手资料是针对研究者的需要而设计整理的原始资料，所以能直接配合调查者的要求。收集一手资料一般会耗费较多的时间和成本，所以研究人员通常在收集一手资料时，先经过访问测试、筛选调整，然后再设计较为完整的正式调查方法及研究工具。营销研究者常收集的一手资料包括：人口、社会、经济、心理、生活方式、态度、意见、认知、知识、意图、动机及行为等。

2. 资料收集的方法

原始资料的收集方法可分为三类，即观察法、调查法及实验法。

（1）观察法：使用人员或机器记录调查对象的行为及相关反应。这种方法只能观察而不能提问，一般来说比较适用于实验性研究。

（2）调查法：是通过提问方式收集信息，最适用于描述性研究。

（3）实验法：是牵涉到对变量进行控制及操纵的资料收集方法。当将外在变量一一控制后，再操纵研究变量的数量及变化，如果实验结果表示显著不同，则可推断是研究变量所引起的结果，此法最适合研究因果关系。常见的实验法如产品实验、促销方法和促销效果实验、广告创意实验等。

以上三种方法各有其优缺点。观察法由于是观察记录调查对象，所以不受调查人员主观的影响，结果比较客观正确。其缺点是只能观察外在的行为，无法测知内在反应变化，如态度、偏好等，此外观察法比调查法所需的时间长。调查法的优点是可以调查许多内在的问题，并且一般调查法比观察法所需的时间短、速度快。其缺点是研究人员通过提问方法收集资料时，容易产生主观上的偏差。实验法的优点是能够将一些不必要的因素加以排除，可直接探讨变量间的因果关系，这是其他两种方法无法做到的。其缺点是研究人员若想要完全在实验环境下控制诸多变量，必须经过严密的实验设计、费时费力。另外，实验环境下得出的结论应用到真实环境中，很难保证得到相同的结果。

3. 收集资料的工具

收集一手资料的工具主要有三种，即问卷、定性测量和机械装置。

（1）问卷由访问者提出的一系列问题组成，让回答者作答。问卷是最常用的收集原始数据的工具。问卷可以包含封闭式问题和开放式问题。封闭式问题预先列出所有可能的答案，便于解析和制表；开放式问题允许受访者用自己的话来回答问题，这种题目在探索性研究中格外有用。

（2）定性测量在营销调研中往往是了解消费者认知的一种很好的方法。例如利用影射法，观察消费者使用商品或购物的情况；使用行为绘图法，连续两三天拍摄某个地点（如酒店大堂）中的人；使用摄影日志的方法，请消费者就其与某产品相关的行为和反应记录视频日志。

（3）营销调研中有时会用到机械装置。例如检流计可测量一个对象在看到某个特定广告或图像后所表现出的兴趣或感情强度；视觉跟踪系统可以研究眼睛的运动：先看哪里，停留多长时间，等等。

资料链接

互联网：迅速扩大的二手资料

目前互联网上的信息资料非常丰富，在网上你可以发现的资料有：

1. 公司的年报、新闻、股价、旅游信息，有关某个主题的网址，文章或书名的清单，某些电子杂志或已出版的书籍的全部内容。

2. 预定的网络服务。有些资料是对付费的研究人员开放的。

3. 分发服务。有些资料库允许研究人员检索目录，但看全文需要付费。

4. 订购信息。网上有关各种产品的广告引导并允许浏览者直接订购。

5. 特定服务。用户可以获得个性化的服务，通常需付费。

资料来源：[美] 阿尔文·C·伯恩斯等：《营销调研》，251页，北京，中国人民大学出版社，2002。

4. 选定样本收集资料

收集资料的第一步是决定样本单位，也就是决定“谁是被调查者”（抽样范围），被调查者要有界定清楚的样本单位，例如：男或女？年龄多大？收入、职业如何？

当样本大小牵涉“有多少人应该被调查”时，基本上样本愈大，抽查人数愈多，所包含的信息也愈多，调查结果的可信度也愈高。可是调查人数愈多，成本相对也愈高。所以调查者必须在可信度与成本之间做一个取舍。

最后，要决定应该以什么样的程序来抽取样本。研究者可采用“随机抽样”或“非随机抽样”。使用随机抽样的优点是样本可代表真正的总体，利用少数样本单位，即能研究出总体的特征。非随机抽样通常是为了抽样方便或在无法使用随机抽样的情形下所使用的方法，其样本调查结果通常会有偏差，影响其对总体特征的正确反映。

（三）分析及解释研究结果

当市场调查完成、问卷收回后，下一步要做的就是资料分析。首先，研究者将问卷过滤一遍，看看有哪些是符合标准的。可以作进一步分析的问卷称为“有效问卷”，而其余不能补救的问卷应将其舍弃或另作处理。过滤问卷时，不但应该调查受访者是否回答了所有问题，还要检查答案有无前后矛盾的现象。其次，就是将有效问卷上的答案转换成能够作统计处理的数字，再将这些数字输入电脑。在此要特别小心人为的错误，许多资料结果发生错误就是由于资料输入时的错误造成的，所以必须仔细检查。当输入完成后，便可进行统计分析，然后将其统计分析结果作适当解释，评估结果到底对企业具有哪些营销的意义和机会。

（四）准备研究报告

需要使用研究报告的单位可能不止一个，必须将市场调查结果作一份系统的报告，分送各相关单位。报告内容应力求清楚、简明，一般不要使用过于学术化或专业化的术语。同时还应在报告中提出与相关单位有关的研究发现。

许多企业也许会要求研究单位在做市场调查前，先作一份“研究计划书”送审。在“研究计划书”中除详述研究流程外，还应包括“市场调查预算”和“市场调查执行时间表”以供决策者参考。成本与时间是市场调查中两个需要考虑的因素。

案例4—2

侯马市小灵通市场研究方案

一、研究背景

新世纪之初，代表绿色通信技术的小灵通手机进入国内市场，并迅速在中国电信的用户群中流行。小灵通手机兼具移动通信与固定电话的双重优点，费用低廉，辐射更低，小巧玲珑，受到了用户的喜爱。

2001年以来，侯马市电信营业部在开展小灵通营销时遇到了困难。截至目前，用户任务只完成了全年的三分之一。这个势头与全国的小灵通市场相左，引起了临汾电信公司的高度重视。

就全国的小灵通用户来说，1999年以来，呈现良好的增长势头。2001年上半年，全国小灵通用户增长是去年的2.4倍，呈现了快速增长、稳步提高的趋势。侯马市小灵通营销情况不理想，到底是什么原因导致了用户的止步不前？是价格？是营销策略？还是服务？

二、研究目的

1. 调查了解侯马市小灵通用户的基本特征以及消费习惯，对他们的行为特征进行社会学刻画和进一步的行为分析，从不同角度分析现实用户的使用感受。

2. 从国家政策及侯马当地的社会经济发展水平及人均收入的大环境出发，研究当地居民通信需求的影响因子，从经济理论及社会发展的角度为小灵通用户客观地定位。

3. 研究潜在用户的消费倾向和个人边际消费特征，以把握消费者对电信这种特殊商品的投资和消费取向。

4. 研究小灵通营销模式是否与侯马当地的市场运行相吻合。

三、研究对象

侯马市城市及农村居民。

1. 城市工薪阶层（包括政府机关、事业单位及企业一般员工，一般的月收入水平在上四分位点内，即＜75%）；

2. 城市高收入阶层（含企业管理人员、个体经营人员、银行及其他部门的高收入群体，它们的数字特征为上四分位点外，即＞75%）；

3. 农村居民；

4. 电信职工及其家属。

四、研究区域

侯马市行政划分的全部区域。

五、研究内容及方法

本项研究将采用定性研究与定量研究相结合的方案进行。

1. 小灵通产品的营销个性及渠道研究。着重研究小灵通在我国移动通信市场的特殊地位，考察小灵通用户群体特征，通过查阅资料及网上研究，得到有关小灵通营销的理想的模式。

2. 进行群组焦点访谈。邀请部分用户就小灵通的使用及服务进行座谈，按照拟订的研究计划，开展调查，以了解现在用户的资费情况及用户对公司的服务评价。

3. 对现实用户开展满意度研究。采用多维数据表方法，对小灵通用户进行多侧面的调查了解，以求客观地反映电信公司的服务，从而了解服务对小灵通用户的增长是否形成掣肘。

4. 对潜在用户的购买力和消费倾向进行调研，了解他们真实的通信需求，以期为他们量身订制移动产品。有研究表明，小灵通的计费方式以及网络承载能力对大多数低端用户具有吸引力。本研究将着重了解适合潜在用户的营销促进点在哪里。

六、质量控制措施

调研活动的目标就是要通过完善有效的质量控制体系及控制手段，降低调查总误差，生产出高质量的市场研究产品，满足客户的要求。

本项目中，我们将多次与委托方进行交流和协商，共同商讨小灵通营销的基本策略以及调研中注意的问题。我们将在以下主要环节与电信公司保持共同的见解和共同的参与调研流程：

1. 调研方案的讨论和制定；

2. 问卷制定和审阅；

3. 调研问卷的修改；

4. 研究数据的甄别以及数据报告质疑。

七、数据处理

本次调研将获得大量的第一手资料以及大量的政策研究信息，回收的问卷信息将运用SPSS软件进行分析并建立数学模型，以此来分析面向潜在用户的营销方式的满意度状况以及现实用户的真实状况。对于来自管理部门、集团用户、市场研究部门及互联网的定性研究信息，我们将组织专业人士进行讨论和论证，并将通过审稿形式对最终的研究成果进行专家评审。

八、成果形式

1. 综合研究报告1份。

2. 调查原始问卷及分析数据光盘。

资料来源：王枝茂：《市场调查与预测》，165～167页，北京，中国财政经济出版社，2007。

第三节　市场需求测量

市场需求测量是指根据市场需求及影响市场需求变化的因素，应用科学的方法对有关反映市场需求的指标进行的估计和推测。

一、不同层次的市场

在市场需求测量中，涉及一些与市场需求有关的概念。对这些概念必须给出明确的定义。

市场是指在一定时间内某一区域某种产品的所有实际的和潜在的购买者的集合。一种产品在一定时间、一定区域的购买者，由于购买欲望、支付能力、接触机会的不同，还可以划分为潜在市场、有效市场、服务市场、渗透市场。这四个不同的市场名词，各自代表不同的意义。按需求量大小，不同市场层次之间的关系如图 4—2 所示。

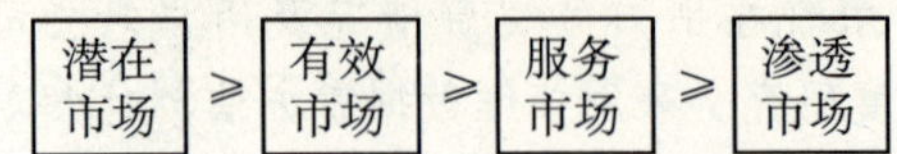

图 4—2 不同市场层次之间的关系

(一) 潜在市场

是指市场中有能力且有兴趣购买某产品的所有消费者，包括尚未使用过该产品的潜在消费者及正在使用该产品的消费者。

(二) 有效市场

在潜在市场中，并非所有的消费者都能通过营销渠道被接近。凡是在一定的营销努力下，能被接近的消费者就构成有效市场。

(三) 服务市场

在有效市场中，企业无法为所有的消费者服务，而只能根据其自身的有限资源及发展目标，选定部分消费者作为其主要的预期目标市场，这部分市场被称为服务市场。

(四) 渗透市场

在服务市场中，并不是每一个消费者都一定买本企业的产品，他们也可能购买竞争者的产品。凡真正购买本企业产品的消费者，称为渗透市场。

案例4—3

中国市场是被汽车工业看好的，日本、韩国、美国、德国纷纷投资生产。假设有一个私人汽车公司预计在未来若干年后，平均每 13 个人中就有一个人买汽车，那么 13 亿人口的汽车潜在市场就是 1 亿人。若以 1 人 1 辆车计算，就是 1 亿辆车。在这 1 亿人中，有 200 万是军方所使用的军用汽车，其规格特殊，只能由军方统一制造，私人企业无法涉足。因此真正有效的市场是 800 万人（辆）。公司如果设定发展的对象主要以沿海经济平均收入较佳的几个省份及大城市为主，如广东、江苏、山东、浙江等，那么其服务市场的主要对象就在 200 万人（辆）左右。而在这些大城市中，竞争者很多。在这一服务市场中目前已购买本公司产品的消费者约有 50 万人（辆），这 50 万人就是公司的渗透市场。中国汽车市场的层次分析如图 4—3 所示。

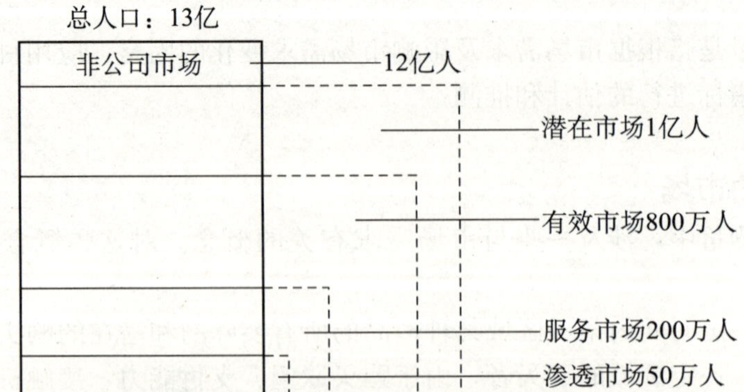

图 4—3 中国汽车市场的层次分析

从上述反映市场的不同概念可以看出，对市场进行层次分析对企业营销活动的开展非常重要。渗透市场代表企业目前服务市场的销售量，服务市场则代表企业短期、中期发展目标，有效市场及潜在市场代表企业及产业的长期需求量及远景。因此，企业可以根据不同市场概念下顾客的特点，采取适当的营销策略，以扩大企业的目标市场。

二、市场需求

市场需求是指在一定的时间、一定的地理区域、一定的营销环境和一定的营销计划下，特定的顾客群体可能购买某种产品的总量。

从市场需求的定义看，一种产品的市场需求受时间、地理区域、营销环境、营销计划等各种因素影响，其中某一因素发生变化，市场需求量都要相应发生变化。在市场营销中，通常将市场需求量随上述各种因素变化的关系称为市场需求函数。在产品、时间、地理区域等因素确定的情况下，市场需求量只是受营销环境、营销计划的影响。所以市场需求量可以表示为营销环境和营销计划的函数。如果用 Q 表示对某产品的市场需求量，市场需求函数可表示为：

$$Q=F(E,M)$$

式中：E 为营销环境；

M 为营销计划（通常可用各企业在某种产品上所花的总营销费用表示）。

在营销环境一定的情况下，市场需求量受营销费用的影响，即 $Q=F(M)$。一般来说，随着营销费用的增加，产品的市场需求量是增加的，但营销费用的增加与市场需求量的增加并不成线性关系。在通常的情况下，即使不支付任何刺激需求的营销费用，产品也会有一个最基本的市场需求量，这个市场需求量称为市场最小量。在营销费用开始增加时，市场需求量增加较快；当营销费用增加到一定程度后，市场需求量的增加将非常缓慢；当营销费用的增加超过某一水平后，就不再能够刺激需求进一步增加，即市场需求不再随营销费用的增加而增加，但有一个上限，这个上限通常称为市场潜量。在一定的营销环境下，市场需求量与营销费用的关系如图 4—4 所示。

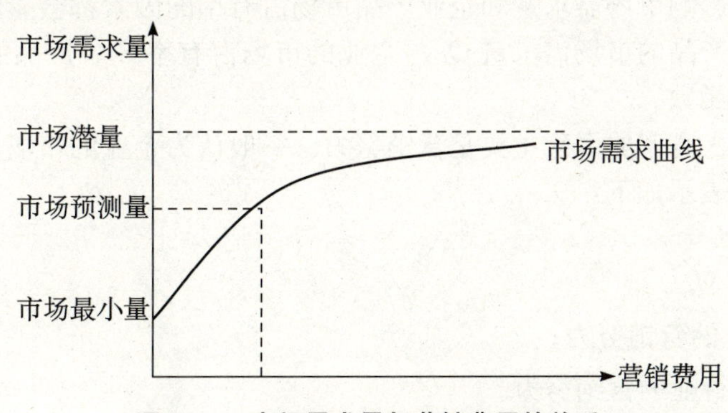

图 4—4　市场需求量与营销费用的关系

从图 4—4 可知，在营销环境一定的情况下进行市场预测时，首先要确定的是营销费用水平。与营销费用相对应的市场需求量就是该产品的市场预测量。产品的市场预测量一定是介于市场最小量与市场潜量之间，并随营销费用的增减而变动的。

市场最小量、市场潜量以及它们之间的大小关系依产品的不同而有所不同。有的产品市场最小量较大，与市场潜量之间的差较小，如生活必需品。有的产品市场最小量与市场潜量之间的差较大，即随营销费用的增加，市场需求量增加较大，一般选购品和特殊品多属这种情况。市场需求量随营销费用的增加变化小的产品的市场称为不可扩张型市场，市场需求量随营销费用的增加变化敏感的产品市场称为扩张型市场。

当环境条件发生变化时，市场需求量是要发生变化的，即对于不同的营销环境，同一产品的市场最小量、市场潜量、市场预测量都是不同的。市场需求量与营销环境的关系如图 4—5 所示。

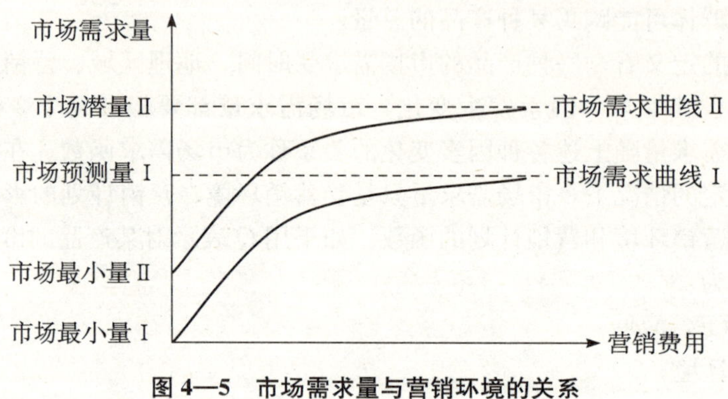

图 4—5　市场需求量与营销环境的关系

三、企业需求

企业需求指在市场需求总量中企业所占的份额。用公式表示如下：

$$Q_i = S_i Q$$

式中：Q_i 为企业 i 的市场需求量；

S_i 为企业 i 产品的市场占有率；

Q 为产品的市场需求量。

从上式可知，企业产品的市场需求是由市场占有率（S_i）和产品的市场需求量（Q）决定的，因而所有影响市场需求量和企业产品市场占有率的因素都会影响到企业产品的市场需求。上述企业产品的市场需求量 Q_i 与企业的市场占有率 S_i、产品的市场需求 Q 的关系被称为企业需求函数。

影响企业市场占有率的因素主要是营销努力。一般认为企业的市场占有率与其营销努力成正比，用公式表示如下：

$$S_i = \frac{M_i}{\sum M_i}$$

式中：M_i 为企业 i 的营销努力；

$\sum M_i$ 为该行业的营销努力。

企业的营销努力可用企业所花的营销费用表示。如果各企业所花的营销费用的效率相等，则企业的营销努力可用营销费用的绝对额表示。如果企业所花的营销费用的效率不同，则应分别将不同企业营销费用的效率考虑进去，前面表示市场占有率的公式可改为：

$$S_i = \frac{\alpha_i M_i}{\sum \alpha_i M_i}$$

式中：α_i 为企业 i 所花费的营销费用的效率。

企业的营销努力是一个综合的指标，包括企业营销的各个方面，所以与之相对应的营销费用也可进行分解。如果分解后各方面营销费用的效率不等，可将企业的各项费用先进行综合，然后再估算各企业的市场占有率。

从市场需求和企业的市场占有率分析可知，在其他条件一定的情况下，企业需求随企业的营销努力的变化而变化，变化趋势与各企业的总营销努力的关系基本一致。由此可见，和市场需求一样，企业需求也有一个企业最小量和企业潜量。企业最小量是指企业在不做任何营销努力的条件下其产品的销量。企业潜量是指随着营销努力的提高企业需求的最高限。企业潜量的绝对极限就是市场潜量。在一般条件下，除非市场由某企业完全垄断，否则，企业潜量要小于市场潜量。

企业需求函数反映了在特定条件下企业需求与营销努力之间的关系，一定的营销努力对应于一定的企业需求。因此，企业的市场需求预测，就是指在企业的营销努力确定的条件下，企业产品的预测销售量。

四、估计当前市场需求

企业估计当前市场需求，就是要测量总的市场潜量、区域市场潜量、行业的实际销售额和市场占有率。

（一）总的市场潜量

总的市场潜量就是在一定时期内，在一定环境条件和营销努力下，一个行业中所有企业可能达到的最大销售量。其估算公式为：

$$Q=nqp$$

式中：Q 为总的市场潜量；

n 为既定条件下特定产品的购买者数量；

q 为平均每个购买者的购买数量；

p 为产品价格。

由此，我们可以推导出另一种计算总的市场潜量的方法，即连锁比率法。它由一个基数乘以几个修正率组成，即由一般相关要素移向有关产品大类，再移向特定产品，层层往下推算。

假定某啤酒厂开发一种新啤酒，估计其市场潜量时可借助下式：

新啤酒需求量＝人口×人均可任意支配收入×个人可任意支配收入中用于购买食物的百分比×食物花费中用于饮料的平均百分比×饮料花费中用于酒类的平均百分比×酒类花费中用于啤酒的平均百分比×啤酒花费中用于该新啤酒的预计百分比

（二）区域市场潜量

企业在测量市场潜量后，要选择进入的最佳区域，并在这些区域内合理分配其营销费用，还应测量各区域的市场潜量，主要有两种方法，即市场累加法和购买力指数法。前者多为工业品生产企业使用，后者多为消费品生产企业使用。

（1）市场累加法。先识别某一区域市场的所有潜在顾客并估计每个潜在顾客的购买量，然后计算出区域市场潜量。如果企业能列出潜在买主，并能准确估计每个买主将要购买的数量，则此法简单而准确。问题是使用该方法所需要的资料获得难度大，花费也较高。目前可以利用的资料主要有全国或地方的各类统计资料、行业年鉴、工商企业名录等。

(2) 购买力指数法。借助与区域购买力有关的各种指数以估算其市场潜量。例如区域购买力占全国总购买力的百分比，该区域个人可支配收入占全国的百分比，该区域零售额占全国的百分比，该区域个人可支配收入占全国的百分比，该区域零售额占全国的百分比，以及居住在该区域的人口占全国的百分比，等等。例如，在某地区，可利用下述相对购买力指数公式计算其区域市场潜量：

$$B_i = 0.5Y_i + 0.3R_i + 0.2P_i$$

式中：B_i 为 i 区域购买力占全国总购买力的百分比；

Y_i 为 i 区域个人可支配收入占全国的百分比；

R_i 为 i 区域零售额占全国的百分比；

P_i 为居住在 i 区域的人口占全国的百分比。

上述公式可用于反映许多消费品的市场潜量，但不包括高档奢侈品。而且，这种加权也不是一成不变的，产品不同，权数也应有所调整。企业可以利用回归分析法求出最适合其产品的权数，来估计其产品的区域市场潜量。

区域市场潜量的估计只能反映相对的行业机会，而不是相对的企业机会。各企业可以用公式中未考虑的因素来修正所估计的市场潜量。这些因素包括品牌占有率、竞争者类型与数目、销售力量的大小、物流系统、区域性促销成本、当地市场的特点等。

(三) 行业的实际销售额和市场占有率

企业不仅要估计总市场潜量和区域潜量，还要了解本行业的实际销售额。也就是说，企业还要识别竞争者并估计它们的销售额。根据国家统计局公布的统计数字，企业可以了解到本行业的总的状况，并用企业销售状况与整个行业发展相比较，评价企业发展状况。例如，如果企业的销售额年均增长率为6%，而整个行业的增长率为10%，这就意味着企业的市场占有率在下降。企业在行业中的地位已被削弱，而竞争者却发展迅速。

分析企业市场占有率增减变化的原因，通常要注意以下几个重要因素：(1) 产品本身，如质量、造型等；(2) 价格差别；(3) 营销努力与费用；(4) 营销组合策略差别；(5) 资金使用效率等。

思考与练习

一、复习思考题

1. 什么是市场营销信息系统？它是如何运行的？

2. 市场营销研究可分为哪几类？

3. 什么是企业需求？企业需求通常受什么因素影响？

4. 某企业所经营的产品有很大的潜在市场，但由于顾客收入水平所限，有效市场的规模较小，这个企业怎样才能进一步扩大它的有效市场的规模？

二、案例分析题

上海某企业的市场调查

早在十几年前，我国上海的一家大型企业决定生产新型电器厨具。他们首先生产了50台家用微波炉和电磁炉，然后在一个机电展销会上进行试销。结果全部产品在3天内销售完毕。考虑到展销会的顾客缺乏代表性，于是他们又生产了100台各种款式的微波炉和电磁炉，决定在上海南京路的两个商店进行试销，并且提前3天在《解放日报》和《文汇报》上刊登了广告。结果半夜就有人排队待购，半天时间全部产品销售一空，而且产品价格都在3 500～7 000元。他们很高兴。但是，厂长仍然不放心。他让企业内的有关部门做一个市场调研，据该部门负责人说，他们走访了近万户居民，根据调查得到的数据统计，有80%的居民有购买电磁炉和微波炉的要求。他们想，上海有1 000多万居民，加上各种不方便使用明火的地方，各种边远地区的、没有食堂的小单位和各种值班人员，总之，对于电磁炉和微波炉的需求量应该是很大的。如果加上辐射到江苏、浙江等省份，则对电磁炉和微波炉的需求量将是一个令人惊喜的数字。于是他们下决心引进新型的生产线，立即上马进行生产。可是，当他们的第二条生产线刚刚开始投产的时候，产品已经滞销，导致企业全面亏损。厂长很是疑惑。他亲自到已经访问过的居民中核对调查情况。结果是：所拜访过的居民都承认有人来问过他们关于是否购买微波炉和电磁炉的事，而且他们当时都认为自己想买。但是，后来几乎都没有购买。问其原因，居民的回答各种各样。有的说单位安装了煤气等。不管厂长如何考虑，微波炉和电磁炉生产线只能暂时停产。

问题：这个工厂进行了哪些类型的市场调查？你认为这家工厂的问题出在什么地方？如果由你来进行调研活动，你将如何做？

三、营销讨论题

什么是最佳的营销调研？

观点选择：最佳的营销调研在本质上是定量的；最佳的营销调研在本质上是定性的。

第五章　目标市场营销战略

【学习目标】

通过本章的学习，了解市场细分的概念，掌握市场细分的不同标准，了解目标市场应具备的三个条件以及选择模式，熟悉进入目标市场的三种主要策略，分析市场定位的三个步骤，并学会具体运用。

在现代市场经济条件下，任何一个企业都不可能服务于整个市场，而只能服务于这个大市场的某个部分。因此，市场营销管理人员在发现市场机会之后，还要进一步对市场进行细分，以便选择目标市场。这一过程包括市场细分、目标市场的选择以及市场定位，这三部分构成目标市场营销的全过程。

第一节　市场细分

一、市场细分的概念

所谓市场细分是指根据消费者对产品的需求与欲望、购买行为与习惯等方面的明显差异，把某一产品的整体市场划分为若干个消费者群的市场分类过程。在这里每一个消费者群就是一个细分市场，亦称“子市场”，每一个细分市场都是由具有类似需求倾向的消费者构成的群体。因此，分属不同细分市场的消费者对同一产品的需要与欲望存在明显差别，而属同一细分市场的消费者，他们的需要与欲望则极为相似。可见，市场细分不是对产品进行分类，而是对消费者进行分类，是识别具有不同需求的消费者的活动。

市场细分是20世纪50年代中期美国市场学家温德尔·史密斯（Wendell Smith）总结企业界市场营销的实践经验时提出来的新概念。西方市场学认为市场细分概念的形成经历了三个历史阶段，即企业最初实行大量市场营销，后来随着市场形势的变化转为实行产品差异市场营销，第二次世界大战之后开始实行目标市场营销。

市场经济国家在工业化初期，由于物资短缺，生产观念在企业中占主导地位，企业纷纷实行大量市场营销，即大量生产某种产品，并通过众多渠道大量推销产品，试图用这一产品来吸引市场上所有购买者。采用这种营销方式，可以大大降低成本、价格，创造最大的潜在市场，获得更多的利润。后来由于科学技术的进步、科学管理和大规模生产的推广，商品产量迅速增加，市场商品供过于求，卖主之间的竞争日趋激烈。因为同一行业中各个卖主的产品大体相似，所以卖主不能完全控制产品销售价格，于是一些卖主开始认识到产品差异的潜在价值，实行产品差异市场营销，即企业生产销售外观、式样、质量、型号不同的产品。但是，这时的产品差异不是由市场细分产生的。第二次世界大战之后，处在买方市场形势下的西方企业纷纷接受现代市场营销观念，开始实行目标市场营销，即企业以适当的市场营销组合，集中力量为目标市场服务，满足目标市场的需要。

市场细分是现代企业从事市场营销的重要手段，它对于企业开展市场营销活动具有重要的意义。

首先，市场细分有利于企业认识市场，发现市场机会，提高市场占有率。因为企业通过市场营销研究和市场细分，可以了解不同购买者群的需求情况和目前满足情况。在满足程度较低的子市场上，就可能存在好的市场机会。尤其是对一些小企业，因资金薄弱，在整个市场或较大的子市场上竞争不过大公司。小企业通过市场细分，就可以发现某些尚未满足的需求，从而在激烈的市场竞争中得以生存和发展。

其次，市场细分还可以使企业用最少的经营费用取得最大的经济效益。因为，通过市场细分和目标市场选择，企业可以根据目标市场需求变化，及时、正确地调整产品结构和市场营销组合，使产品适销对路、扩大销售，还可以集中使用企业资源，以最少的经营费用取得最大的经济效益。

案例5—1

中国移动的目标市场和细分市场

中国移动集团公司 2006 年将中国移动的定位从“移动通信专家”调整为“移动信息专家”，这一年集团公司营业额达2 954亿元，用户总数超过 3 亿，市场占有率高达 67.5%，其经营领域从专注于移动通信业务转向与信息服务相关的多元化领域发展，以“移动信息化”为新主题推动新市场的开发。同时，其目标市场也从 B2C 延伸到 B2B，即中国移动 2006 年开始拓展新的细分市场——集团客户（公司、政府、行业客户等），至 2006 年底，集团客户总数达到 139 万户，纳入集团客户管理的个人用户总数的比例达到 26.4%。中国移动针对该细分市场实行大客户管理，提供集团客户移动信息化项目的整体解决方案。

中国移动选择和逐步发展了以下三个主要的消费者细分市场：A. 高端和商务人群：以“全球通”品牌突出服务为驱动力；B. 年轻时尚的一族：以“动感地带”品牌突出时尚体验为驱动力；C. 低端人群和农村市场：以“神州行”品牌突出低价格为驱动力。

中国移动针对不同的细分市场建立了不同的业务模式、差异化的营销策略和渠道体系。不同的细分市场亦对中国移动公司有不同的贡献：细分市场 C 对客户数量和市场份额的贡献最大，如 2006 年中国移动平均每月净增用户超过 443 万户，其中近半数来自农村。细分市场 A 和集团客户对利润的贡献最大。细分市场 B 对品牌活力和客户体验的贡献最大。

资料来源：［美］菲利普・科特勒等：《营销管理》，177 页，北京，中国人民大学出版社，2009。

二、市场细分的因素

市场细分实质上就是对某种商品的购买者按照某种标准加以分类，使之分为具有不同需求特点的一系列群体的过程。细分的基础就是购买者需求上的差异性。引起需求发生差异的原因又是很多的，这些引起需求差异的原因，称为市场细分的因素。下面主要介绍消费者市场细分的因素。

（一）地理细分

所谓地理细分，就是企业按照消费者所在的地理位置以及其他地理因素（包括城市或农村、地形气候、交通运输等）来细分消费者市场。因为处在不同地理位置的消费者对企业的产品各有不同的需求和偏好，他们对企业的营销策略、产品价格、分销渠道、广告宣传等也各有不同的反应。例如美国的麦氏咖啡公司，针对不同地区的消费者对咖啡浓度偏好的不同，将销售区划分为若干个地理区来经营。

地理细分因素如表 5—1 所示。

表 5—1　　地理细分因素

地理变量	详细说明
地区	东部、西部、中部、南部、北部
城市规模	<5 000 人，5 000～20 000 人，20 000～50 000 人，50 000～100 000 人，100 000～250 000人，250 000～500 000人，500 000～1 000 000人，1 000 000～4 000 000人，≥4 000 000人
人口密度	市区、郊区、乡村
气候	热带、亚热带（南方亚热带、北方亚热带）、潮湿、寒冷

（二）人口细分

所谓人口细分，就是企业按照人口变量来细分消费者市场。人口细分因素如表 5—2 所示。

表 5—2　　人口细分因素

人口变量	详细说明
年龄	<6 岁，6～11 岁，12～19 岁，20～34 岁，35～49 岁，50～64 岁，≥65 岁
家庭规模	1 人，2 人，3 人，4 人，5 人，≥6 人
家庭生命周期	年轻，单身；已婚，无子女；年轻，已婚，最小子女不到 6 岁；年轻，已婚，最小子女 6 岁以上；较年长，已婚，与子女同住；较年长，已婚，子女都超过 18 岁；较年长，单身；其他
性别	男性，女性
年收入	<10 000元，10 000～15 000元，15 000～20 000元，20 000～30 000元，30 000～50 000元，50 000～100 000元，≥100 000元
职业	政府和社会行政人员，管理人员，私营企业主，专业技术人员，职员，商人，无职业人员，工人，农民，失业或失业人员
受教育程度	小学或以下，初中毕业，高中毕业，职业学校毕业，专科毕业，大学毕业，硕士及以上

续前表

人口变量	详细说明
宗教	佛教、道教、伊斯兰教、天主教、新教等
民族	汉、满、蒙、回、藏及维吾尔族等
世代	“偏传统的一代”，“失落的一代”，“幸运的一代”，“转型的一代”，“独生的一代”
国籍	中国，日本，韩国，美国，英国，法国，俄罗斯等
社会等级	下下层，上下层，劳动阶层，中层，中上层，次上层，上上层

资料链接

中国消费者的世代细分

中国学者依据中国社会的快速变化，将中国消费者细分为五个世代。

按照国际上世代描述的基本元素，中国消费者五世代的特征如表 5—3 所示。

表 5—3　中国消费者五世代的特征

消费者世代	出生年份	进入青少年期年份	2008 年达到的年龄	塑造一代人个性的重大事件	世代核心价值观
偏传统的一代	1921～1945 年	1937～1961 年	63～87 岁	抗日战争、新中国成立、文化大革命	尊重传统规范和历史责任的忧患意识；内敛与中庸；追求安宁和谐的理想
失落的一代	1945～1960 年	1961～1976 年	48～63 岁	文化大革命、知青下乡、恢复高考	认同奋斗精神；集体主义观念；游离于传统与现代之间
幸运的一代	1960～1970 年	1976～1986 年	38～48 岁	中国改革开放、私有经济、出国热	个人主义与集体主义并重，开放与保守并存；注重实现自我价值，崇尚务实奋斗
转型的一代	1970～1980 年	1986～1996 年	28～38 岁	中美建交、市场经济、苏联解体	个人主义享乐主义倾向；追求个人成功与财富；乐观与自我优越感
独生的一代	1980 年以后	1996 年以后	28 岁以下	互联网普及、中国加入 WTO、独生子女政策	开放与个性化，注重自我和现时感受；适应多元、多变与刺激；责任感淡薄

资料来源：［美］菲利普·科特勒等：《营销管理》，183 页，北京，中国人民大学出版社，2009。

（三）心理细分

所谓的心理细分，就是按照消费者的生活方式、个性等心理变量来细分消费者市场。心理细分因素如表 5—4 所示。

表 5—4　心理细分因素

心理变量	详细说明
生活方式	文化导向型，运动导向型，户外导向型
个性	被动型，交际型，权力型，野心型

生活方式是指一个人或者一个群体对于生活、消费、工作和娱乐的不同看法或态度。生活方式不同的消费者对商品有着不同的需要；一个消费者的生活方式一旦发生变化，他就会产生新的需求。所以，在现代市场营销实践中，越来越多的企业针对不同生活方式的消费者群体，设计不同的产品和安排不同的市场营销组合。

个性是指消费者的个人性格，个性不同也会产生消费者需求的差异。西方国家的有些企业根据消费者的不同个性对市场细分。例如，20 世纪 50 年代后期福特汽车的购买者普遍被认为是感情易冲动、善于适应环境变化和雄心勃勃的消费者群；通用汽车公司雪佛兰汽车的购买者曾被认为是保守的、节俭的、计较信誉的、较少男子气概的和避免走极端的消费者群。这些公司努力使这些个性不同的消费者对自己的产品发生兴趣，从而促进销售。

资料链接

中国目前中产阶级生活方式的类型及特征如表 5—5 所示。

表 5—5　生活方式的类型及特征

类型	特征
时尚消费	关注国内外流行趋势，有选择或盲目地跟进，始终保持“in vogue”，以 35 岁以下青年中产群体为主。
品牌消费	十分关注品牌，选择地拥有品牌，根据经济资本情况选择不同的品牌。
文化消费	有较强的学习、更新动机，提升文化资本竞争优势，工作之余增加各种培训，是时尚和资讯报刊的主要消费者，互联网、音乐会、画展、博览会等也是主要消费市场。
品位消费	关注品位，在日常生活中流露出某种品位标志，突出个性特征，显示身份“区隔”。
休闲消费与享受型消费	关注健康与生活质量，享受生活，注重休闲，信用消费观念强。

(四) 行为细分

所谓行为细分，就是根据消费者购买产品的场合、消费者所追求的利益、使用者状况、消费者对某种产品的使用率、消费者对品牌（或商店）的忠诚度、消费者购物准备阶段和消费者对产品的态度等行为变量来细分消费者市场。行为细分因素如表 5—6 所示。

表 5—6　　行为细分因素

行为变量	详细说明
场合	普通场合，特殊场合
利益	质量，服务，经济，速度
使用者状况	从未用过，以前用过，有可能使用，第一次使用，经常使用
使用率	偶尔使用，适度使用，频繁使用
忠诚度	没有，适度，强烈，绝对
准备阶段	未知晓，知晓，已了解，有兴趣，想得到，企图购买
对产品的态度	热衷，积极，不关心，否定，敌视

案例5—2

宝洁公司在洗衣粉市场上，通过市场细分，划分出11个不同的细分市场，运用自身的技术优势，研制出若干种适应不同细分市场的产品配方，并采用多品牌策略，形成了对洗衣粉市场的全面控制，市场份额一度达到50%以上，各品牌针对的不同细分市场如下：

- “汰渍”是针对洗衣格外费力的使用环境，是一种强效、能洗净纤维内层的全能家庭洗衣粉；
- “快乐”适用于热水、温水和冷水，并不含刺激性香味；
- “博德”是带有织物柔顺剂的洗衣粉，使衣服清洁、柔顺且没有静电；
- “索罗”是带有织物柔顺剂的液态洗衣剂；
- “埃拉”是“天生的去污手”，能洗去各种污渍；
- “德洗”可洗去各种污渍且价格低廉；
- “醉肤特”含有天然的清洁剂，适于洗涤内衣及婴儿衣物；
- “象牙白”是高纯度的中性肥皂，洗衣后不会留下任何不良的化学成分；
- “碧浪”是针对西班牙语系消费者的高效清洁剂；
- “甘原”是含酶洗衣粉，洗后衣物不但干净，还有怡人的清香。

资料来源：[美] 菲利普·科特勒著、俞利军译：《营销导论》，205页，北京，华夏出版社，1999。

三、市场细分的条件

市场细分的目的是为了识别顾客需求上的差异，以发现有利的市场机会，因此，市场细分的因素虽然有多种，但并不是根据细分因素划分出来的细分市场都是有意义的或有效的。如果购买者对某种产品的需求并不存在差异，基本上是相同的或相似的，则从营销的观点看，这种市场也就不可能也没必要加以细分。如食盐，所有的购买者对食盐的需求是相同的，并不存在差异。因此，一个成功的市场细分，不是仅仅对消费者进行分类，它必须具备以下三个条件。

（一）可衡量性

即根据某种特性因素划分出来的每个细分市场，其规模和购买力的大小是可以衡量的。如果被划分出来的细分市场无法加以衡量，例如彩色电视机市场上看重性能和看重外观形式的顾客群体的大小就很难衡量，那么这样的细分就是无效的。

（二）可进入性

所谓进入是指企业可以通过确定某一营销组合，能达到某一细分市场，使该市场的消费者得以购买本企业的产品。如果企业的广告宣传、销售网点等营销组合因素，没有能力进入被划分出来的细分市场，显然这样的市场细分是没有意义的。

（三）可盈利性

是指企业进行市场细分后所选定的子市场的规模足以使企业有利可图。因为消费者的数量是企业利润的来源之一。如果细分市场缺乏可盈利性，这个市场就不值得企业进行营销。

第二节　目标市场的选择

市场细分的目的在于发现市场机会，从一系列细分市场中，选择出最适合企业经营的细分市场。企业选出并决定为之服务的那些细分市场就是企业的目标市场。

为了正确选择目标市场，需要掌握评估和选择细分市场的各种方法。

案例5—3

麦当劳的主要目标市场

1. 小孩和家庭，这是麦当劳所设定的首要目标顾客群，是公司“欢乐餐”与特别促销活动的焦点。

2. 青少年，具有反叛或反传统的思想倾向，不希望受约束，渴望理解，希望人们能坦诚以待。对于这一顾客群，公司制作了专门的广告片，片中邀请青少年的偶像做一些青少年们喜欢做的事情。

3. 青年，多指年龄在18～34岁的人。这些人正在开创自己的事业或建立家庭。公司为这些人提供快速高效的餐饮服务。

4. 少数民族，在美洲大陆主要是指亚裔、非裔及西班牙语系的消费者。公司投入大量资金，通过有线电视网播放带有浓重民族性的广告片。

5. 年长者，多指年龄在54岁以上的人。公司针对这一顾客群，主要推销其餐饮的经济性，同时也鼓励年长者参与餐厅的工作。

资料来源：傅浙铭：《营销八段——市场定位方略》，125页，广州，广东经济出版社，1999。

一、评估细分市场

能够成为企业目标市场的细分市场，必须具有以下三个条件。

（一）有适当的规模和发展潜力

所谓适当的规模是相对于企业的实力而言的。大型企业应选择销售量大的细分市场，以发挥其生产能力；而小型企业也选择销售量大的细分市场就不适当了，因为市场规模过大，所需投入的资源就会超出小企业的能力，并且也难以和大企业在同一个细分市场中展开竞争。所以小企业选择规模较小、被大企业主认为不值得去经营的细分市场，才是正确的选择。

所谓发展潜力是指这些细分市场的需求尚未得到充分满足，因而具有通过扩大销售量、增加产品的花色品种来提高企业利润的潜在可能性。

（二）具有良好的吸引力

一个具有适当规模和发展潜力的细分市场并不一定就是企业理想的目标市场。因为从经济效益的角度来看，这种细分市场并不一定能给企业带来满意的盈利。因而能作为目标市场的细分市场还必须具有足够的盈利吸引力。一个细分市场是否具有盈利吸引力，主要受以下五种威胁因素的影响：(1) 细分市场内竞争对手的威胁；(2) 新的竞争者加入的威胁；(3) 替代产品的威胁；(4) 购买者讨价还价能力提高形成的威胁；(5) 供应商讨价还价能力提高形成的威胁。

（三）符合企业的目标和资源能力

能够选为目标市场的细分市场，除了满足前述两个条件外，还必须与企业的目标和资源能力相符合。某些细分市场虽然有较大的吸引力，但如果不符合企业的长远目标，也只能放弃。因为这些细分市场不能推动企业完成自己的目标，甚至会分散企业的精力，影响主要目标的完成。即使某个细分市场符合企业目标，企业还必须考虑是否具备在该细分市场获胜所需要的技术和资源。无论哪个细分市场想要在其中取得成功，都必须具备一定的条件。如果企业缺少这些必要条件，而且无法创造这些条件，就应放弃这个细分市场。企业即使具备了必要的能力，还需要发展自己的独特优势。只有当企业能够提供具有高价值的产品和服务时，它才可以进入这个细分市场。

二、选择细分市场

通过对细分市场的评估，企业可以发现一个或几个值得进入的细分市场，这就有待于企业做出抉择，考虑从中选择哪些和多少细分市场作为目标市场，这就是目标市场的选择问题。企业目标市场的选择有以下五种模式（见图 5—1）。

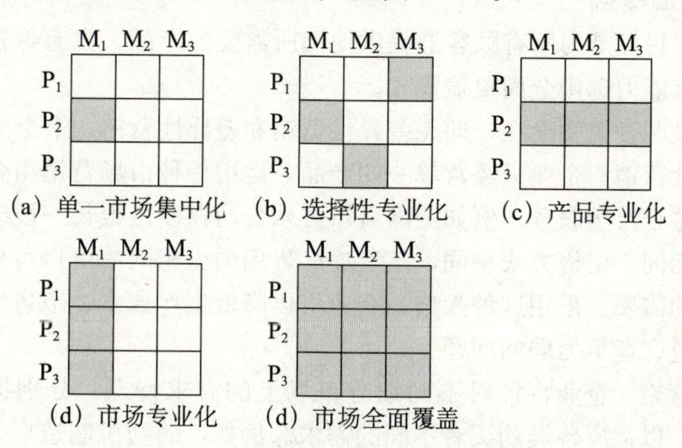

图 5—1　目标市场选择的五种模式

(一) 单一市场集中化

这是指企业只选取一个细分市场，进行集中营销。企业集中全力只生产一种产品，供应某一类顾客群。例如汽车制造厂集中经营小轿车市场；图书出版公司专营经济管理类图书；等等。选取单一市场进行集中营销，企业能更清楚地了解细分市场的需求，从而树立良好的信誉，在细分市场上建立巩固的市场地位。同时企业通过生产、销售和促销的专业化分工，能提高经济效益。一旦企业在细分市场上处于领导地位，它将获得很高的投资收益。但是集中营销的风险要比其他情况更高。当所经营的细分市场上需求发生突变或出现强大的竞争者时，企业的处境将立刻恶化。因此很多企业在集中营销取得成功后便在多个细分市场上同时展开业务，以减少经营风险。

(二) 选择性专业化

企业选取若干个细分市场作为目标市场，其中每个细分市场都具有吸引力，且符合企业的目标和资源水平。这些细分市场之间很少或根本不发生联系，但在每一个细分市场上企业都可以盈利。这种市场覆盖策略能分散企业风险。即使其中一个细分市场丧失吸引力，企业还可在其他细分市场上继续盈利。

(三) 产品专业化

指企业集中生产一种产品同时向几个细分市场销售。如空调器厂只生产空调一种产品，而同时向家庭、机关、学校、餐厅、宾馆等各类用户销售。企业通过这种策略，专注于一种产品的生产，有利于形成和发展生产技术上的优势，在该专业产品领域树立良好的信誉。但如果该产品被一种全新的技术所代替时，就会发生销售量大幅度下降的危险。当然这种全新的替代性技术并不是经常性发生的，加之顾客类型较多，仍比单一市场集中化的风险要小得多。

(四) 市场专业化

这是指企业集中满足某一特定顾客群的各种需求。例如某工程机械公司专门向建筑工程公司供应推土机、打桩机、起重机、搅拌机等建筑所用的施工机械。市场专业化策略由于产品类型众多也能有效地分散经营风险。由于集中于某一特定顾客群，当这类顾客群购买力下降时，实行市场专业化策略的企业也会发生收益下降的风险。

(五) 市场全面覆盖

这是指企业的目标是为所有顾客群提供他们所需要的产品。只有像松下、丰田、生力这样的大公司才有能力选用全面覆盖模式。

大企业可通过两种主要途径，即无差异性营销和差异性营销，来全面进入整个市场。

(1) 无差异性营销。企业只经营单一的产品，运用一种市场营销组合，试图吸引尽可能多的顾客，为整个市场服务。例如美国可口可乐公司在以往很长一段时间内只推出一种口味相同、包装相同、销售方式相同，甚至连广告用词也相同的可口可乐饮料，去满足全世界所有消费者的需要。采用这种策略，企业可以降低生产成本、节省经营费用，但是也存在产品缺乏特色、竞争力弱的问题。

(2) 差异性营销。企业将针对不同细分市场上的需求特点，分别提供不同品种、规格、性能的产品，以适应各类购买者不同的需求。例如，缝纫机制造厂分别提供家用缝纫机和工业用缝纫机。差异性市场营销在竞争的环境中较无差异性市场营销销售量有所增加。但是，由于产品品种和市场营销组合的多样化，将使企业的生产成本、管理费用、存货成本及销售费用均有所增加。

三、目标市场营销战略

选择目标市场的五种模式，按其覆盖面的大小来看，实际上可分为三种类型：第一类是单一市场集中化，其覆盖面最小，只涉及一个细分市场；第二类是市场全面覆盖，其覆盖面最大，包括该市场的全部细分市场；第三类则是从单一细分市场向全面覆盖过渡的形式，其覆盖面介于两者之间，包括选择性专业化、市场专业化和产品专业化三种模式。

目标市场覆盖范围大小不同，则所采取的市场营销策略也不相同。归结起来也有三种，即无差异市场营销、差异市场营销和集中市场营销。前两种营销策略都是以整个市场作为目标市场，属于为整个市场服务的策略；而第三种策略只是集中力量为一个选定的细分市场服务的策略。图 5—2 表示三种目标市场营销策略的差别。

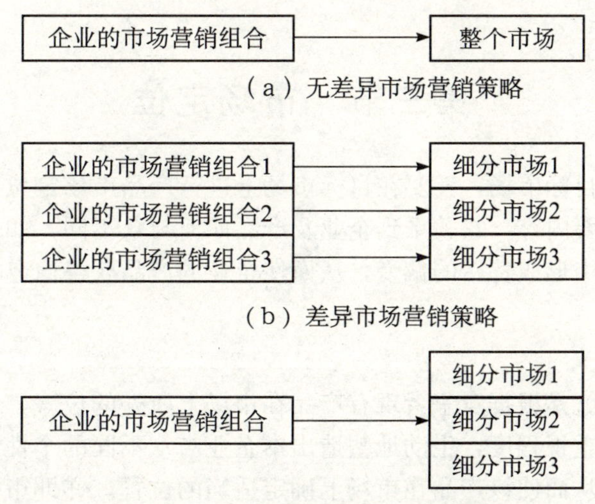

图 5—2　三种不同的市场营销策略

目标市场营销策略的三种类型各有优缺点，因而各有其适用的范围和条件。一个企业采用哪种策略，应根据企业资源、产品同质性、市场同质性、产品生命周期阶级和竞争者的营销策略来决定。

(一) 企业资源

如果企业资源雄厚，可以考虑实行差异市场营销；否则，最好实行无差异市场营销或集中市场营销。

(二) 产品同质性

产品同质性是指产品在性能、特点等方面的差异性的大小。对于同质产品或需求上共性较大的产品，一般宜实行无差异市场营销；反之，对于异质产品，则应实行差异市场营销或集中市场营销。

（三）市场同质性

如果市场上所有顾客在同一时期偏好相同，购买的数量相同，并且对市场营销刺激的反应相同，则可视为同质市场，宜实行无差异市场营销；反之，如果市场需求的差异较大，则为异质市场，宜采用差异市场营销或集中市场营销。

（四）产品生命周期阶段

处在介绍期和成长期的产品，市场营销的重点是启发和巩固消费者的偏好，最好实行无差异市场营销或针对某一特定子市场实行集中市场营销；当产品进入成熟期后，市场竞争激烈，消费者需求日益多样化，可改用差异市场营销策略以开拓新市场，满足新需求，延长产品生命周期。

（五）竞争者的营销策略

一般来说，企业的目标市场策略应与竞争者有所区别，反其道而行之。如果强大的竞争对手实行的是无差异市场营销，则企业应实行集中市场营销或更深一层的差异市场营销；如果企业面临的是较弱的竞争者，必要时可采取与之相同的策略，凭借实力击败竞争对手。

第三节　市场定位

企业一旦选定了目标市场，就要在目标市场上进行产品市场定位。市场定位是企业开展目标市场营销的重要内容，它关系到企业及产品如何与众不同，如何树立良好的市场形象，以求在顾客心目中形成特殊的偏爱，从而使企业的产品获得稳定的销路。

一、市场定位的含义

所谓市场定位，就是根据竞争者现有产品在市场上所处的位置，针对消费者对该种产品某种特征或属性的重视程度，生动地塑造出本企业与众不同的个性形象，并把这种形象生动地传递给顾客，从而使该产品在市场上确定适当的位置。亦即市场定位是塑造一种产品在市场上的位置，这种位置取决于消费者怎样认识这种产品。

市场定位是通过为自己的产品创立鲜明的个性或特色，从而塑造出独特的市场形象来实现的。产品的特色或个性，有的可以从产品实体上表现出来，如形状、成分、构造、性能等；有的可以从消费者心理上反映出来，如豪华、朴素、时髦、典雅等；有的表现为价格水平；有的表现为质量水准；等等。因此，市场定位实质上是取得目标市场的竞争优势，确定产品在顾客心目中的位置并留下深刻的印象，以便吸引更多的顾客。

案例5—4

作为国内保健品市场的后来者，深圳太太药业集团近年来取得了不俗的市场表现。其成功的关键在于市场的选择和定位的准确。

产品刚上市时，定位于治疗黄褐斑。“三个女人一个黄”说明产品是有一定市场潜力的，但是，相对于女性保健需要，这一定位显然过窄，不利于企业的长远发展。

20 世纪 90 年代中期，产品定位转变为“除斑、养颜、活血、滋阴”。这一定位虽然全面，但与众多的其他女性保健品没有多大区别，失去了产品特色。

1996年以后，产品定位逐渐稳定于“令肌肤重现真正的天然美”。通过重点强调产品中含有F.L.A.，能够调理内分泌，来突显产品特色，并邀请某著名女影星做广告，“发自内在的魅力……挡也挡不住!”，成为广告经典之作。

资料来源：傅浙铭：《营销八段——定位方略》，21页，广州，广东经济出版社，1999。

二、市场定位的步骤

市场定位的主要任务，就是通过集中企业的竞争优势，将自己与其他竞争者区别开来。竞争优势一般有两种基本类型：一是价格竞争优势，即在同样条件下比竞争者定出更低的价格，这就要求企业采取一切措施，力求降低单位成本；二是偏好竞争优势，即能够提供确定的特色来满足顾客的特定偏好，这就要求企业采取一切努力在产品特色上下工夫。因此，市场定位是一个企业确认其潜在竞争优势、选择其相对竞争优势，以及显示其独特的竞争优势的过程。市场定位的步骤主要有以下方面。

（一）确认潜在的竞争优势

确认企业的潜在竞争优势，要从以下三个方面分析：一是竞争者的产品定位如何？二是目标市场上足够数量的顾客欲望满足程度如何，以及还需要什么？三是针对竞争者的市场定位和潜在顾客的需要企业应该和能够做什么？要回答这三个问题，企业市场营销人员必须通过一切调研手段，系统地设计、搜索、分析并报告有关上述问题的资料和研究结果。通过回答上述三个问题，企业就可从中把握和确定自己的潜在优势在何处。

（二）选择相对竞争优势

相对竞争优势表明企业能够胜过竞争者的能力。这种能力既可以是现有的，也可以是潜在的。准确地选择相对竞争优势的过程就是企业在各方面的实力与竞争者相比较的过程。通常可以从经营管理、技术开发、采购、生产、市场营销、业务、产品等方面，分析比较企业与竞争者在上述这些方面究竟哪些是强项，哪些是弱项，从而选出最适合本企业的优势项目。

（三）显示独特的竞争优势

选定的竞争优势不会自动地在市场上显示出来。企业要通过一系列的宣传促销活动，将其独特的竞争优势准确传播给潜在顾客，并在顾客心目中留下深刻印象。为此，企业首先应使目标顾客了解、知道、熟悉、认同、喜欢和偏爱本企业的市场定位，在顾客心目中建立与该定位相一致的形象；其次，企业通过一切努力强化产品在目标顾客心目在的形象，保持目标顾客对产品的了解，稳定目标顾客的态度和加深目标顾客的感情以巩固产品在市场上的形象；最后，企业应注意目标顾客对其市场定位理解出现的偏差或由于企业市场定位宣传上的失误而造成的目标顾客模糊、混乱和误会，及时纠正与市场定位不一致的形象。

三、市场定位的方法

（一）初次定位

初次定位是指新成立的企业初入市场，企业新产品投入市场，或新产品进入新市场时，企业必须从零开始，运用所有的市场营销组合，使产品特色符合所选择的目标市场。但是企业要进入目标市场时，往往是竞争者的产品已在市场露面或形成了一定市场格局。这时，企业就应认真研究竞争对手的产品在该目标市场上的位置，从而确定本企业产品的有利位置。

（二）重新定位

重新定位是指企业变动产品特色，改变目标顾客对其原有的印象，使目标顾客对其产品新形象有一个重新的认识过程。企业产品在市场上的定位即使恰当，但在出现下列情况时也需要考虑重新定位：一是竞争者推出的市场定位与本企业产品的市场定位相类似，侵占了本企业品牌的部分市场，使本企业品牌的市场占有率有所下降；二是消费者偏好发生变化，从喜爱本企业某品牌转移到喜爱竞争者的某品牌。

（三）对峙定位

对峙定位是指企业选择靠近现有竞争者或与现有竞争者重合的市场位置，争夺同样的顾客，彼此在产品、价格、分销及促销等方面差别不大。

（四）回避定位

回避定位是指企业回避与目标市场上的竞争者直接对抗，将其位置确定于市场“空白点”，开发销售目前市场上还没有的某种特色产品，开拓新的市场领域。

案例5—5

金嗓子喉宝是一种由广西金嗓子制药厂利用中草药制成的保健咽喉糖含片。广西金嗓子制药厂原来是生产糖果的柳州市糖果厂。在20世纪90年代初，该厂面临较大困难，几乎倒闭，而自从金嗓子问世以来，不仅扭亏为盈，而且年销售额近3亿元，并保持着迅猛的发展趋势。其成功的原因很多，其中主要是实施了正确的市场细分、目标市场选择和市场定位策略。

1. 市场细分。咽喉含片均为药粉压制而成，一含即溶，很难在咽喉部较长时间保持药效，而急性咽喉炎和咽喉不适者如不能长时间施药，则很难治愈；润喉糖虽然不会一含即溶，但无治疗作用。这两类产品间存在一个空缺，即中间型治疗保健产品。由于环境污染加剧，空气质量恶化，气候变化无常，吸烟、嗜酒者增加，以及卡拉OK在全国流行，用嗓过度者、患咽炎者、咽喉不适者及口腔异味者日益增多，对咽喉治疗保健药的潜在需求大增。

2. 目标市场选择。对此类产品可能有需求的消费者的一般特征是：有一定工资收入的中年男性、烟酒爱好者、爱唱歌者、教师、导游。从竞争产品看，原有的名牌均已占统治地位，草珊瑚、西瓜霜、健民咽喉片等已占有市场的大部分份额，知名度高。

3. 市场定位。由于存在很大的市场（潜在的和现实的），金嗓子企业决定生产金嗓子产品，顾客定位为男性且有一定收入者。为此，企业采取了高质量、高价格的策略，使金嗓子成为身份的象征。另外，该企业还注意到竞争对手均为老名牌、实力雄厚，因此企业采取差异化策略：产品差异化、价格差异化、渠道差异化，避实就虚，扬长避短。

兵书上讲，“有备而战”，“不打无准备之仗”，金嗓子就这样在充分准备后戎装上阵，一炮打响，唱响全国！

资料来源：郭国庆：《市场营销》，138～139页，北京，中国人民大学出版社，2002。

四、市场定位战略

差异化是市场定位的根本战略，具体表现在以下五个方面（见表5—7）。

表5—7 差异化战略的变量

产品	服务	人员	形象	渠道
样式 属性 质量一致性 耐久性 可维修性 风格 设计 品质	订购难易程度 产品 安装 顾客培训 顾客咨询 维修和修理	能力 礼貌 可信 可靠 响应能力 沟通能力	符号、颜色、标语 氛围 事件 品牌接触	覆盖率 专业 绩效

（一）产品差异化战略

产品差异化战略是从产品样式、属性、品质、质量一致性、耐久性、可维修性、风格和设计等方面实现差别。寻求产品特征是产品差异化经常使用的手段。例如在全球通信市场上，摩托罗拉、诺基亚、西门子、飞利浦等跨国公司，通过实行强有力的技术领先战略，在手机、IP电话等领域不断地为自己的产品注入新的特性，从而走在市场前列，同时吸引顾客，赢得竞争优势。

（二）服务差异化战略

服务差异化战略是向目标市场提供与竞争者不同的优质服务。企业的竞争力越能体现在顾客服务水平上，市场差异化就越容易实现。如果企业把服务要素融入产品的支撑体系，就可以在许多领域建立其他企业的“进入障碍”，因为服务差异化战略能够提高顾客购买价值，保持牢固的顾客关系，从而击败竞争对手。

（三）人员差异化战略

人员差异化战略是通过聘用和培训比竞争者更为优秀的人员以获取竞争优势。市场竞争归根到底是人才的竞争。一个训练有素的员工应该具有以下基本素质和能力：（1）具有产品知识和技能；（2）友好对待顾客，尊重和善于体谅他人；（3）使人感到坦诚和可以信赖；（4）强烈的责任心，保证准确无误地完成任务；（5）对顾客的要求和困难能迅速反应；（6）尽力了解顾客，并将有关信息准确传达给顾客。

（四）形象差异化战略

形象差异化战略是在产品的核心部分与竞争者类同的情况下塑造不同的产品形象以获取竞争优势。企业要想成功地塑造形象，需要具有创造性的思维和设计，需要持续不断地利用企业所能利用的所有工具。将具有创意的标志融入某一文化的气氛，也是实现形象差异化的重要途径。麦当劳的金色“M”标志，与其独特的文化气氛融合，使人无论在美国纽约、日本东京还是中国北京，只要一见到这个标志，马上会联想到麦当劳舒适的店堂、优质的服务和新鲜可口的汉堡包和薯条，因此这个形象设计就非常成功。

（五）渠道差异化战略

企业还可以通过对自己的分销渠道的设计获得竞争优势，如提高渠道的覆盖率、专业性和绩效。例如卡特彼勒在建筑机械和采矿设备产业的成功就部分归功于它发达的分销渠道系统。它的经销商分布广泛，而且受过良好的培训，能够提供比竞争者更可靠的服务。戴尔公司也通过管理更好的直销渠道（如电话和网上销售）实行差异化战略。

案例5—6

太阳雨的差异化竞争战略

随着能源危机日益严重和国家政策的扶持，预计太阳能产业会形成3 000亿元以上的“蛋糕”。可见，太阳能产品市场是个具有非常大的潜力的市场，对于企业而言，存在着无限的商机。

然而现实中，5 000多家企业混战市场（不包括无品牌企业），带来的却是诸多问题，甚至出现了“劣币驱逐良币”的不正常现象。首先，太阳能产业的5 000多家企业中，年销售额过亿元的企业不足20家，品牌企业整体销售额不到市场总额的17%。众多厂商是小规模、小区域作战，家庭作坊、小工厂占有较大比例，甚至出现了个别不良企业以劣质低价产品冲击市场。在产品出现问题后，换一个商标继续危害市场的现象，导致消费者对太阳能行业产生不信任感。其次，产品同质化现象严重。产品技术同质化、产品外观同质化，缺乏科技含量，价格掩盖价值。同质化的直接恶果就是价格战，产品价值因此贬值，行业缺乏强势品牌。

面对如此诱人而又复杂的市场环境，太阳雨依靠差异化竞争战略，既抓住了市场机会，又规避了市场威胁，成功打造了太阳雨品牌。

1. 企业管理差异化

当一些太阳能企业还是家庭作坊、小工厂，大多数企业还没重视企业管理时，管理体系就让太阳雨品牌与众不同。太阳雨聘请了一个优秀的管理团队，建立了规范、完善的管理流程。以车间管理为例，太阳雨在行业内率先建立了全面的质量管理体系，从班组、工段到车间，层层建立质量保证体系，所有上岗员工必须取得质量培训证书。质量管理点标识牌、首件产品控制台、随处可见的每月评选明星员工的管理制度，让前来参观的经销商、消费者感觉到了太阳雨与其他企业的差异。

2. 企业形象差异化

在鱼龙混杂的太阳能发展乱世，太阳雨“诚信”的品牌属性成为太阳雨最具差异化的特征，也成为品牌快速发展的最有力的武器。对消费者来说，消费者会用货币的投票权捧起品牌，对相关利益者（经销商和供货商）来说，他们会鼎力支持。同样，对经销商和供货商的“言必行，行必果”，承诺兑现的新风气，短时间内就让太阳雨快速布局，并拥有了一批与品牌同成长的经销商、供货商。

3. 市场拓展差异化

太阳能产业是个具有市场潜力的市场，因此各企业竞相挤入这个市场。当中国太阳能企业还在国内厮杀的时候，太阳雨领先一步，走在了其他品牌之前，实现出口80多个国家和地区，然后反过来开拓国内市场，更是游刃有余，并被赋予了品牌国际化的形象。

4. 营销策略差异化

太阳雨品牌的差异化战略集中体现在营销策略上，主要包括以下三个方面：

(1) 产品属性差异化。

太阳雨在研究消费者的基础上，发明了“保热墙”技术，并在全球范围内首家推出了“有保热墙的太阳能”。这个技术成为太阳雨的独有主张，使太阳雨成功地实现了品牌区隔，获得了消费者的认同。与此同时，大规模的营销推广活动，使太阳雨从一个区域品牌迅速扩张为全国性品牌。随后，产品差异化仍在继续，2008 年太阳雨又推出了能解决太阳能热水器真空管保热的“南极管”技术。同样，在国际市场上，依据各国家的气候以及地理特征、人文习惯，太阳雨设计出了不同的产品，以满足不同用户的需求。

(2) 顾客体验差异化。

21 世纪是娱乐的世纪，也是互动的世纪。太阳雨在行业内首家推出“动力伞”飞行，在终端使用“保热墙”体验式道具，还成立了“心连心”艺术团，在全国范围内进行了巡回演出，配合太阳雨的各地促销活动。在演出节目上，还会把企业产品等内容融入其中，并邀请观众上台参与活动。这些演出不仅丰富了居民的假日生活，更重要的是精心设置了一个体验性细节，带给消费者以亲身感受。

(3) 公关事件差异化。

事件营销是撬动品牌的“阿基米得支点”。当众多企业关注奥运会时，太阳雨却成为残奥会助威团的全程独家合作伙伴。事件营销差异化思想体现在：首先，抢占了奥运的热门，可以吸引消费者（包括经销商和最终消费者，下同）的关注。其次，太阳雨成为太阳能行业首家为残奥会做贡献的企业，也是迄今为止首家全力以赴宣传残奥会、关注残疾人事业的企业。这样，就形成了营销差异化。最后，“最美丽的火炬手”金晶成为太阳雨太阳能残奥助威团形象大使，更容易引发消费者关注。最重要的是，太阳雨还启动了“太阳雨太阳能残奥助威团全球海选”活动，消费者既可以进行网上报名，也可以在太阳雨全球各销售终端参加活动。通过这些活动，太阳雨不但达到了销售的目的，更重要的是让品牌达到了新的高度。

资料来源：王天春：《市场营销案例评析》，55～56 页，大连，东北财经大学出版社，2009。

思考与练习

一、复习思考题

1. 什么是市场细分？为什么要进行市场细分？
2. 什么是市场细分因素？消费者市场有哪些常用的细分因素？
3. 何谓目标市场？作为目标市场应具备哪些条件？
4. 选择目标市场时可供选用的市场覆盖模式有哪几种？各有什么优缺点？
5. 目标市场营销策略有哪几种类型？各自的适用条件是什么？
6. 企业应怎样进行市场定位？

二、案例分析题

华龙由农村市场到城市市场

1994 年 8 月，河北隆尧县的 9 位农民合股投资 200 万元，建立了一家方便面厂——华龙集团。在短短的几年时间里，华龙创下了令人吃惊的发展速度。从建厂到 1998 年，年生产能力由1 600吨猛增到 16 万吨；月均销售收入由 58 万元增到3 400多万元；固定资产由 218 万元飙升到 2.5 亿元。在激烈的方便面市场上，居全国第三位。

华龙集团在创立之初，首先对国内方便面市场进行深入细致的调查研究。他们发现，20 世纪 80 年代初期以来，尽管我国方便面生产发展迅速，但市场仍有较大空间。已经建成投产的1 000多家方便面生产企业大致可分为两种类型：（1）少数几家中外合资或外商独资企业虽然拥有较高的市场占有率，但目标市场大多定位于大中城市，产品定价等方面没有考虑到农村的实际情况；（2）地方小厂“遍地开花”，产品价格也较低，但质量不稳定，主要依靠有限的当地市场维持生存。广阔的农村和中小城镇乡村方便面的需求是显而易见的，问题是能不能提供质量可靠、价格适中的产品，而这恰恰是华龙人一显身手的用武之地。

基于这样的认识，“华龙”响亮地提出“同等质量比价格，同等价格比质量”。依据当地优质的小麦和廉价的劳动力资源，“华龙”将每袋方便面的零售价定在 0.6 元以下，而一般名牌产品的定价在 0.8 元左右。“华龙”的口感、营养、卫生状况等各方面并不逊色。为确保产品质量，“华龙”从东南亚引进国际一流的设备，高薪聘请台湾食品专家主持开发研究及质量监控。与此同时，根据各地的饮食习惯，“华龙”将市场细分化，销往不同地区，搭配不同的调味包，满足不同地域消费者的需求。

问题：华龙集团是怎样进行市场细分的？“华龙”为什么要将农村市场确定为企业的目标市场？

三、营销讨论题

你认为营销者用哪种细分方案能更有效地进行销售？

观点选择：年龄细分；行为细分。

第六章　产品策略

【学习目标】

通过本章的学习，理解产品整体概念，掌握产品组合策略和品牌策略的内容，熟悉产品生命周期各阶段的特点，掌握各阶段的营销策略，了解新产品开发过程及营销策略。

任何企业的市场营销活动都是以满足市场需要为中心的，而市场需要满足总是从确定目标市场提供什么产品开始，然后才会涉及定价、促销、分销等方面。产品策略是市场营销组合策略的基础，它直接决定着其他市场营销策略。

第一节　产品的概念

传统的产品概念，仅仅指实物产品或物质产品。市场营销学的产品概念是指能够提供给市场以满足需要和欲望的任何东西，包括实物、服务、场所、组织、思想、主意等各种形式。可见，产品的概念已经远远超出了传统的有形实物的范围，思想、主意作为产品的重要形式也能卖钱。因此，正确把握产品的整体概念，对于企业设计、供应适销对路的产品，取得预期效益，具有重要的意义。

一、产品整体概念

现代市场营销理论认为，产品整体概念包含核心产品、形式产品、期望产品、附加产品、潜在产品五个层次（见图 6—1）。

（一）核心产品

核心产品又称为核心利益，是产品整体概念的最基本层次，是产品真正能为消费者提供的最基本的效用和利益。如消费者买电视机是为了娱乐、提高生活的品质和情趣；买电冰箱是为了使食物保鲜、便于存放、方便生活；买洗衣机是为减轻家务劳动。营销活动所推销的就是产品的这些基本效用或利益，而非产品的表面特色。因为购买者之所以愿意付出一定的代价购买该产品，是基于该产品所具有的能满足某种需要的效用，而不是基于该产品有什么表面特色。

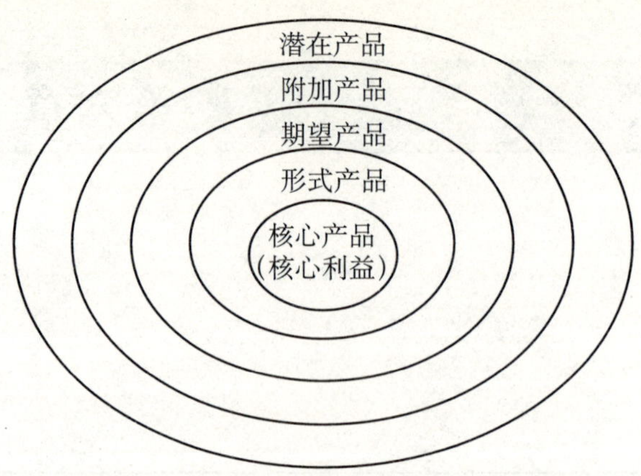

图 6—1　产品整体概念的五个层次

（二）形式产品

形式产品是核心产品借以实现的形式。所谓形式是向市场提供的实体或劳务的外观。产品的外观指产品出现于市场时，可以为顾客识别的面貌。现代营销学将形式产品归结为由五个标志所构成，即品质、特征、形态、品牌、包装，如电视机的功能、音质、画面效果、外观好坏、品牌知名度等。即使是劳务产品也有类似的形式上的特点，如理发不仅要求剪短头发，而且要求提供满意的发型，同一种发型也有质量高低之分。可见，产品形式向人们展示的是核心产品的外部特征，它能满足同类消费者的不同要求。

（三）期望产品

期望产品是购买者在购买该产品时期望能得到的东西。期望产品实际上是指一系列属性和条件。例如旅馆的客人期望得到清洁的床铺、新的毛巾、干净的衣柜和安静的环境。由于大多数旅馆都能满足旅客的这些最低的期望，所以，在选择档次大致相同的旅馆时，一般不是选择哪家旅馆能提供期望产品，而是根据哪家旅馆就近和方便而定。

（四）附加产品

附加产品是顾客购买有形产品时所获得的全部附加服务和利益，包括提供信贷、免费送货、保证、安装、售后服务等。附加产品的观念来源于对顾客消费需求的深入认识。由于购买者购买某项产品是为了满足某种需要，因而他们购买时，希望能得到和满足与该项需要有关的一切事物。因此，企业向顾客提供具有更多实际利益的附加产品在现代市场竞争中具有极其重要的作用。

（五）潜在产品

潜在产品是与现有产品相关的未来可发展的替代性产品。潜在产品反映了现有产品的发展前景。如彩色电视机可发展为录放影机、电脑终端机等。

案例6—1

世界快餐的“航空母舰”——麦当劳成功的秘诀在于它所提供的产品具有整体概念，概括起来可用以下七个“F”说明：

● 新鲜（Fresh）：美国人很重视食品的新鲜——豆子要碧绿，生菜要鲜嫩，鱼肉要洁白，油炸食物要酥脆。因此，优良的冷冻和通风设备必不可少，清洁的就餐环境至关重要。

● 饱（Full）：快餐要给人以物美价廉之感。为此，麦当劳在炸鸡上多洒些面包屑，把面包卷做得更厚，每份炸马铃薯条和生菜沙拉都更容易让人吃饱。同时，还注意各色食品中的营养搭配。

● 快（Fast）：由于人们吃快餐的目的就是为了节省时间，因此，食品必须是速食品。为节约时间，柜台上设有多台付款机，以减少人们排队付款的时间。麦当劳公司还在高速公路两旁建立了快餐店，司机们足不出车就可以拿到几分钟前所预订的食品。

● 油炸（Fried）：美国人喜欢吃酥脆的油炸食品，但又不愿在家中做，因为会有讨厌的油炸气味和大量渣滓。麦当劳提供的油炸食品恰好又快又易携带。

● 家庭式（Family）：忙碌的人们不常在家做饭，却想在外面找个家庭式的地方就餐，即餐厅符合家庭要求，食品对孩子来说品种丰富且价格相对便宜，餐厅清洁卫生、通风明亮，一般不供应酒类。

● 浪漫感（Fantasy）：在家庭氛围之余，还应让人感到就餐是一种享受，因此，麦当劳公司对有的店铺进行了怀古装饰，特别是运用了古老西部的装饰，以及西班牙殖民地时期的装饰。

● 福特主义（Fordism）：通过采用自动化设备代替手工操作，精密分工，统一食品标准，来节省时间、降低成本，同时，可以保证人们在不同地方吃到的麦当劳食品都是一个口味。

上述各产品层次在营销上代表不同的需求及欲望的层次，营销者必须了解不同层次对消费者的不同意义，并充分利用这些发现来配合营销策略的制定。

二、产品层级

每一产品在层级上与其他产品有联系。产品层级从基本需要开始，一直延伸到能够满足这些需要的一些具体项目。产品依次可以划分为以下七个层级：

(1) 需求集，指构成产品集的核心需要。

(2) 产品集，指能满足某一核心需要的所有产品种类。

(3) 产品种类，指被认为有某些相同功能的一级产品。

(4) 产品线，指同一产品种类中密切相关的一组产品。它们以类似的方式起作用，或出售给相同的顾客群，或通过同样的商业网点出售，或在一定的幅度内作价格变动。

(5) 产品类型，指同一产品线中不同的产品项目所构成的不同形式。

(6) 品牌，指与产品线上一个或几个产品项目相联系的产品名称，用以区别产品项目的来源和特点。

(7) 产品项目，指一个品牌或产品线内明确的单位，它是可以根据尺寸、价格、外形或其他属性加以区分的具体产品。

产品层次举例如表 6—1 所示。

表 6—1　　产品层次举例

层集	汽车
需求集	从甲地到乙地
产品集	汽车、公共交通工具
产品种类	爬山车、跑车、轿车、旅行车、豪华房车
产品线	高档轿车、中档轿车、低档轿车、迷你车
产品类型	1000c. c，1600c. c，2000c. c
品牌	Honda，Toyota
产品项目	款式

第二节　产品组合策略

在现代社会化大生产和市场经济条件下，大多数企业都生产和销售多种产品。但并不是企业生产和销售的产品越多越好。一个企业生产和销售哪些产品是有利的？这些产品之间有什么配合关系？这就是产品组合问题。

一、产品组合的概念

产品组合是指一个企业生产或销售的全部产品线、产品项目的组合。一般评估产品组合主要有四个要素，即宽度、长度、深度及关联性。表 6—2 就列出了宝洁公司的产品组合宽度和产品线长度。

表 6—2　　宝洁公司的产品组合宽度和产品线长度

	产品组合的宽度				
	清洁剂	牙膏	条状肥皂	纸尿布	纸巾
产品线长度	象牙白（1930 年） 德来芙特（1933 年） 奥克雪多（1941 年） 汰渍（1946 年） 快乐（1950 年） 德洗（1954 年） 波尔德（1965 年） 圭尼（1966 年） 伊拉（1972 年）	格利（1952 年） 佳洁士（1955 年）	象牙（1879 年） 柯克斯（1885 年） 洗污（1893 年） 佳美（1926 年） 香味（1952 年） 保洁净（1963 年） 海岸（1974 年） 玉兰油（1993 年）	帮宝适（1961 年） 露肤（1976 年）	媚人（1928 年） 粉扑（1960 年） 旗帜（1982 年） 绝顶（1992 年）

产品组合的宽度是指一个企业具有多少条不同的生产线。在表 6—2 中，产品组合的宽度是 5 条产品线。

产品线长度是指一个企业产品组合中的产品项目的总数。在表 6—2 中，产品项目总数是 25。该公司产品线的平均长度为：25÷5＝5。

产品组合的深度是指产品线中的每一产品项目有多少品种。例如佳洁士牌牙膏有三种规格和两种配方（普通味和薄荷味），佳洁士牌牙膏的深度就是6。通过计算每一品牌的产品品种数目，还可以算出产品组合的平均深度。

产品组合的关联性是指各条产品线在最终用途、生产条件、分销渠道或其他方面相互关联的程度。如上例宝洁公司的产品都是通过同样的分销渠道出售的消费品，因此我们说该公司的产品线具有关联性；就这些产品对消费者的用途而言，我们又可以说，该公司的产品线缺乏关联性。

上述产品组合的四个要素直接影响着产品策略的制定。譬如企业增加产品组合的宽度（即增加产品大类，扩大经营范围，甚至跨行业经营，实行多元化经营），可以充分发挥企业特长，使企业尤其是大企业的资源、技术得到充分利用，提高经营效益；此外，实行多元化经营还可以减少风险。企业增加产品组合的长度和深度（即增加产品项目，增加产品的花色、式样、规格等），可以迎合广大消费者的不同需要和爱好，以招徕、吸引更多顾客。企业增加产品组合的关联性（即使各个产品大类在最终使用、生产条件、分销渠道等各方面密切关联），则可以提高企业在某一地区、某一行业的声誉。所以说，产品组合策略实质上是企业在产品组合的宽度、长度、深度和关联性方面做出的选择。

二、产品组合的优化

产品组合的优化是指企业根据市场环境和资源条件的变化，适时开发新的产品和淘汰衰退产品，从而使企业取得最大利润的产品组合。

由于市场需求和竞争形势的变化，产品组合中的每个项目，必然会在变化的市场环境下发生分化，一部分产品则趋于衰落。企业如果不重视新产品的开发和衰退产品的剔除，则必将逐渐出现不健全的、不合理的产品组合。为此，企业需要经常分析产品组合中各个产品项目或产品线的销售增长率、利润率和市场占有率，判断各产品项目或产品线销售成长上的潜力或发展趋势，以确定企业资金的运用方向，做出开发新产品和剔除衰退产品的决策以调整其产品组合。

20世纪70年代末出现了分析产品组合的一种比较简便的三维分析图法。该方法是在三维坐标上，以X、Y、Z三个坐标轴分别表示市场占有率、销售成长率及利润率，每一个坐标轴又分为高、低两段，这就能得到八种可能的位置，产品组合三维分析图如图6—2所示。

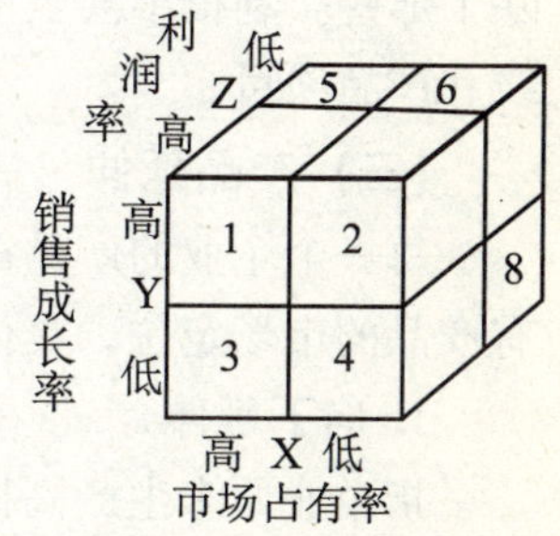

图6—2　三维分析图

分析企业生产和销售的所有产品项目在各坐标轴占有的位置，就能将其分为八种类型。这种对产品项目加以分析的方法，具有以下优点：

（1）可以明显地表示企业在新产品的开发上是否作了足够的努力。如果高成长率的产品项目为数极少，就是这种努力不足。

（2）可以显示企业在淘汰衰退产品上是否有足够的决心，并指出哪些产品项目是应剔除的。这主要以处于8号位置上的产品项目及其个数来表示。

（3）指出每一个产品项目位置和企业应该确立的目标，即企业可以针对各产品所处的位置考虑在市场占有率、销售成长率或利润率这三个方面应予以加强的地方。

（4）可以显示企业资源在每个产品项目上的适当分配。如对于具有高成长率的新产品，应增加投资以支持其发展；对于低利润率、低成长率且有高占有率的产品，应逐渐减少投资，准备将其淘汰。

如果企业的大多数产品项目或产品线处于1、2、3、4号位置上，就可以认为产品组合已达到最佳状态。因为任何一个产品项目或产品线的利润率、成长率和占有率都有一个由低到高又转低的变化过程，不能要求所有的产品项目同时达到最好的状态，即使同时达到也是不能持久的。因此，企业所能要求的最佳产品组合，是指在市场环境和企业资源处于可以预测的变动范围内，能始终获得最大利润的产品组合。这种产品组合中包括：目前虽然不能获利但有良好发展前途、预期以此为主的新产品；目前已达到高利润率、高成长率和高占有率的主要产品；目前只有较高利润率而销售成长率已趋降低的维持性产品；已决定淘汰逐步收缩其投资以减少企业损失的衰退产品。可见产品组合的优化，是一个不断开发新产品和淘汰衰退产品的过程。

三、调整产品组合的策略

企业在决定调整产品组合时，根据情况的不同，可选择以下策略。

（一）扩大产品组合

包括拓展产品组合的宽度和增强产品组合的深度。前者指在原产品组合中增加一个或几个产品线，扩大经营范围；后者指在原有产品线内增加新的产品项目。当企业预测现有产品线的销售额和利润率在未来一段时间内可能下降时，应考虑在现有产品组合中增加新的产品线，或加强其中有发展潜力的产品线；当企业打算增加产品特色，或为更多的细分市场提供产品时，则可选择在原产品线内增加新的产品项目。

（二）缩减产品组合

当市场繁荣时，较长、较宽的产品组合能为企业带来更多的盈利机会；但当市场不景气或原料、能源供应紧张时，缩减产品线反而能使总利润上升。这是因为从产品组合中剔除了那些获利很小甚至不获利的产品线或产品项目，使企业可集中资源发展获利多的产品线和产品项目。

（三）产品延伸

每一个企业的产品都有其特定的市场定位。产品延伸策略指全部或部分地改变企业原有产品的市场定位。具体做法有向下延伸、向上延伸和双向延伸三种。

1. 向下延伸

指企业原来生产高档产品，后来决定增加低档产品的生产。企业采取这种策略有以下四个原因：一是企业发现其高档产品的销售增长缓慢，因此不得不将其产品线向下延伸；二是企业的高档产品竞争激烈，必须用侵入低档产品市场的方式来反击竞争者；三是企业当初进入高档产品市场是为了建立其质量形象，然后再向下延伸；四是企业增加低档产品是为了填补空隙，不让竞争者有隙可乘。

企业在采取向下延伸策略时，会遇到一些风险。首先，可能会刺激原来生产低档产品的企业进入高档产品市场，使竞争加剧；其次，经销商可能因利润较小而不愿经营低档产品，企业不得不为新增的低档产品另建经销渠道，增加了销售费用；最后，有可能损害企业的形象。所以为保护已创立的品牌声誉，企业新增低档产品应采用新的品牌。

2. 向上延伸

指企业原来生产低档产品，后来决定增加高档产品的生产。主要原因有三：一是看好高档产品市场，利润率高；二是高档产品市场上竞争者较弱，容易击败竞争者并取而代之；三是企业实力增强，试图发展完全产品线。

采用向上延伸策略也有一定的风险。首先，可能引起生产高档产品的竞争者进入低档产品市场，进行反击；其次，潜在顾客怀疑低档产品企业生产的优质产品；最后，企业的销售人员和分销商可能没有能力经营高档产品。

案例6—2

丰田车由低档向高档延伸的品牌策略

丰田公司准备争夺高档豪华车市场，但丰田与旗下各品牌如花冠、佳美等在消费者心目中“低档、省油、廉价”的形象已根深蒂固。要改变公众心目中固有的观念谈何容易。于是丰田专为高档车推出一个全新的品牌——凌志。经过数年呕心沥血、潜心研究，隆重上市，一役而成功。凌志车上还故意隐去企业名称，车身上未标有丰田的标志，而丰田公司的其他品牌，如花冠、佳美等车上都标有丰田的标志。这是丰田为了不让消费者对丰田公司传统品牌与新品牌之间产生联系，消除丰田形象对高档车的营销障碍而作的刻意安排。如果凌志挂上丰田标志，或干脆直接用丰田、佳美等品牌来推出高档豪华车，能跟宝马、林肯、奔驰这些早已令大家羡慕不已的豪华品牌决一雌雄吗？无独有偶，本田推出高档车时，也采用了全新品牌 ACURA，车身上也故意隐去本田的标志。

资料来源：翁向东：《展现个性，锁定目标消费群》，载《重庆商界杂志》，2001-05-05。

3. 双向延伸

生产中档产品的企业在取得市场优势后，同时向产品线上、下两个方向延伸，一方面增加高档产品，另一方面增加低档产品，扩大市场阵地。

双向延伸具有向上及向下延伸两者的优缺点。但这一策略易造成品牌形象混乱，而且企业同时多向发展，会受到企业资源能力的限制。

(四) 产品线现代化

在某些情况下，虽然产品组合的宽度、长度都很恰当，但产品线的生产形式却可能已经过时，这就必须对产品线实施现代化改造。例如某企业的生产还停留在二十世纪六七十年代的水平，技术水平和操作方式都比较落后，这必然使产品缺乏竞争力，败在具有新产品线的竞争者手下。例如英特尔公司在产品线现代化决策方面一直走在其他微处理器生产企业的前端。英特尔公司已经先后生产出 8086、80286、80386、80486、奔腾、奔腾Ⅱ、奔腾Ⅲ及奔腾Ⅳ几代产品，才保证了其在该市场中的领先地位。

产品线现代化有两种方式，即逐步现代化和即刻现代化。逐步现代化可使企业在全面改革产品线前，了解顾客和经销商是否接受新型的产品线，以便做出必要的改进。但这种方法易使竞争者发现企业产品线现代化的意图和行动，从而开始重新设计他们自己的产品线。即刻现代化由于行动迅速不易被竞争者觉察，但要在短期内即刻实现产品线现代化需要耗费大量资金，而且要冒较大的市场风险。

第三节 品牌策略

品牌策略是企业产品策略的重要内容，了解品牌的含义及在市场营销中的作用，掌握制定和实施产品品牌策略的原理与方法，有利于优化产品组合，提高市场营销效益。

一、品牌概述

（一）品牌的概念

所谓品牌，就是产品的牌子。它是企业给自己的产品规定的商业名称，通常由名词、标记、符号、设计或这些要素的组合构成，用作一个企业的标识，以便同竞争者的产品相区别。品牌是一个集合概念，包括品牌名称、品牌标志、商标。

1. 品牌名称

指品牌中可以用语言称谓表达的部分。如“海尔”、“美的”、“可口可乐”，都属于可以用语言称谓的品牌名称。

2. 品牌标志

是品牌中可以识别但不能用口语发音表达的部分，如符号、图案或独具一格的色彩或字母。如SONY（索尼）、㊅（奔驰）等的标牌，都是品牌标志。

3. 商标

商标是一个法律名词，是指已获得专用权并受法律保护的一个品牌或品牌的一部分，如麦当劳所使用的大写“M”字形。

案例6—3

在国内市场很有名气的金利来产品及商标，最初的名字叫金狮。一次，金利来（远东）有限公司的董事长曾宪梓先生，将两条上等的金狮领带送给一个亲戚，结果人家不高兴地说：“我才不戴你的领带呢，尽输，尽输，什么都输掉了。”原来，香港话的“狮”与“输”读音相同。曾先生彻夜未眠，绞尽脑汁想出一个万全之策：将金狮的英文Goldlion用音译与意译相结合的方法，演变成新的名字，即把Gold意译为“金”，lion音译为“利来”，合称为“金利来”。这样，“输”变成了“利来”，既符合中国人的文化心理，又保持了名称的稳定性，曾先生以“金利来”这个吉祥的名字创造了一个“男人的世界”。

资料来源：郭国庆：《市场营销》，155页，北京，中国人民大学出版社，2002。

（二）品牌的含义

品牌在本质上代表着销售者（卖者）交付给购买者的产品特征、利益和服务的一贯承诺。最佳的品牌就是质量的保证。但品牌还是一个更为复杂的符号，蕴含着丰富的市场信息。品牌的含义可分为六个层次。

1. 属性

品牌首先代表着特定的商品属性。如“奔驰”牌意味着昂贵、工艺精湛、马力强大、高贵、价值高、速度快等。这些属性是奔驰生产经营企业广为宣传的重要内容。多年来“奔驰”的广告一直强调它是“世界上工艺最佳的汽车”。

2. 利益

品牌不仅代表着一系列属性，而且还体现着某种特定的利益。顾客不是在买属性，他们买的是利益。属性需要转化为功能性或情感性的利益。就奔驰而言，耐久的属性可转化为功能性的利益：“多年内我不需要再买新车”；昂贵的属性可转化为情感性利益：“一坐进车内我就感到身心愉悦”。

3. 价值

品牌也代表生产者的价值观。例如“奔驰”代表着高效、安全、声望等。营销人员必须分辨出对这些价值感兴趣的消费者群体。

4. 文化

品牌也代表着一种特定的文化。从“奔驰”汽车给人们带来的利益等方面看，“奔驰”品牌蕴涵着“组织严密、高效率和高质量”的德国文化。

5. 个性

品牌也反映一定的个性。如果品牌是一个人、一种动物或一种物体，那么，不同的品牌会使人们产生不同的品牌个性联想。“奔驰”可能会让人想到一位严谨的老板、一只狮子或庄严的建筑。

6. 用户

品牌暗示着购买或使用产品的消费者类型。如果我们看到一位20来岁的秘书开着一辆“奔驰”车时会感到很吃惊。我们更愿意看到开车的是一位有成就的企业家或高级经理。

所有这些都说明品牌是一个复杂的符号，而不是一个简单的名字。一个品牌具有上述可识别的六个层次的含义时，称之为深度品牌，否则只是一个肤浅的品牌。“奔驰”就是一个深度品牌，因为我们可以从上述六个方面理解它。

因此，营销人员必须把握品牌特性的深度层次，不仅要注意品牌的属性，而更要注意品牌的利益。当然品牌最持久的含义还是其价值、文化和个性，它们构成品牌的实质。“奔驰”代表着“高技术、杰出表现和成功等”。

（三）品牌的作用

从上述品牌含义可知，品牌本身传达着产品的多种信息，像属性好坏（如奔驰代表工艺最佳的汽车）、产品利益（如奔驰代表耐用、受人尊重、安全）、使用价值（如奔驰代表高效、安全、声望等）与人格特征（如奔驰代表高标准的消费形象）等。这些品牌信息就形成了特殊的品牌效益。

各种品牌在市场上的力量和价值是各不相同的。有的品牌购买者的接受度高，具有高度的品牌偏好和品牌忠诚；而有的品牌只有部分人知道，品牌的接受度低。因此，一个好的品牌具有很高的品牌价值。

资料链接

表 6—3 **2010 年中国最有价值的十大品牌** 单位：亿元

排名	品牌	企业名称	主要业务	品牌价值
1	海尔	海尔集团公司	家用电器	855.26
2	联想	联想集团有限公司	电脑	686.61
3	第一汽车	中国第一汽车集团公司	汽车	526.29
4	五粮液	四川省宜宾五粮液集团有限公司	白酒	526.16
5	国美	国美电器有限公司	电器零售	526.12
6	美的	广东美的集团股份有限公司	家用电器	497.86
7	TCL	TCL 集团股份有限公司	电视机	458.08
8	茅台	贵州茅台酒股份有限公司	白酒	312.60
9	青岛	青岛啤酒股份有限公司	啤酒	270.07
10	长安	重庆长安汽车股份有限公司	汽车	270.06

资料来源：北京名牌资产评估有限公司，2010-12-05。

表 6—4 **2010 年世界最有价值的十大品牌** 单位：百万美元

排名	品牌	国家	主要业务	品牌价值
1	谷歌	美国	互联网	114 260
2	IBM	美国	计算机	83 383
3	苹果	美国	电子产品	83 153
4	微软	美国	软件	76 344
5	可口可乐	美国	软饮料	67 983
6	麦当劳	美国	餐饮	66 005
7	万宝路	美国	烟草	57 047
8	中国移动	中国	移动运营商	52 616
9	通用电气	美国	综合	45 054
10	沃达丰	英国	移动运营商	44 404

资料来源：美国《商业周刊》，2010-08-06。

高度的品牌价值能为企业产品的销售以及营销活动的开展带来诸多的优势。首先，由于其消费者品牌知晓和忠诚度高，企业的营销成本降低了；其次，由于顾客希望分销商与零售商经营这些品牌，这就加强了企业与他们讨价还价的能力；再次，由于该品牌有很高的认知品质，企业产品价格可比竞争者卖得更高；又次，由于该品牌有高信誉度，企业可更容易地开展品牌扩展；最后，在激烈的价格竞争中，品牌给企业提供了某些保护作用。

同样，品牌对于消费者来讲也具有十分重要的作用。首先，品牌代表着质量，消费者之所以要购买某个品牌的产品，往往是因为这种产品有着较高的质量和良好的服务；其次，品牌可以帮助消费者识别产品，在众多的产品中挑选符合自己需要的产品；最后，品牌可以保护消费者的权益，一旦发生产品质量问题，消费者有据可查，可通过品牌来追查有关厂家或经营者的责任。

品牌无论对生产者、经销商，还是对消费者，都具有十分重要的作用。因此，品牌作为企业的一项资产必须加强管理，以免品牌资产贬值。

二、品牌的策略

（一）品牌化策略

品牌化策略是指企业是否给其产品规定品牌名称，即使用还是不使用品牌。一般来说，使用品牌有诸多好处，如消费者普遍认为有牌子的东西比没有牌子的东西质量可靠，安全性较高。此外，品牌可以帮助消费者识别产品，能吸引消费者注意，产生品牌效益。

一般来说，有品牌的产品，可以卖较好的价格。绝大多数企业都使用品牌。但在有些情况下，有些企业不使用品牌，原因很多，如产品本身的特性（蔬菜很少使用品牌）、企业资源过小（不考虑建立品牌）、企业形象的考虑（如产品间质量差异很大）等。一般来说，无品牌的产品，因无品牌效益，所以大都以价格低廉取胜。因无品牌，不需花费大量的营销费用，虽然价格低但利润并不差。

（二）品牌使用者策略

在决定对产品使用品牌时，制造商在如何使用品牌方面主要有以下三种选择。

1. 制造商品牌

即将全部产品置于制造商品牌之下，也称全国品牌。如美的、海尔等公司生产的所有产品，用的都是它们自己的品牌名称。此外，还有一些享有盛誉的制造商将其著名商标提供给别人使用，收取一定的特许使用费。

2. 中间商品牌

也叫私人品牌，即大型零售商和批发商在市场上树立自己的品牌。如美国两大百货零售业西尔斯及杰西潘尼都是直接向制造商订货，挂上自己公司的品牌。

3. 混合品牌

即中间商品牌与制造商品牌连用。有些大规模的批发商和零售商，想建立自己的品牌以便更有效地控制价格，但为了获得顾客的信任，维持高水平的品质，又不能不使用制造商的品牌，因而将两种品牌连用。

过去许多品牌大都由制造商来建立，大多数企业都创立自己的品牌。目前，中间商品牌已经成为品牌竞争的一个重要因素。在现代市场经济条件下，制造商品牌与中间商品牌之间经常展开激烈竞争，这就是所谓的品牌战。在这种对抗中，中间商有许多优势。诸如：首先，零售企业的营业面积有限，因此，许多制造商难以用其品牌打入零售市场；其次，虽然私人品牌出售的产品大都是制造商的产品，但由于中间商特别注意保持其私人品牌的信誉，仍能赢得消费者的信任；再次，中间商的品牌，价格通常比制造商品牌低，能迎合许多计较价格高低的顾客；最后，大零售商可以把自己的品牌陈列在商店醒目的位置，而且妥善存放。由于这些原因，制造商品牌的优势正在削弱。有些市场营销评论家预言：中间商品牌终将击败所有制造商品牌。

（三）品牌名称策略

企业在品牌名称使用上主要有以下四种可供选择的策略。

1. 个别品牌名称

即企业决定其各种不同的产品分别使用不同的品牌名称。个别品牌名称策略可以使企业为每一种新产品寻找最佳的名称。一个新的品牌名称可以造成新的刺激、建立新的观念。

2. 统一品牌名称

即企业所有的产品都统一使用一个品牌名称。例如美国通用电器公司的所有产品都统一使用“GE”这个品牌名称。企业采用统一品牌的好处是：企业宣传介绍新产品的费用低。如果企业声誉好，其产品必然畅销。

3. 分类品牌名称

即对企业的各类产品分别命名，一类产品使用一个品牌名称。例如松下公司，音像制品的品牌为 Panasonic，家用电器的品牌为 National，立体音响的品牌为 Technics。

4. 企业名称加个别品牌名称

即将企业的商号名称和单个产品名称相结合。例如美国凯洛格公司采用这种策略，推出“凯洛格米饼”、“凯洛格葡萄干”。企业在各种不同新产品名称前冠以企业名称，可以使新产品合法化，能够享受企业的信誉，而各种不同的新产品分别使用不同的品牌名称，又可以使各种不同的新产品各有不同的特色。

（四）品牌扩展策略

品牌扩展是指以现有品牌推出新产品。例如本田公司利用“本田”之名推出了许多不同类型的产品，如汽车、摩托车、铲雪车、割草机等。

品牌扩展策略具有多种优势，著名的品牌名称可使新产品迅速得到市场的承认与接受。但是，品牌扩展策略也有一定的风险。假如新产品不能令人满意，这就可能影响消费者对同一品牌名称的其他产品的态度。品牌过分扩展将导致已有品牌名称失去其在消费者心目中的特殊定位。某一品牌名称不再使消费者立即联想到特定产品或类似产品，这种情况就叫品牌淡化。因此，将现有品牌名称应用于新的产品类别时，需格外慎重。

（五）多品牌策略

多品牌策略是指企业同时经营两种或两种以上互相竞争的品牌。企业采取多品牌策略的主要原因有四：一是多种不同的品牌只要被零售商接受，就可占用更大的货架面积，而竞争者所占用的货架面积当然会相应减少；二是多种不同的品牌可以吸引更多的顾客，提高市场占有率；三是发展多种不同的品牌有助于在企业内部各个部门、产品经理之间展开竞争，提高效率；四是发展多种不同的品牌可使企业深入到各个不同的细分市场，占领更大的市场。例如，宝洁公司在相同产品中推出多个品牌，每种品牌能满足不同的消费者需要，并能与特定的竞争者品牌进行竞争。宝洁公司的品牌家族如表 6—5 所示。

表 6—5　　宝洁公司的品牌家族

品　种	品　牌
洗发护发用品	飘柔、潘婷、海飞丝、沙宣、伊卡璐
护肤美容用品	玉兰油、SK-Ⅱ系列化妆品
个人清洁用品	舒肤佳、玉兰油、激爽
口腔护理用品	佳洁士
妇女保健用品	护舒宝
婴儿护理用品	帮宝适
食品、饮料	品客
衣物、家居护理用品	碧浪、汰渍
纸巾类用品	得宝

(六) 品牌重新定位策略

某一个品牌在市场上的最初定位即使很好，但随着时间推移也必须重新定位。这主要是因为以下情况发生了变化：第一，竞争者推出一个品牌，定位于本企业品牌旁边，使本企业的市场占有率下降，需要企业进行品牌重新定位；第二，有些消费者的偏好发生了变化，原来喜欢本企业的品牌，现在喜欢其他企业的品牌，因而市场对本企业的品牌的需求减少，这种市场情况变化也要求企业进行品牌重新定位。

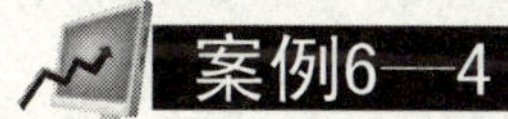

案例6—4

华为的品牌再造

华为是中国著名的B2B企业，正在迅速成为全球电信市场积极的参与者，其主要业务领域是电信设备，并为固定、移动、光网络和数据通信领域提供定制的网络解决方案。作为中国公司的一个成功标杆，华为随着从国内走向国际的发展过程，主动实现了品牌再造。

2001年以前，华为在市场上一直以“价格杀手”的形象出现。华为的低价格战略为其斩获了不少疆土。但在海外市场过于侵略性的策略也是一把双刃剑，如与思科轰轰烈烈的官司，虽然使华为获得了较高的知名度，但也使其在美国市场遭遇抵制。华为开始认识到，低价策略牺牲利润，低价进攻的土狼形象在国际上多是负面的形象，很难得到投资者的青睐，最终伤及自身的发展。

华为在认识到自身的品牌形象劣势之后，对“华为特色的土狼文化”自我否定，决心重新塑造公司品牌，改变原有的企业形象，实现由“土狼”向“大象”的形象转变。

2006年5月，华为更新沿用了28年的品牌标识，全力迈向国际化。华为试图通过换标识，改变其“价格低廉”的定位以及咄咄逼人的印象，以寓意和谐的莲花花瓣造型融入全球电信市场，着力经营一个负责、可靠的合作者形象。华为确立了新的品牌价值主张和公司愿景。

新的品牌价值和形象帮助华为与众多的世界领先的运营商建立了长期、稳固的伙伴关系。华为产品与解决方案广泛应用于英国、法国、德国、西班牙和荷兰等欧洲国家，并在日本和美国市场相继取得新的规模突破。

资料来源：［美］菲利普·科特勒等：《营销管理》，240～242页，北京，中国人民大学出版社，2004。

第四节　包装策略

包装是商品生产的继续，商品只有经过包装才能进入流通领域，实现其价值和使用价值。产品包装作为重要的营销组合要素，在营销实践中成为市场竞争中的一种重要手段。

一、包装的概念

产品包装是指产品的容器和包扎物。一般包括以下三个部分。

（一）主要包装

即产品的直接包装，如牙膏皮、啤酒瓶都是这种包装。

（二）次要包装

即保护主要包装的包装物，如包装一定数量的牙膏的纸盒或纸板箱。

（三）运输包装

即为了便于运输以保护产品的外包装。

此外，在产品包装上还有标签，这是为了说明产品而贴在产品包装上的招贴或印在产品包装上的文字、图案等。在标签上一般都印有包装内容和产品所包含的主要成分、品牌标志、产品质量等，有些标签上还印有彩色图案或实物照片，以促进销售。

二、包装的作用

包装是整体产品的重要组成部分，因而也是促销策略中的一个要素。产品包装对企业市场营销具有以下作用。

（一）保护产品

这是包装的原始功能。良好的包装可以使产品在市场营销过程中，在消费者保存产品期间，不致损坏、变质、散落，保护产品的使用价值。

（二）便于储运

商品的物质形态有气态、液态、固态、胶态等；它们的理化性质也各异，有腐蚀性的、易挥发的、易燃的、易爆的等；外形上可能有棱角、刃口等危及人身安全的形状。凡此种种只有加以合适的包装，才便于运输、携带和存放，才能保证储运安全。

（三）便于使用

适当的包装起着便于使用和指导消费的作用。根据商品在正常使用时的用量加以包装，如瓶装酒有500毫升装、250毫升装，药片有1 000片装（适用于医院）、10片装（适用于个人）等，并在包装上有用法、用量说明，这里包装就起着指导消费的作用。另一方面适当的包装结构也起着便于使用的作用，如拉环式、揿钮式易拉罐头，拉链式包装盒等。

（四）促进销售

商品采用包装以后首先进入消费者视觉的往往不是商品本身而是商品的包装。能否引起消费者的兴趣、触发其购买欲望，在一定程度上取决于商品的包装，因而包装成为“无声的推销员”。

（五）增加价值

由于收入水平和生活水平的提高，消费者一般愿意为良好包装带来的方便、美感、可靠性和声望多付钱。所以，良好的包装不仅可以促进销售，而且可以提高产品的附加值。

三、包装的设计

企业在设计产品包装时，应符合下列要求。

（一）包装应符合审美要求，给人以美感

设计包装首先要考虑消费者的审美习惯，使消费者能从包装中获得美的享受，所以，造型要美观大方，图案要生动形象，不落俗套、不搞模仿。尽量采用新材料、新图案、新形状，使人耳目一新，并产生购买欲望。

（二）包装应与商品的价值或质量相适应

生活消费品，特别是其中的贵重商品和艺术品、化妆品的包装要能烘托出商品的高贵、典雅和艺术性。既不能单纯追求包装的华贵，搞成“金玉其外，败絮其中”，也不能用“烂稻草包珍珠”，自贬身价。

（三）包装要能显示商品的特点和独特的风格

对于以外形和色彩表现其特点和风格的商品，如服装、装饰品、食品等的包装，应考虑能向购买者直接显示商品本身，以便于选购。常用的方法是全透明包装、开天窗包装或在包装上附有彩色图片。

（四）包装要方便消费者购买、携带和使用

包装的造型、结构除了外形美观、新颖大方等艺术性方面的要求外，还应考虑销售和使用的方便。这就要求包装有不同的规格和分量，以适应不同消费者的需要。

（五）包装上的文字设计要能增加顾客的信任感

产品的性能、使用方法和使用效果常常不是直观所能显示的，需要用文字来表达。包装上文字的设计应根据顾客的心理对不同商品有不同的重点。如食品类的包装上应说明用料、食用方法；药物类商品应说明成分、功效、用法用量、禁忌及是否具有副作用等；服装类商品应说明用料、尺码、规格、洗涤或保存方法等。总之应能直接回答购买者最关心的问题，同时也要考虑购买者可能存在的疑虑，在包装上要有针对性的说明，以增加顾客对商品的了解和信任。当然文字说明必须与产品的性质相一致，符合实际。

（六）包装装潢上的色彩、图案不能和消费者的风俗习惯、宗教信仰发生抵触

色彩、图案的含义对不同的消费者来说有不同的理解。例如中国人在喜庆节日喜欢用红色，而日本人却喜欢互赠白色毛巾；埃及人喜欢绿色，忌用蓝色，而法国人最讨厌墨绿色（法西斯军服的颜色），他们偏爱蓝色。不同年龄的人也有不同的偏爱，如老年人常喜欢冷色（蓝、紫、绿），青年人常喜欢暖色（红、橙、黄）。不同的商品也有适当的表达其特点的色彩，如洗涤剂包装常用蓝色，化妆品包装常用粉红色或金黄色等。

四、包装的策略

可供企业选择的包装策略主要有如表 6—6 所示的几种。

表 6—6 包装策略比较

包装策略	定义	优点
类似包装策略	企业对所生产经营的各种产品，在包装上采用相同的图案、色彩或其他共有特征，从而使它们的包装外形相类似，使用户很容易注意到这是同一家企业生产的产品。	(1) 可以节省包装设计成本。 (2) 增加企业声势、提高企业声誉，统一系列格调。 (3) 有利于新产品上市，通过类似包装可以利用企业已有声誉，使新产品迅速在市场上占有一席之地。
等级包装策略	企业所生产经营的产品按质量等级不同实行不同包装。	把高档、中档、低档产品分别开来后，采用相应的包装，使产品的价值与包装相一致。一般产品采用变通包装，而优质高档产品要采用精美包装。
综合包装策略	或称多种包装、配套包装，是指企业把互相有关联的多种商品纳入一个包装容器内，同时出售。	为消费者购买、携带、使用和保管提供了方便，又有利于企业扩大销路、推广新产品。如工具配套箱、家用药箱、百宝箱、化妆盒等都是综合包装。
再利用包装策略	或称多用途包装，指用户将包装容器内的商品使用完毕后，这一包装容器还可继续利用，可能是用于购买原来的产品，也可能用作他途。	如装雀巢咖啡的瓶子在咖啡用完后可以用作喝水杯，饼干桶可用来装饼干，也可用来装糖果，还可用来装文具杂物等。这种策略有助于引起用户的购买兴趣，还可能促使其重复购买，发挥广告的作用。
附赠品包装策略	企业在某商品的包装容器中附加一些赠品。	引发用户购买的兴趣。例如儿童玩具、糖果等商品包装中附赠连环画、认字卡片、粘贴画；化妆品包装中附有赠券，积累若干可得不同的赠品；有些商品包装中附有奖券，中奖后可获得奖品；等等。
改革包装策略	企业随着产品的更新和市场的变化，相应地改革包装设计。	在现代市场经营中，商品包装的改进对市场营销有关重要的作用，注意变换包装，推出有新意的包装，有助于创造出优良的销售业绩。

第五节　产品生命周期

产品生命周期是指产品从进入市场到退出市场所经历的全部时间。它表示的是一种产品经过开发、试销，进入市场，到逐渐被消费者了解和接受，然后又被更新替代的过程。在现代市场经济条件下，企业不能只生产和销售现有产品，而必须随着产品生命周期的发展变化，灵活地调整产品策略。

一、产品生命周期的主要阶段

一般产品的生命周期是一条S形的销售历史曲线，可分为四个阶段。各阶段的起始点，通常以销售率和利润率的变动为依据。产品生命周期曲线如图6—3所示。

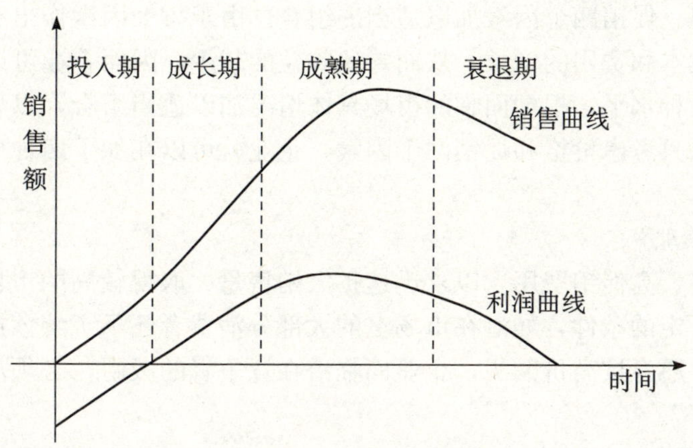

图6—3 产品生命周期曲线

（一）投入期

新产品投入市场，便进入投入期。此时，顾客对产品还不了解，只有少数追求新奇的顾客可能购买，销售量很低。为了扩大销路，需要大量的促销费用，对产品进行宣传。在这一阶段，由于技术方面的原因，产品不能大批量生产，因而成本高，销售额增长缓慢，企业不但得不到利润，反而可能亏损。

（二）成长期

当产品在投入期的销售取得成功以后，便进入了成长期。这时顾客对产品已经熟悉，大量的新顾客开始购买，市场逐步扩大。产品已具备大批量生产的条件，生产成本大幅度降低，企业销售额迅速上升，利润也迅速增长。在这一阶段，竞争者看到有利可图，便纷纷进入市场参与竞争，使同类产品供给量增加，价格随之下降，企业利润增长速度逐步减慢，最后达到生命周期利润的最高点。

（三）成熟期

经过成长期后，市场需求趋向饱和，潜在顾客已经很少，销售额增长缓慢直至下降，这标志着产品进入了成熟期。在这一阶段，竞争逐渐加剧，产品售价降低，促销费用增加，企业利润下降。

（四）衰退期

随着科学技术的进步，新产品或新的代用品出现，将使顾客的消费习惯发生变化，转向其他产品，从而使原来产品的销售额和利润额迅速下降。那些成本较高的企业就会因无利可图而陆续停止生产，该产品的生命周期也就逐渐结束，以至最后完全撤出市场。

二、产品生命周期各阶段的营销策略

产品在不同的生命周期阶段，企业所面临的情况各不相同，因此，企业应根据产品在生命周期各阶段的特点，以及消费者的不同类型，相应采取各种营销策略。

（一）投入期的营销策略

在投入期，由于新产品刚进入市场，消费者对产品十分陌生，产品销售少，促销费用高，加之制造成本高，销售利润常常很低甚至为负值。在这一阶段，企业总的策略是迅速扩大销售量，增加利润，尽量缩短投入期，迅速进入成长期。缩短投入期的途径就是运用产品、价格、渠道、促销四个因素加以适当的组合。由于每个因素作出有利于扩大销售的变化，都将引起成本和费用的增长，从而导致收益的减少，因而企业可以把四个营销因素分别设置高、低两种水平，根据面临的市场具体情况加以适当组合，以尽可能避免发生不必要的费用。如果只考虑价格和促销两个因素，企业就可以在如下四种可能的营销组合策略中加以选择。

1. 快速撇取策略

即采用高价格、高促销费用，以求迅速扩大销售量，取得较高的市场占有率。采取这种策略必须具备一定的条件，如潜在市场上的大部分消费者还不了解该产品；了解该产品的人急于购买，并愿意按高价购买；企业面临潜在竞争者的威胁，必须尽快培养顾客对本产品的“品牌偏好”。

2. 缓慢撇取策略

即以高价格、低促销费用的形式推出新产品，以求获得尽可能多的利润。这种策略适用于市场规模有限，市场上大多数的消费者已熟悉该产品，购买者愿意出高价，潜在竞争威胁不大的市场环境。

3. 快速渗透策略

即以低价格、高促销费用的策略，迅速打入市场，取得尽可能高的市场占有率。采用这种策略适用于市场规模大，消费者对这种产品不熟悉，且对价格比较敏感，竞争激烈，随着生产规模的扩大单位成本会大幅度下降等情况。

4. 缓慢渗透策略

即以低价格、低促销费用来推出新产品。这种策略适用于市场规模大，消费者熟悉这种产品但又对价格反应敏感，并且存在潜在竞争者的市场环境。

（二）成长期的营销策略

新产品经过投入期进入成长期以后，消费者对该产品已经熟悉，老顾客重复购买，并且带来新顾客，销售量激增，利润迅速增长，这一阶段利润达到了顶峰。但是，随着销售量的增大，企业生产规模也逐步扩大，产品成本逐步降低，新的竞争者会加入竞争。随着竞争的加剧，新的产品特性开始出现，产品市场开始细分，分销渠道增加。企业为维持市场的继续成长，需要保持或增加促销费用，但由于销量增加，平均促销费用有所下降。因此，针对成长期的特点，企业在这一阶段的策略是尽可能延长产品的成长期，保持旺销的活力。企业可采取以下策略：

（1）提高产品质量，增加花色品种，改进款式、包装以适应市场需要。

（2）寻找新的细分市场。

（3）开辟新的销售渠道，扩大商业网点。

（4）改变广告宣传的重点，由建立和提高产品知名度为中心，转变为以说服消费者接受和购买该产品为中心。

（5）根据竞争形势，在适当的时机降低价格，以提高竞争力并吸引新的购买者。

（三）成熟期的营销策略

产品进入成熟期后，产品销售量增长缓慢，逐步达到最高峰，然后缓慢下降；产品的销售利润也从成长期的最高点开始下降；市场竞争非常激烈，各种品牌、各种款式的同类产品不断出现。企业在这一阶段所应采取的基本策略，就是延长产品的成熟期，使已处于停滞状态的销售增长率和已趋于下降的利润率重新得到回升。可供选择的延长产品成熟期限的策略有三种，即市场改革、产品改革和市场营销组合改革。

1. 市场改革

即开发新的市场，或新的市场面，为产品寻求新顾客。市场改革可能的方式有两种：一是发展产品的新用途。例如，尼龙是美国杜邦化学公司在 20 世纪 40 年代开发的新产品，最初主要用于降落伞、绳索等，后又进入针织品市场，以后又扩展到轮胎、地毯等市场。二是开辟新的市场。如国外工业发达国家把已经处于成熟期甚至衰退期的产品向发展中国家推进，或者直接转移到国外生产，以更低的生产成本进入当地市场，提高产品的销售量和利润率。

2. 产品改革

即通过对产品做某种改进而吸引新的使用者，或者为现有使用者开辟新的用途，使趋于呆滞的销售量获得回升。如手机不断变化款式，据中国电信咨询机构 2003 年 12 月 16 日发布的调查显示，中国市场上销售的手机有 760 款，除一些经典机型外其余手机的生命周期只有半年。产品改革有三种可能的方式：一是质量改良，指提高产品质量，增进使用效果，如提高产品的耐久性、可靠性；二是特性改良，指为提高产品的适用性、安全性或在使用、操作上的简便上做出的改良；三是形态改良，就是产品外形的改进。

3. 市场营销组合改革

即对产品、定价、分销、促销措施这四个影响销售量的市场因素组合加以改革，以刺激销售量的回升。常用的方法为降价、增加广告、改善销售渠道及提供更完善的售后服务等。

（四）衰退期营销策略

当产品进入衰退期，产品的销售量急剧下降，企业从这种产品中获得的利润很低甚至为零，大量的竞争者纷纷退出市场，消费者的消费习惯已发生改变。此时企业营销策略的重点是减少支出，加速收回。面对衰退期的产品，企业通常有以下几种选择。

1. 继续战略

继续沿用过去的战略，仍按照原来的细分市场，使用相同的分销渠道、定价及促销方式，直到这种产品完全退出市场为止。

2. 集中战略

把企业能力和资源集中在最有利的细分市场和分销渠道上，从中获取利润。这样有利于缩短产品退出市场的时间，同时又能为企业创造更多的利润。

3. 收缩战略

大幅度降低促销水平，尽量节约促销费用，以增加目前的利润。这样会导致产品在市场上的衰退加速，但也能从忠实于这种产品的顾客中得到利润。

4. 放弃战略

对于衰退比较迅速的产品，应该当机立断，放弃经营。可以采取完全放弃的形式，如把产品完全转移出去或立即停止生产；也可采取逐步放弃的形式，使其所占有的资源逐步转向其他的产品。

案例6—5

“雅马哈”（YAMAHA）是日本一家世界著名的钢琴制造公司。经过多年艰苦的努力，该公司控制了整个世界钢琴20%的销售量。但与此同时，市场对钢琴的需求量却以每年10%的速度下降，行业面临危机。雅马哈公司该拿什么样的策略来对付这个严峻的现实呢？是从钢琴的质量与价格上与同行进一步展开竞争？还是另找良方？

公司经过冷静思考和深入调查后发现，从莫扎特开始到现在，钢琴的结构和功能几乎没有变化，学会弹钢琴太费时间，现代人的时间又太有限，以致学弹钢琴的人越来越少。世界上已有的4 000万架钢琴中，大部分被闲置在家庭或音乐厅，上面布满了灰尘。

雅马哈的经理们终于认识到：此时再埋头竞争以进一步扩大钢琴市场占有率已意义不大，因为市场需求已趋饱和。生产质量再好，成本再低的钢琴也不一定能解决多大问题，因为市场需求急剧下降的原因不在于钢琴的质量和价格。那么，唯一的出路就是从根本上改变钢琴的功能。

于是，雅马哈把数控技术和光学技术相结合，将原来的钢琴改造成一种新型钢琴，这种新型钢琴既可作为普通钢琴供人们弹奏，同时又具有许多特殊的功能，它可以精确区分和记录92种不同强度和速度的击键方式，具有录放功能：可以把在其上演奏的乐曲准确地记录在计算机盘片上，录制的软盘又可使钢琴做无人自动弹奏，其效果和钢琴家的弹奏几乎一样。人们可以把自己喜爱的钢琴家请到家中，让他在钢琴上演奏乐曲，并把它录制下来供以后欣赏。当然也可以从专门商店购买钢琴录音盘片拿回家使用。由于把已有的老式钢琴改造成这种新型钢琴只需2 500美元，不少顾客认为值得，便乐于接受雅马哈的这项服务，光这一项就使雅马哈再次生机勃勃。

这里没有竞争，在满足顾客的真正需要的同时，雅马哈成功了。

资料来源：傅浙铭：《产品与服务策略》，48～49页，广州，南方日报出版社，2004。

三、产品生命周期理论的意义

产品生命周期的概念以及主要阶段的划分，对于企业市场营销具有重要意义。

（1）研究产品生命周期，指导企业不断开发新市场，制定新的竞争战略，实现产品在整个生产周期中盈利最大化。

产品生命周期理论反映产品从投入市场到退出市场的全部过程，以及在这一过程中各阶段的特点。应采用不同的营销战略，开发新的市场，制定新的竞争对策，以保证产品在整个生命周期中盈利最大。

（2）研究产品生命周期，指导企业在生命周期不同阶段采取不同的营销战略，使企业产品组合处于最优状态。

产品生命周期理论说明，不会有一种产品经久不衰，永远获利。企业必须经常对各类产品的市场状况进行分析，淘汰老产品，开发新产品，使企业的产品组合处于最优状态。即当一种产品进入衰退期时，必须保证有其他产品处于投入期、成长期或成熟期，做到

“生产一代、研制一代、设计一代、构思一代”，使企业始终保持良好的盈利态势。

(3) 研究产品生命周期，指导企业准确判断产品所处生命周期阶段，以便及时采取正确的战略决策。

产品在不同生命周期阶段具有不同的特点，企业应根据产品销售率的变化情况，判定产品所处的生命周期阶段，并结合企业的实际情况，采取相应的营销战略，以维持企业的市场地位。尤其是要注意对产品衰退期的判断，避免因一时销售不佳而误认为已到衰退期，而把一个好产品淘汰。同时企业也要采取各种措施，延长老产品的生命周期，使老产品能够更多地为企业做贡献。

第六节 新产品开发

根据产品生命周期理论，企业总是不断地在市场上推出新产品。能否卓有成效地开发新产品，直接关系到企业的生存和发展。因而帮助企业识别新的市场需求和市场机会，提供合适和有效的产品方案，也是营销部门极为重要的责任。

一、新产品的主要类型

从市场营销学的观点看，所谓新产品，是指在结构、功能或形态上发生改变，并推向市场的产品。根据产品创新的程度主要有以下四类产品。

(一) 全新新产品

指应用新原理、新结构、新技术和新材料制造的前所未有的产品。如汽车、飞机、电子计算机、电子管、晶体管、青霉素等在第一次出现时都属于全新新产品。对全新新产品的开发通常需要大量的资金、先进的技术水平，并需要有一定的需求潜力，企业承担的市场风险较大。

(二) 换代新产品

指在原有产品的基础上采用新材料、新元件或新技术，使产品性能有重大突破的产品。如洗衣机从单缸洗衣机发展到双缸洗衣机和全自动洗衣机，电视机由黑白电视机发展到彩色电视机和高清晰度彩色电视机。更新换代产品与原有产品相比，产品性能有一定的改进，质量有了明显的提高。

(三) 改进新产品

指对老产品的性能、结构、采用材料、花色品种等方面加以改进的产品。如电熨斗加上蒸汽喷雾，电风扇改成遥控开关，与老产品有显著差别。改进新产品受技术限制较小，且成本相对较低，便于市场推广和消费者接受。但容易被竞争者模仿。

(四) 仿制新产品

指企业对市场上已经出现的新产品进行引进或模仿而研制生产出的产品。如引进国外汽车生产线，制造、销售各种类型的汽车等。开发这种产品不需要太多的资金和尖端的技术，比研制全新的产品要容易得多。

二、新产品的开发方式

新产品的开发方式基本上有三种。

(一) 独立开发方式

独立开发方式指由本企业独立进行新产品开发的全部工作。这种方式一般适用于技术经济力量比较雄厚的大型企业，有些中小型企业也可以用这种方式开发不太复杂的产品或开发仿制型、改进型产品。

(二) 协作开发方式

协作开发方式指由企业、高等院校或科研机构协作进行新产品的开发。这种方式应用十分广泛，不仅被绝大多数中小企业所采用，许多大企业也很重视这种方式。由于许多新产品开发工作涉及广泛的学科领域，需要各种加工、检测和实验的设备，协作方式可以互补短长，发挥群体优势。

(三) 引进技术方式

引进技术方式指通过引进国外技术、购买专利来开发新产品。这是使企业产品迅速赶上国际先进水平、进入国际市场的一种行之有效的方式。但事先必须充分掌握市场及科技情报，进行详细的可行性论证，以免造成不必要的损失。

三、新产品的开发过程

开发新产品是一个从寻求新产品的构思开始，一直到把某个构思转变为商业上取得成功的新产品为止的过程。通常一个新产品的开发过程可分为三个阶段，即构思阶段、具体化阶段、商业化阶段（见图 6—4）。

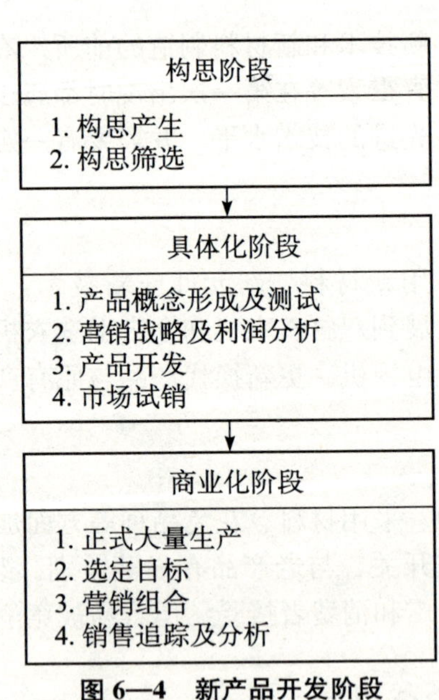

图 6—4 新产品开发阶段

(一) 构思阶段

所谓构思就是开发新产品的设想，或称创意、点子。构思阶段包括构思的产生及筛选。构思的产生可以通过许多渠道产生。如在市场上倾听消费者的意见，观察供应商及经销商对竞争者产品的反应，听取企业内部人员的提议，以及同行业团体协会的建议等。一般来说，企业还是主要靠激发内部人员的热情来寻求创意。要求企业建立鼓励提建议、出点子的激励制度，使任何构思都能和产品开发部门直接沟通。

当构思产生后，接下来就要筛选。筛选的目的是淘汰那些不可行或欠佳的构思，发展好的构思。一个企业往往不可能同时发展每一个好的构思，必须作出选择。一般要考虑两个因素：一是该构思是否与企业的战略如利润目标、销售目标、销售增长目标、形象目标等相适应；二是企业有无足够的能力如资金能力、技术能力、人力资源、销售能力等开发这种构思。

案例6—6

索尼公司通过“创造需求”开发新产品

索尼公司的创始人盛田昭夫认为，新产品的发明往往来自于灵感，突然闪现，且稍纵即逝。现在流行于全世界的便携式立方体声单放机的诞生，就出自于一种必然中的“偶然”。一天，井深抱着一台索尼公司的便携式立体声盒式录音机，头戴一副标准规格的耳机，来到盛田昭夫的房间。从一进门，井深便一直抱怨这台机器如何笨重。盛田昭夫问其原因，他解释说：“我想欣赏音乐，又怕妨碍别人，但也不能为此而整天坐在这台录音机前，所以就带上它边走边听。不过这家伙太重了，实在受不了。”井深的烦恼，点亮了盛田昭夫酝酿已久的构想。他连忙找来技师，希望他们能研制出一种新式的超小型放音机。

然而，在索尼公司内部，几乎众口一词反对盛田昭夫的新创意。但盛田昭夫毫不动摇，坚持研制。结果不出所料，该产品投放市场后空前畅销。索尼为该机取了一个通俗易懂的名字——“随身听”(Walkman)。日后每谈起这件事，盛田昭夫都不禁感慨万千。当时无论进行什么市场调查，都不可能由此产生“随身听”的设想。而恰恰正是这一不起眼的小小的产品，改变了世界上几百万、几千万人的音乐欣赏方式。

索尼公司在“创立旨趣书”上写着这样一条经营哲学：“最大限度地发挥技术人员的技能，自由开朗，建设一个欢乐的理想工厂。这就是‘创造需求’的哲学依据。”

资料来源：钱旭潮：《市场营销管理》，17页，北京，机械工业出版社，2005。

（二）具体化阶段

构思本身仅是一种观念或想法，消费者所买的是一个实在的产品，而非产品构思。所以构思必须经过产品具体化的过程，即将构思变成一个清楚的“产品概念”，并能够将它发展成为有商业价值的实体或服务。产品具体化阶段包括四个步骤，即新产品概念的形成及测试、营销策略计划的制定及利润分析、产品开发和市场试销。

1. 新产品概念的形成及测试

由于构思仅是一种观念或想法，比较抽象，尚无法与消费者发生联系，所以企业必须以明确的方式将构思转换成一个可能的“产品概念”。例如一个自行车厂的“新构思”可能是发展高质量的自行车，那么什么样的自行车是“高质量”？随之而来的相关产品的概念可能有：

概念一：奥林匹克运动赛车——价钱十分昂贵，功率高。

概念二：青少年越野车——以青少年为主，价钱中等，车身坚固，车胎好用，避震度高。

概念三：上下班用车——价钱适中，车身美观，变速装置，轻巧舒适。

当产品概念确立后，接下来便要测试这个产品概念。最好的测试方式是进行消费者意见及偏好调查。如消费者是否喜欢这个“潜在产品”？为什么喜欢？价钱应是多少？被购买的可能性有多少？测试的主要目的不仅在于使产品概念更具体化，同时也可以分析各产品概念的优缺点，找出最可能发展的产品概念，从而对现有产品概念加以修正。例如奥林匹克市场用车量太小，越野车市场尚未完全成熟，具有高质量的供成人上下班的自行车的潜在机会很好，可能是最佳的产品概念。

2. 营销策略计划的制定及利润分析

一个良好的产品概念，必须考虑市场的实际竞争情况。如果产品概念无法配合良好有效的营销策略计划，或是利润分析结果很差，那么产品概念不过是一个可看不可及的想法而已。因此，形成产品概念之后，需要制定营销策略计划。营销策略计划一般由三部分组成：一是描述目标市场的规模、结构和行为，计划中的产品定位，以及预期在开始几年内的销售额、市场占有率和利润目标；二是描述产品第一年预定价格、分销战略与营销预算；三是描述预计今后的长期销售额、利润目标和不同时间的市场营销组合。

当新产品开发的管理部门开发出新产品概念和相应的营销策略计划后就可以评价新产品方案的潜在利润。目的是在发生进一步开发费用之前剔除不能盈利的新产品概念。由于大部分不适用的新产品构思及新产品概念在筛选和测试阶段已经淘汰，因此利润分析主要集中在为数不多的几个新产品方案上。

3. 产品开发

如果产品概念评估结果发现有利润可赚而且营销战略也能配合，就可以将产品概念开发成一个实际产品。在这一阶段，首先要解决的问题是产品概念能否变为技术上和商业上可行的产品，如果不能，则在该产品构思的开发上所耗费的时间、资金将付诸东流。因此，必须对研制出的样品进行严格检验，包括功能性试验和消费者试验两个方面。功能性试验在实验室或现场进行，主要检查产品是否符合有关技术条件、质量特征。消费者试验是请消费者加以试用，征集他们对产品的意见。两种试验的目的都在于对样品作进一步的改进，直到满意为止。

4. 市场试销

前面几个阶段都属于企业内部评估及计划过程，而实际上消费者对产品的反应如何，必须经过市场试销才能知道。试销的目的有三个：（1）确认市场对产品的反应，以便进一步修改；（2）评估预定营销组合的优缺点；（3）减少产品开发错误的风险，如果市场试销结果反应不好，并且无法修正，那么就应立即终止该项产品的生产。市场试销通常仅选定部分市场试销，如在特定的地区、城市或商店等，将产品以预定的营销组合进行试销。

（三）商业化阶段

如果试销成功，企业即正式开始大量生产，进入目标市场，并配合有效的营销组合进行销售，这就是商业化阶段。在此阶段，企业拟订上市计划，研究上市方法，决定上市对象，制定有针对性的促销方法，选择适当的上市途径等。此外，在这一阶段还要注意新产品的销售追踪调查。因为试销的结果并不一定能反映整个市场的结果。同时，还要注意新产品营销策略和组织管理。许多时候，新产品不成功，并不是产品本身不好或不受欢迎，而是由营销策略或组织管理上的失败导致的。

案例6—7

世界上最大的个人电脑软件开发商美国微软公司1997年9月宣布，新一代Windows系统——Windows 98将推迟上市。这一消息发布当天，微软公司的股票每股下跌了7.25美元，下跌幅度近5%，收盘时每股只有130.69美元。微软股票的下跌也波及了美国其他公司，如世界最大的电脑芯片生产商英特尔公司、软件开发商奥瑞克公司和被称为“蓝色巨人”的IBM公司的股票都有不同幅度的下跌。

微软公司原计划1998年3月底向市场推出Windows 98，但接下来又决定将该软件的上市时间推迟到1998年第二季度。微软公司解释说，Windows 98推迟上市，不是资金上的问题，也不是技术上的问题，而纯粹是出于“为用户着想”，因为该公司想把两种版本融合进一种产品中，这样用户就不会产生混淆，也不必为购买一种产品付两次钱了。

原来，微软公司一直在开发两种版本的Windows 98：一种版本可以从Windows 95升级，另一种版本可以让用户从更旧的Windows 3.1直接升级到Windows 98。如果将这两种版本融为一体，软件经销商就没有必要再出售两种不同的产品了。微软公司这么做也是很实际的。据该公司统计，目前全世界仍有约6 000万电脑用户在使用已经过时的Windows 3.1软件，约有1亿电脑用户在使用Windows 95和Windows NT软件。Windows NT软件是一种专为电脑网络开发的操作系统软件，主要在企业中使用。在这种情况下，若推出一种不能从Windows 3.1或Windows 95直接升级的软件，其后果只能是两个：一是老用户拒绝购买新推出的Windows 98，仍使用旧的Windows产品；二是老用户彻底放弃旧产品，而改用新产品，但这样用户必然要承受巨大的经济损失，从而使微软公司的公众形象受到损害。以商业头脑发达著称的微软公司总裁比尔·盖茨不会看不到这一点，新产品推迟上市虽然会影响到公司的眼前利益，但从长远计议，微软仍然是赢家。2001财政年度（2000年7月1日至2001年6月30日），微软公司营业总额达到了253亿美元，比上一财政年度的229.6亿美元增长了10%。

资料来源：郭国庆：《市场营销》，183～184页，北京，中国人民大学出版社，2002。

思考与练习

一、复习思考题

1. 什么是产品整体概念？产品整体概念的营销意义是什么？

2. 什么是产品组合？产品组合的宽度、长度、深度和一致性对企业营销活动的意义是什么？

3. 什么是品牌？品牌有何作用？品牌与商标有何区别？

4. 适当的产品包装起哪些积极作用？合理的包装设计应符合哪些要求？

5. 什么是产品生命周期？产品生命周期各阶段有哪些市场特征？

6. 对处于产品生命周期不同阶段的产品，企业应有的基本战略思想是什么？

7. 什么是新产品？新产品有哪几种类型？

8. 新产品开发经过哪些主要阶段，每个阶段需要解决的主要问题是什么？

二、案例分析题

宝洁的品牌策略

宝洁公司是美国蜡烛制造商威廉·波克特与肥皂制造商詹姆斯·甘宝于1837年在美国合资成立的，公司总部设在美国俄亥俄州辛辛那提市，经过170多年的发展，目前已成为全球500强企业。

今天的宝洁在全球80多个国家和地区拥有约138 000个雇员，旗下拥有的300多个品牌畅销全球160多个国家及地区，包括帮宝适、汰渍、碧浪、护舒宝、舒肤佳、佳洁士、玉兰油、飘柔、海飞丝、潘婷、沙宣、伊卡璐等在内的众多深受消费者信赖的品牌，其中包括玉兰油在内的13个品牌其年销售额超过了10亿美元，年总销售额近765亿美元。

（1）多品牌战略。

宝洁认为如果在一个领域还有另一品牌的空间，那这个品牌也应是宝洁的，因此，宝洁制定的多品牌战略，其实就是宝洁占有更多市场份额的杀手锏。在美国市场上，宝洁有8种洗衣粉品牌、6种肥皂品牌、4种洗发品牌和3种牙膏品牌，每种品牌的诉求都不一样。宝洁正是利用品牌之间功能、特性的差别取得了不同需求的生活品位的用户，而且每个品牌都有自己的发展空间，不会发生市场重叠，使每个品牌都拥有极高的市场占有率。

宝洁一直信奉功能品牌模式，并对产品的功能进行细分。比如在洗发用品方面，有柔顺的飘柔、去屑的海飞丝、营养的潘婷、专业发廊效果的沙宣及草本精华伊卡璐。宝洁品牌定位形成了功能定位与情感定位的完美统一，加强情感方面的诉求。宝洁的品牌广告看起来是简单的功能诉求，但其通过氛围、个性、趋势、形象手段形成的品牌壁垒却让其他日化企业无法超越。宝洁利用多品牌战略，利用一品多牌从功能、价格、包装等方面划分出多个市场。但宝洁知道，宝洁的重点不在于告诉消费者这么多品牌来自宝洁，而在于一个品牌能满足一种消费需要。

（2）宝洁的品牌延伸战略。

品牌延伸是多元化经营企业面临的最重要的战略问题。企业一般认为，单一品牌战略能够给企业减少宣传成本，易于被顾客接受。在进行产品定位时，企业如果采取品牌延伸战略，那么就能借助成名品牌推出新产品，沿袭成名产品在市场上的独特形象。宝洁在推出每一件产品时，都使用代表公司形象的“P&G”标志，并借助P&G推出一个个的新产品。例如，宝洁旗下有3个沐浴品牌：玉兰油、舒肤佳和激爽，就是采取的品牌延伸策略，即在原来成功的大品牌基础上进行品牌延伸。

但是，宝洁的品牌延伸也正面临严峻挑战。2002年6月，当宝洁公司推出激爽的时候，吸引了无数媒体和大众的目光，甚至引起了营销界关于事件营销的讨论，但宝洁公司却无奈地宣布：“出于长远发展的战略考虑，宝洁公司已经决定从2005年7月起，停止激爽的生产。”宝洁公司“激爽”品牌的中国对外事务部公关经理王虹这样解释：从市场份额上看，“激爽”沐浴露远远不如“舒肤佳”和“玉兰油”，集中精力做大后两个品牌是公司此次进行资源整合的初衷。想当年，激爽曾以一个新品的姿态闯入全国沐浴品牌前十名，并拿下了接近2%的市场份额，甚至公开与沐浴产品老大“六神”叫板。但消费者并不买账，数字显示：激爽品牌的市场占有率一直徘徊在3%左右，其在超市与对手“六神”

的竞争，也基本以失败告终。这相比于 3 年 10 个亿的广告投放来说，显然是一个高投入低回报的产品。

问题：宝洁的多品牌策略是否成功？此策略有什么优缺点？

三、营销讨论题

1. 品牌可以永存还是品牌也会过时？
2. 新产品的目标顾客应该是老顾客还是新顾客？
3. 产品功能是品牌成功的关键还是产品设计是品牌成功的关键？

第七章　价格策略

【学习目标】

通过本章的学习，了解企业的定价程序影响因素和目标，掌握企业的各种定价策略和方法，从而做出正确的定价决策。

第一节　产品定价程序

在市场经济条件下，价格既是企业营销组合中的一个重要因素，又是企业竞争的一种重要手段。定价是否恰当，直接关系到市场对产品的接受程度，影响着市场需求和企业利润的实现，涉及生产者、经营者和消费者等各个方面的利益。因此，如何为产品定价或制定恰当的价格，已成为企业经营者面临的具有重要意义的策略决策。

定价是一门高深的学问和艺术，制定价格并不是主观的、随意的，而是按照定价活动的客观规律，即按照一定的定价程序做出的价格决策。所谓定价程序就是企业制定价格的步骤和次序。定价时首先要评估影响定价的内外部因素，然后按照程序化及系统化过程决定价格。成功的定价并不是一个最终结果，而是一个持续不断的过程。一般产品的定价程序包括六个步骤（见图 7—1）。

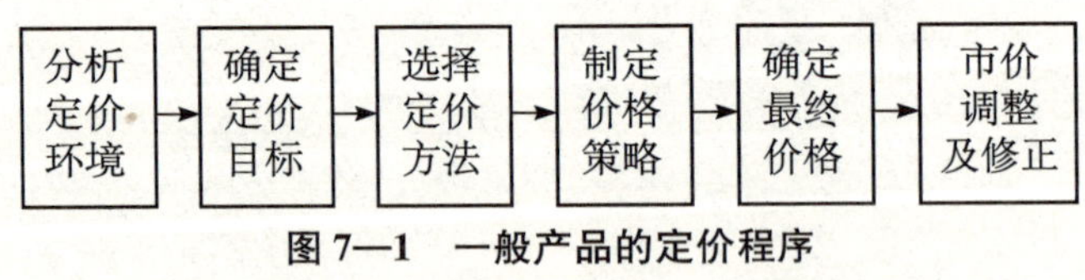

图 7—1　一般产品的定价程序

一、分析定价环境

定价是企业营销活动的一项重要内容，要做出一项正确的价格决策，必须首先分析定价环境，收集定价信息。所谓分析定价环境是指分析影响定价的各种因素。影响定价的因素很多，既有价格因素，也有非价格因素，其中最主要的因素是成本、需求和竞争。成本主要分为固定成本、变动成本、总成本、边际成本，以及在一定成本基础上的盈利；需求则要考虑需求特征、形态，需求强度、弹性，需求潜量、动机等；竞争主要考虑市场特征、竞争态势、竞争者的特点，以及竞争者的反应等。

二、确定定价目标

定价目标是企业在目标市场中的产品定位及企图，或企业预先确定的所要达到的目的和标准。这是企业定价的指导思想和总体方向。一般来说，企业定价目标主要有利润目标、销售目标和竞争目标等。

三、选择定价方法

当详细分析了企业定价环境之后，确定了定价目标，便要选择定价方法。所谓定价方法就是企业计算价格的具体方式。在实际中，大体上有三种方法，即成本导向定价法、需求导向定价法和竞争导向定价法。

四、制定价格策略

当企业确定了定价的计算公式后，接下来便是针对不同的市场竞争环境制定相应的价格策略。基本的价格策略可分为三类，即新产品价格策略、产品组合价格策略、价格调整策略。

五、确定最终价格

当对定价目标、影响因素及定价方法、定价策略都进行详细规划分析后，接下来便是决定产品的实际销售价格。企业所定的价格，除包括中间商及零售商的经销价格及各种折扣与让利外，也应考虑一般消费者的零售参考价格。

六、市价调整及修正

当企业的销售价格确定之后，还应对市场实际的销售价格、销售量与竞争者的反应随时追踪，针对市场上的实际状况及反应作适当的价格调整。

第二节　影响定价的主要因素

影响定价的因素是多方面的，但最主要的有成本、需求和竞争三个因素。

市场营销理论认为：产品的最高价格取决于产品的市场需求，最低价格取决于成本费用，在最高价格与最低价格幅度内，产品价格高低则取决于竞争者同种产品的价格水平。

一、成本因素

成本是企业制定产品价格的下限，任何产品的销售价格都必须高于成本，否则，企业无法生产经营。因此，企业制定价格必须估算成本。

(一) 成本的形式

企业的成本有两种形式，即固定成本和变动成本。所谓固定成本是指不随产量的变化而变化的成本，包括厂房设备的折旧费、租金、利息、管理人员的工资等。固定成本与生产水平无关，即使产量为零，也一样发生，其数量不随产量的变化而变化。但是分摊到单位产品中的固定成本则是变动的。产量越大，每个产品分摊到的固定成本就越少。要注意的是，固定成本只是相对而言的，它只是在一定时期、一定产量范围内保持不变，如果产量增加超出一定范围，固定成本就会发生变化。因为产量如果超出现有的生产能力，就必须扩建厂房、增添设备或扩充必要的人员、机构，从而使固定成本中的折旧费、大修理费、管理人员的工资相应增加。

所谓变动成本是指随产量的变化而变化的成本，如原材料费、包装费、生产工人工资、销售佣金及直接营销费用等。每个单位产品的变动成本一般都是不变的。它们之所以称为变动成本是因为其随着产量的变化而变化。企业如果停产，则其变动成本为零。

在某个产量水平上的固定成本和变动成本之和就是总成本。

总成本除以产量就得到单位成本，亦称单位平均成本或平均成本。由于总成本包含了与产量有不同关系的固定成本和变动成本两部分，因而在不同生产水平下，单位成本就会出现明显的高低差别。单位成本的变化随产量的变化表现出一定的规律性。营销人员了解和掌握单位成本随产量变化的规律性，对制定价格具有实用意义。

（二）不同生产规模下的成本

企业要制定出合理的、正确的价格，必须了解成本如何随着产量的变化而变化。

（1）生产规模固定时，单位成本的变化规律。假设某仪器制造公司有一固定规模，日产量为1 000台袖珍计算器，单位成本随产量的变化呈U字形（见图7—2）。产量小于1 000台时，产量愈少，单位成本愈高。当产量达到1 000台时，单位成本最低。如果该公司将产量提高到1 000台以上，此时成本会上升，因为工厂将变得效率低下，如工人有时候不得不等候机器，机器故障率提高，工人会妨碍彼此的工作等。因此，生产规模固定的工厂的平均成本呈U形变化的规律表明：生产能力得到充分利用的工厂其单位成本最低。

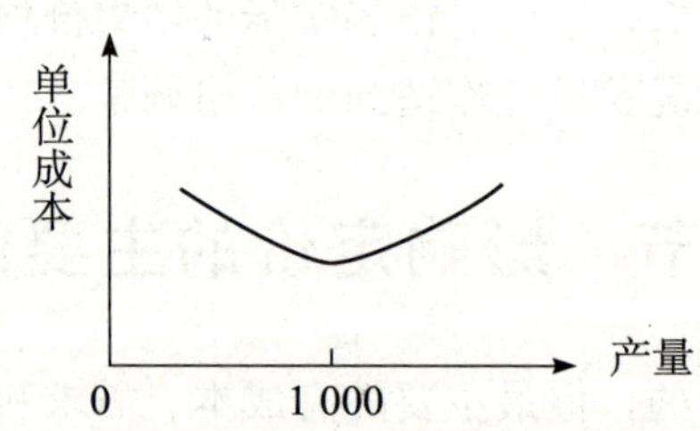

图7—2 生产规模固定时，单位成本呈U形变化

（2）不同生产规模下，单位成本的变化规律。假设上述仪器公司每天可以销售2 000台袖珍计算器，那么它必须考虑另外兴建一个规模较大的工厂，这个工厂将采用较有效率的机器及工作安排，这样生产2 000台的单位成本将低于1 000台的单位成本，由长期成本曲线（见图7—3）可以看出。根据图7—3可看出，当日产3 000台时工厂更有效率，平均单位成本最低，日产4 000台时单位成本反而提高，这是由规模不经济而使效率低下所致。因此，长期成本曲线表明：每一种产品都有各自的最佳生产规模，如果有足够的市场需求量的支持，则具有最佳经济规模的工厂其单位成本最低。

（3）累计生产规模下的成本。所谓累计生产规模是指日产量的累计数。例如日产量为1 000台，则10天的累计生产规模为10 000台。实践证明，单位成本随累计生产规模的增

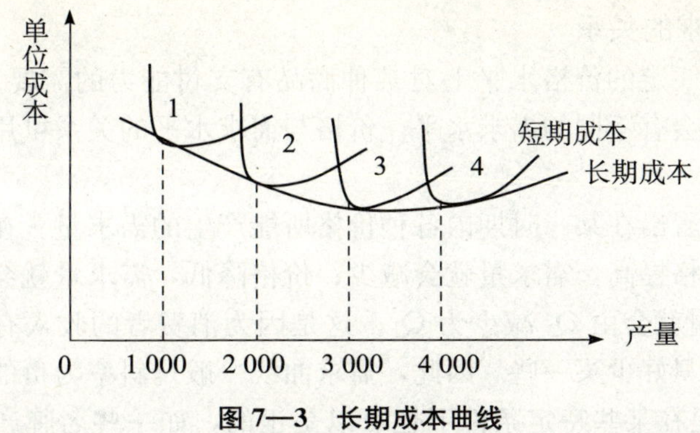

图 7—3　长期成本曲线

加呈现不断下降的趋势。在上例中，某仪器公司拥有一家日产3 000台袖珍计算器的工厂。随着生产经验的不断增加，该公司将会更有效地工作，工人掌握了生产的捷径，材料流程得到改进，材料的利用率提高，采购费用降低等。其结果是随着生产经验的积累，平均成本趋于下降，如图 7—4 所示。如果该公司生产第一批 10 万台计算器时，平均成本为 80 元；当公司生产 20 万台时，平均成本降为 72 元；当产量翻一番达到 40 万台时，平均成本降到 64 元。平均成本随着生产经验的积累而下降的曲线称为经验曲线（亦称学习曲线）。

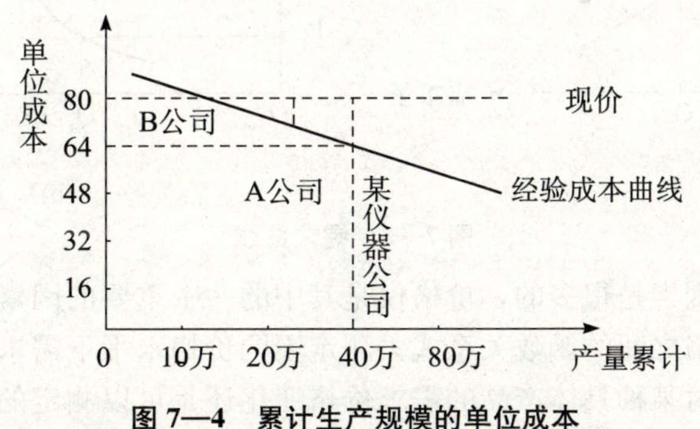

图 7—4　累计生产规模的单位成本

经验曲线对企业定价具有重要的现实意义。随着企业生产经验的积累，单位成本不仅可以降低，而且产销量愈多，降得愈快。当然市场必须有足够的容量。在这种情况下，企业可以实施低价策略，从而增强企业的竞争能力。假设某仪器公司有 A、B 两家同类产品的竞争者，该仪器公司累计产量已达 40 万台，平均成本已降为 64 元，是该行业三家公司中单位成本最低的。如果三家公司都以每台 80 元的价格出售，则该仪器公司每销售一台可获利 16 元，A 公司获利 8 元，B 公司则不赔不赚。这种情况下，该仪器公司就能利用经验曲线的优势降低售价，如降为 72 元，则 B 公司只能退出市场，A 公司处于无利可图的困境。这样该仪器公司可以利用这种进攻性的定价策略，提高市场占有率，取得较好的竞争利益。

二、需求因素

成本是定价的下限，而需求则为上限，购买者总是在产品价格与其所提供的利益之间寻求一种平衡。因此，在定价之前，营销人员必须了解产品的价格与需求之间的关系。

（一）价格与需求的关系

市场需求是指在一定的价格水平上对某种商品有支付能力的需要。价格会影响需求，企业所定的不同价格会有不同的需求水平。价格与需求水平的关系可用需求曲线表示，如图 7—5（a）所示。

从需求曲线可以看出在某一时期内各种价格所能产生的需求量。在正常情况下，价格与需求量成反比，价格提高，需求量就会减少；价格降低，需求量就会增加。假设价格由 P_1 上升到 P_2，销售量就会由 Q_2 减少为 Q_1。这是因为消费者的收入有限而想买的东西很多，对价格高的产品只好少买一些。因此，需求曲线一般是斜率为负的直线或曲线，如图 7—5（a）所示。但是在某些特定条件下也可以是正的，如一些名牌产品的需求曲线，如图 7—5（b）所示。假如某香水公司发现价格由 P_1 提高到 P_2，销售量不是减少而是上升。这是因为有些消费者认为价格越高，香水的质量越好或越高贵。如果价格太高，由 P_2 提高到 P_3，需求量还是会下降的。

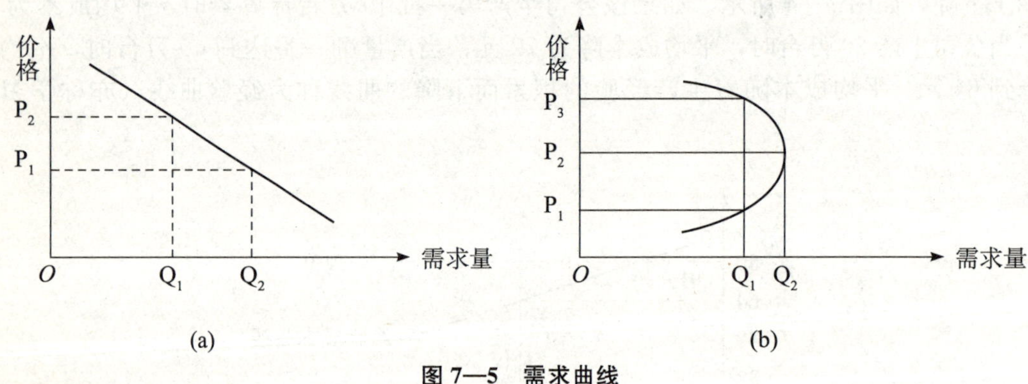

图 7—5　需求曲线

影响需求变化的因素是很多的，价格仅是其中的一个重要的因素而已。要想建立一个普遍适用的需求与价格之间的函数关系式去测定不同价格水平下需求量的变化，是根本不可能的。但是，企业对某种具体产品的需求价格变化还是可以测定的。常用的方法是价格实验法。即调查人员选择一定数量的消费者，作为潜在顾客的代表。然后，向他们发出询问：在各种可能的价格下，这些被调查者将购买多少单位的该产品？最后经汇总，取得各种价格下购买的平均数，就得到所需求的价格与需求量的对应表。据此就可以描出需求曲线，作为定价时的一个依据。

（二）需求的价格弹性

从上述价格与需求的关系可知，需求是价格的函数，一定的需求量是以一定的价格水平为条件的。在正常情况下，需求量的变化与价格水平的变化是相反的。但是，不同的商品，或者即使是同一种商品，在不同的市场环境下，其需求的价格弹性也是不相同的。当价格作相同幅度的变化时，需求弹性不同的商品，其需求量的变化幅度就会呈现明显的差别，即价格变化与需求量的变化并不一定成比例。所以测定需求时要注意需求的价格弹性。

所谓需求弹性是指需求量变动对价格变动的反应程度。它可以用需求量变动的百分比除以价格变动的百分比求得。弹性大小可用弹性系数表示。若用 E_d 代表需求价格弹性，Q 代表销量，ΔQ 为因价格变动而引起的需求增量或减量，P 为售价，ΔP 为价格增量或减量，由定义可得出需求价格弹性计算公式：

$$E_d = \frac{\Delta Q}{Q} / \frac{\Delta P}{P}$$

由于需求量与价格呈反方向变化，所以需求价格弹性系数为负值。

不同的商品其需求价格弹性存在较大差异。需求价格弹性从理论上可以抽象出五种类型，如图 7—6 所示。

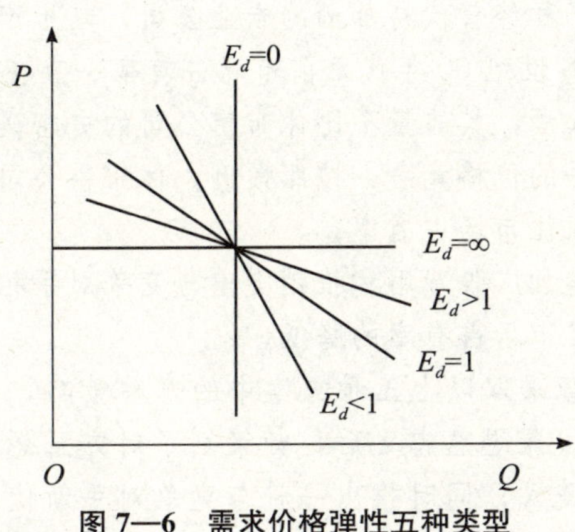

图 7—6　需求价格弹性五种类型

(1) $E_d=0$，称需求完全无弹性，即无论商品价格如何变动，商品需求量保持不变。此种情况仅属抽象，实际中极为罕见。

(2) $E_d=\infty$，即需求弹性无限大，即价格既定，需求量无限大。此亦属罕见情况。

(3) $E_d=1$，即需求弹性等于 1，即需求变动幅度与价格变动幅度相等。它亦称单位需求弹性。

(4) $E_d>1$，即需求弹性大于 1，即需求量变动幅度大于价格变动幅度。亦称为富有弹性。现实生活中的高级消费品、奢侈品等较符合此种情形。

(5) $E_d<1$，即需求缺乏弹性，即需求变动幅度小于价格变动幅度。实际中日常必需品、大众化中低档产品等即属此类。

从价格弹性理论可知，企业可以根据需求价格弹性的大小来确定对企业最有利的价格。在上述五种类型中，除 $E_d=0$ 和 $E_d=\infty$外，其余三种对企业定价都有现实意义。对于缺乏弹性和单位需求弹性的商品，企业一般不适宜经常变动价格，而对于富有弹性的商品，企业适当降价，可以刺激需求，促进销售，增加企业销售收入。

三、竞争因素

企业定价不仅要考虑产品的成本、市场需求，而且还必须考虑竞争者的价格。成本确定价格的下限，需求确定价格的上限，在上限与下限之间，企业如何定价，则取决于竞争者同种产品的价格。因此，企业必须采取适当方式了解竞争产品的质量和价格。企业获得这些信息后，就可以与竞争产品比质比价，更准确地制定本企业产品价格。如果二者的质量大体相同，则二者价格也就大体相同，否则本企业的产品可能卖不出去；如果企业的产品质量较高，则价格可以定得较高；如果企业的产品质量较低，那么，价格就应定得低一些。还应看到，竞争者根据企业的价格作相应的价格调整，或者不调整价格，而调整营销组合的其他因素。对竞争者的价格变动，企业要及时掌握信息，做出正确的决策。

休布雷公司的竞争定价

休布雷公司是美国生产和经营伏特加酒的专业公司，其生产的史密诺夫酒在伏特加酒市场中享有较高的声誉，20世纪60年代之前市场占有率一直在23%左右。后来，另一家公司推出一种新型的伏特加酒，其质量不比休布雷公司的史密诺夫酒逊色，但每瓶的价格却比它低1美元。面临对手的价格竞争，按照惯例，休布雷公司有三种对策可以选择：

(1) 降价1美元，以保住市场占有率；

(2) 维持原价，通过增加广告费用和推销支出与竞争对手相对抗；

(3) 维持原价，听任其市场占有率的降低。

休布雷公司发现，不管采取以上三种方案中的哪种策略，似乎都难以挽回危局。但是，该公司的营销人员经过深思熟虑之后，却策划了对方意想不到的第四种策略：将史密诺夫酒的价格再提高1美元；同时推出一种与竞争对手新伏特加酒相近的瑞色加酒和另一种价格略低一些的波波酒。其实这三种酒的品质和成本几乎相同。但实施这一策略却使该公司扭转了局面：一方面提高了史密诺夫酒的地位，使竞争对手的新产品沦为一种普通的品牌；另一方面是不影响该公司的销售收入，而且由于销量大增，使得利润大增。

资料来源：骆品亮：《定价策略》，182页，上海，上海财经大学出版社，2008。

竞争对企业定价的影响，在不同的市场形态下是不同的（见表7—1）。

表7—1　市场类型及定价特征

市场类型	厂商数目	市场特征	产品特征	定价特征
完全竞争	大量买者和卖者	自由进入或退出，市场信息可知	各厂商的产品是同质的	按市场价格出售
完全垄断	只有一家	由于人为和自然的原因排斥竞争者，其他厂商不能进入	唯一产品	控制市场价格
垄断竞争	厂商众多	市场竞争激烈，能自由进入	各厂商的产品存在差异	不是消极的价格接受者，而是积极的价格决定者
寡头垄断	少数几家	有限制地进入，厂商间相互依存、相互影响	各厂商的产品是同质的或稍有差别	价格极为稳定，较少变动

第三节　定价目标

在市场经济条件下，常见的企业定价目标主要有以下几种。

一、以扩大当前利润为目标

这是企业侧重于追求短期利润最大化的目标。企业选择这一目标通常通过较高的价格来实现其利润最大化。

一般来说，企业应追求长期的最大利润，很多企业都用合理的价格来吸引消费者以扩大销售量。追求短期利润，有可能影响企业的市场占有率，为竞争者提供机会。但是在激烈的市场竞争中，企业在下列条件下选择最大利润目标是可行的：(1) 企业的产品在市场上占有一定的优势，在市场上处于领先地位，短期内同行业竞争对手的力量不强，不足以对企业市场占有率构成较大的威胁；(2) 企业较准确地掌握本企业产品的需求和成本状况，为实现这一目标提供保证。在具备这两个条件的情况下，企业可以用争取当前利润最大化为定价目标，制定高利润的价格。对于不具备这两个条件的企业，则不能采取这一目标。

二、以提高市场占有率为目标

选择以提高市场占有率为目标，侧重于追求长期、稳定的利润。根据一般的需求规律，增加商品的销售量，需要降低商品价格，这样从单位商品来看，利润水平可能降低。但从总利润上看，由于商品利润等于单位商品利润额乘以商品销售量，增加商品销售量有可能弥补单个商品利润量减少的损失，甚至增加利润总量。采用提高市场占有率为目标，也需要一定的条件。当企业通过降低价格来提高市场占有率时，企业必须能够做到降低商品成本，提高产品质量，来保持在消费者面前的最优形象。同时企业要有扩大生产规模、扩大产品供给的潜力，以便充分吸引加入企业市场范围的消费者，不给竞争者在产品市场上有可乘之机。

一般来说，选择以提高市场占有率为目标较之以扩大当前利润为目标要好一些。在市场不断扩大的情况下，如果企业只顾当前短期利润，可能会降低当前市场占有率，不利于企业长期利润最大化。采用提高市场占有率为目标，为了长远利益，有时候需要企业放弃眼前利益。但是，企业不能因盲目追求提高市场占有率而做赔本买卖，那样不仅无利可图，还可能破产倒闭。经营有方的企业，可以既扩大市场占有率，又获得最大利润。

三、以适应或避免竞争为目标

在激烈的市场竞争环境中，企业都想在竞争中打败对手，争取主动地位。但是不同的企业市场占有率是不同的，因而展开竞争的方法也不同。所以，企业在制定商品价格时，必须事先广泛收集有关竞争者价格方面的资料，将本企业的商品质量与竞争者同类商品进行比较，然后在高于、低于或等于竞争者价格这三种定价策略中选择。一般情况下，企业进入市场的商品价格需要与领袖价格相一致或略低于领袖价格。但这时要注意领袖企业的倾销。如果把价格定得高于竞争者的价格，必须具备一定的条件，如资金雄厚、商品质量优良或销至远方市场等。价格确定后，为适应或避免竞争，不能随意调整商品价格。因为在多数企业生产经营同一种商品时，竞争激烈，个别企业单独调整商品价格以增加利润的企图是不可能实现的，反而会使企业的利润减少。如果遇到同行业的竞争对手，要采取相应的对策，如竞相削价、抵制对手。这种方法易于导致价格战，有较大的风险。但在市场竞争异常激烈的情况下，这一定价目标又是企业必须采取的。

对于生产经营某种商品历史较长、市场占有率较高的企业，往往居于价格领袖地位。这类企业主动地确定一些基本的价格规则去影响同类商品生产经营企业的价格水平，利用规模经营带来的平均单位成本较低的优势，可以维持或扩大市场占有率。

四、以一定的预期收益为目标

这种定价目标既不盲目追求一时的高利，也不急于降价求销，而是注重追求长期稳定的收益。至于预期收益的高低，应根据企业的实际情况决定。一般有以下几种情况：(1)目标投资收益，这一目标是指一定量的投资所带来的收入。对于资金占有多而资金周转速度慢的企业，一般可选一定的目标投资收益作为定价目标。(2) 目标销售收益，企业以一定时期内销售额中固定的利润率，即销售利润作为定价目标。对于资金占用较少且周转速度慢的企业，可用一定的销售收益率作为定价目标。(3) 固定收益额，亦称目标收益，即以一定的销售收益率作为定价目标。例如，一个企业一年收益 300 万元才能保证收支平衡，那么企业则以 300 万元的目标收益来定价。选择这一目标的企业，需要以准确了解企业的收支状况和市场需求情况为前提。

五、以维持生存为目标

维持生存的定价目标是企业处于不利环境中实行的一种特殊的过渡性目标，目的是使企业能够继续生存。当企业遇到产品成本提高、竞争加剧、价格下跌的冲击时，为避免倒闭，往往以保本价格，甚至亏本出售产品，只要能够维持营业，争取等到形势的好转和新产品的问世。一旦出现转机，即以其他定价目标取代。

资料链接

美国一些公司的定价目标如表 7—2 所示。

表 7—2　　美国一些公司的定价目标

公司名称	定价的主要目标	定价的相关目标
阿尔卡公司	投资报酬率（税前）为 20%；新产品稍高	追求价格稳定
美国制罐公司	保持市场占有率	应付竞争；保持价格稳定
两洋公司	增加市场占有率	全面促销（低利润率政策）
杜邦公司	目标投资报酬率	保持长期交易
埃克森公司	合理投资报酬率	保持市场占有率，追求价格稳定
通用电气公司	投资报酬率（税后）20%；销售利润率（税后）7%	新产品促销，保持全国广告产品价格稳定
通用食品公司	毛利率 33.3%，只希望新产品实现	保持市场占有率
通用汽车公司	投资报酬率（税后）20%	保持市场占有率
固特异公司	应付竞争	保持地位；保持价格稳定
海湾公司	根据最主要的同业市场价格	保持市场占有率，追求价格稳定

资料来源：李建平：《企业价格策划》，57 页，保定，河北大学出版社，1997。

第四节　定价方法

定价方法通常分为三大类，即成本导向定价法、需求导向定价法和竞争导向定价法。

一、成本导向定价法

成本导向定价法是以成本加上一定的利润来制定价格的一种方法，包括成本加成定价法、损益平衡定价法和变动成本定价法。

（一）成本加成定价法

成本加成定价法是指在单位成本的基础上加上一定百分比的加成来制定产品销售价格的方法。加成的含义是一定比例的利润。

1. 成本加成定价的计算公式

（1）定额法。

单位产品售价＝单位产品成本＋单位产品加成额

（2）顺加法。

单位产品售价＝单位产品成本×（1＋成本加成率）

$$成本加成率=\frac{加成金额}{成本}\times 100\%$$

（3）内扣法。

$$单位产品售价=\frac{单位产品成本}{1-售价加成率}$$

$$售价加成率=\frac{加成金额}{售价}\times 100\%$$

案例7—2

某企业全年生产某种产品10万个，总成本100万元，若该企业要求全年实现利润30万元，该企业的成本加成率为20%。售价加成率为20%，试用上述三种方法计算产品销售价格。

计算过程：

$$单位产品成本=\frac{100\ 万元}{100\ 万个}=10（元/个）$$

$$定额加成=\frac{30\ 万元}{10\ 万个}=3（元/个）$$

售价＝10＋3＝13（元）

售价＝10×（1＋20%）＝12（元）

$$售价=\frac{10}{1-20\%}=12.5（元）$$

2. 成本加成定价的特点

成本加成定价法，由于计算简单、方便易行被企业广泛采用。

（1）成本的不确定性一般比需求小，定价着眼于单位成本，可以大大简化定价程序，企业不需要随时依据需求情况的变化而改变价格。

（2）只要同行业中都采用这种方法，则价格在成本与加成相似的情况下也大致相同，价格竞争也会因此减至最低程度。

（3）成本加成定价法对购买者和销售者都比较公平。销售者不会利用消费者需求量增大而乘机抬高价格；而固定的加成也使销售者获得相当稳定的投资收益，扣除了短时间内供求关系变化对价格的影响。

成本加成定价法的缺点是忽视市场和竞争。实际上定价的高低将因需求和竞争而直接影响企业产品的销售量，但是成本加成定价却是首先估出产销量以确定单位成本，然后再加一定的加成确定销价。因此，很可能确定售价后的实际销售量和估算单位成本时的预计销售量并不相符。如果低于预期销售量，则单位成本上升，实际加成就会下降。因此，只有在以加成价格销售能达到预期销售量的条件下，成本加成定价才是有效的。

（二）损益平衡定价法

损益平衡定价法是以销售商品的总收入与商品总成本支出平衡来确定单位商品价格的一种定价方法。这种方法运用的前提条件是预测市场需求，企业销售量达到预测需求量，可实现收支平衡，超过此数即为盈利，低于此数即出现亏损。这一预测的需求量，即为损益平衡点。

1. 损益平衡定价模型

损益平衡定价计算公式如下：

损益平衡销售量的全部收入＝总变动成本＋总固定成本

即 $$P \cdot Q = VC \cdot Q + FC \tag{1}$$

式中：P 表示保本销售价格；

Q 表示损益平衡时的销售量；

FC 表示固定成本；

VC 表示单位产品变动成本。

由上式可推导出损益平衡时商品销售数量和保本价格分别为：

$$Q = \frac{FC}{P - VC} \tag{2}$$

$$P = \frac{FC + VC \cdot Q}{Q} \tag{3}$$

利用保本计算公式，还可以推导出希望获得一定利润时的商品价格计算公式：

$$P_0 = \frac{TP + FC + VC \cdot Q}{Q} \tag{4}$$

式中：P_0 表示获得一定利润时的价格；

TP 表示预期目标利润。

案例7—3

某企业生产一种产品，全月的固定成本为30 000元，单位产品的平均可变成本为20元，经过市场初步分析后，企业为该种产品设计了三种定价方案，并对三种价格水平下的最大可能销售量进行了估计，试确定最佳定价方案，详见表 7—3。

表 7—3　　三种定价方案比较

项目／方案	价格 P（元）	预计可销量 Q_e（件）	保本产量 Q_0（件）	预期利润 T_P（元）
方案Ⅰ	30	5 000	3 000	20 000
方案Ⅱ	40	3 000	1 500	30 000
方案Ⅲ	50	900	1 000	−2 700

若选择方案Ⅰ，即 $P=30$ 元时，

$$Q_{\mathrm{I}}=\frac{30\ 000}{30-20}=3\ 000\text{（件）}$$

若选择方案Ⅱ，即 $P=40$ 元时，

$$Q_{\mathrm{II}}=\frac{30\ 000}{40-20}=1\ 500\text{（件）}$$

若选择方案Ⅲ，即 $P=50$ 元时，

$$Q_{\mathrm{III}}=\frac{30\ 000}{50-20}=1\ 000\text{（件）}$$

根据 P、Q_e、FC、VC 的具体数据，可以计算出预期利润。

比较表 7—3 中的相应的 Q_e 与 Q_0，即可发现方案Ⅲ不可行，因保本产量大于预计销售量。而方案Ⅰ和方案Ⅱ可行。至于最终选择哪个方案则取决于企业的定价目标。若企业采取最大利润目标，则选方案Ⅱ，若企业以较大市场占有率为目标，则选择方案Ⅰ。

2. 损益平衡定价特点分析

损益平衡定价法与成本加成定价法相比，更为重视企业总成本的必要补偿和盈利。成本加成定价法只考虑单位成本和盈利，没有考虑到销售量，而损益平衡定价法考虑到预期销售量及企业总利润预期目标。式（3）可以使企业测定价格至少定在什么水平上，才能使企业保本；式（4）可以使企业测定，在某一目标利润下，价格应定在什么水平上。运用损益平衡法来制定价格，只有在预测的销售量和估算的总成本都比较准确的情况下，才能保证达到预期的目标利润。但是销售量在很大程度上受价格弹性和竞争者价格的影响，因此，损益平衡定价法存在和成本加成定价法类似的缺点，即为了确定总成本而预测销售量时，并未明确是在什么价格上的销售量。为了弥补这一缺点，采用损益平衡定价法的企业应注意以下两方面：一方面，应考虑几个不同的价格，以测算价格变动对销售量和利润所能产生的影响，据此可以对按损益平衡法拟定的价格进行适当的调整选择；另一方面，生产企业应努力降低其固定成本和变动成本，以降低产品的损益平衡销售量，为保证目标利润创造有利条件。

（三）变动成本定价法

变动成本定价法是以企业产品的变动成本为基础，加上一定的目标贡献制定商品价格的一种定价方法。

1. 变动成本定价法的计算公式

变动成本定价的计算公式是：

商品价格＝变动成本＋目标贡献

目标贡献是商品价格与变动成本的差额。一般来说，商品销售价格必须大于其成本，否则企业就无利可图，甚至亏损，不能长期生存下去。但是对于某一具体商品而言，在企业生产能力不能充分利用时，销售收入只要大于变动成本就可以进行生产，因为这样至少可以补偿一部分固定成本和期间费用，会相应减少其他商品的负担，甚至能为企业提供一些利润。从这个意义上说，对企业是有贡献的。贡献的大小有三种情况：第一，当商品价格低于损益平衡点时，贡献不足以补偿固定成本；第二，当商品价格等于损益平衡点时，刚好补偿固定成本；第三，当商品价格大于损益平衡点时，产生利润。

2. 确定目标贡献的方法

以变动成本为基础制定商品价格的关键是确定目标贡献。某商品在一定时期的目标贡献，等于该时期商品的固定成本总额和利润总额之和。利润额是根据利润率确定的，确定目标利润率的方法有许多种，如成本利润率、销售利润率等。利润率确定后，就可以计算出利润额，进而计算出目标贡献总额。目标贡献总额确定后，需要分摊到单位商品中去，具体方法有如下两种：

（1）按商品销售总量分摊。

$$单位商品目标贡献=\frac{目标贡献总额}{商品销售总量}$$

用商品销售总量分摊法计算单位商品目标贡献，其准确程度取决于该时期内商品销售总量预测值的可靠性。

（2）按限制因素数量分摊。

所谓限制因素，指企业生产经营活动的关键性环节，即通常所说的“瓶颈”。不同的生产企业有不同的限制因素。有的企业的限制性因素可能是熟练工人，有的可能是设备或原材料供应、燃料、动力等。找出限制因素后，就可以计算单位商品的目标贡献。

$$单位限制因素贡献额=\frac{目标贡献总额}{限制因素总量}$$

单位商品目标贡献＝单位限制因素贡献额×单位商品占限制因素的数量

案例7—4

某企业2000年1月投入固定成本100万元，拟生产甲产品，生产能力为年产5万件，估计单位产品变动成本为25元，希望实现年利润目标为45万元（按成本利润率的20%计算）。2000年6月建成投产时，市场行情发生变化。与甲产品存在替代关系的乙产品在市场上很受欢迎，甲产品价格大幅度下跌，同类企业生产的甲产品价格仅为30元。该企业面临的是生产还是不生产甲产品的抉择。如采用完全成本定价，该产品单位定价成本（$AC=FC+VC$）每件为45元。按完全成本定价每件产品售价为54元［＝45×(1＋20%)］。

这一价格比目前市场价格高出24元，市场可接受价格连单位成本都无法弥补。鉴此，按完全成本定价，甲产品生产越多，亏损越大。企业决定不组织甲产品的生产，总亏损额为100万元。

但若按变动成本定价，企业生产甲产品的变动成本为25元，每件30元的价格是可以接受的。在这一价位上企业组织生产，则在年产5万件的情况下，年度贡献总额为25万元［=(30−25)×5］。

这就意味着企业在完成一年的生产和销售后，其成本的亏损可减少到75万元。

3. 变动成本定价法的特点

运用变动成本定价法有以下优点：(1) 以变动成本为基础定价，兼顾了市场需求，具有定价灵活、竞争性强的优点。依照完全成本加成定价公式，企业决策者往往拒绝接受低于完全成本的订单，理由是生产这些订货企业要亏本。但是，以变动成本为基础定价，从贡献的观点看，只要售价超过变动成本，就对企业做出贡献，都是可以接受的。因为当市场不景气、生产任务不足时，甚至不生产时也要开支固定成本。售价大于变动成本，总能补偿一部分固定成本，从而减少亏损。或者减少其他产品负担的固定成本，从而增加企业利润。因此，变动成本定价法认为产品价格的下限是变动成本，而不是完全成本。这就大大扩大了企业可接受价格的范围，有利于增强企业的竞争能力和应变能力。(2) 提供了每种产品对企业贡献大小的客观比较标准，有利于企业确定最佳产品组合，使企业在一定的生产能力下（特别是限制因素下），择优安排生产，获得最大贡献。比如当企业有足够的订单而本身生产能力相对不足时，可以根据每份订单的限制因素提供的贡献额的大小，安排生产顺序。使企业在充分利用生产能力的同时，获得最大的贡献额。或者企业订单较多，自己生产能力不足，考虑外包一些订单时，其外包哪些商品及数量的多少，仍可用变动成本定价法进行决策。(3) 有利于企业改善经营管理。因为它把企业的经营目标、价格目标分解为具体的产品目标，成为考核与控制各环节的重要依据；它有助于企业抓住关键环节中的薄弱环节，克服限制因素，提高企业生产能力，挖掘盈利潜力；它能促使企业密切注意市场变化，加强市场调研，提高经营管理水平。

当然，变动成本定价法也存在缺点，诸如计算方法烦琐，需要把总成本划分为固定成本和变动成本两部分，而这需要进行一系列的计算才能完成。忽视完全成本的补偿，长期下去有亏本倒闭的可能。因此，这种定价方法适用于市场竞争激烈、供大于求的商品，而且只能用于短期的价格决策。

二、需求导向定价法

需求导向定价法是以市场需求强度及消费者感受为主要依据的定价方法。包括认知价值定价法、反向定价法和需求差异定价法。

(一) 认知价值定价法

所谓认知价值定价法，就是根据购买者对产品的认知价值来制定价格的方法。这种定价法是以购买者对企业产品的认知价值为基础的。

1. 认知价值定价法的基本步骤

(1) 通过市场研究确定该产品由于质量、服务、广告宣传等因素在购买者心中所形成的价值，据此确定产品的售价。

(2) 估计在这种价格水平下所能达到的销售量。根据销售量决定所需要的生产量、投资额和单位成本。

(3) 核算在此价格和成本下，能否获得满意的利润。若可以，则继续发展此产品；若不可以，则予以放弃。

案例7—5

美国的卡特匹勒工程机械公司就是应用认知价值法为其产品定价的。该公司所产的拖拉机定价 10 万美元，虽然竞争者的同类产品定价只有 9 万美元，但卡特匹勒公司的拖拉机却比竞争者具有更大的销售量。为什么顾客愿意多付 1 万美元来购买该公司的产品呢？因为根据市场调查，该公司发现所产拖拉机的市场认知价值是：

90 000 美元：与竞争者的拖拉机质量相同时的价格；

7 000 美元：更高耐用性方面的加价额；

6 000 美元：更高可靠性方面的加价额；

5 000 美元：更高服务质量方面的加价额；

2 000 美元：更长的零件保修期的加价额；

110 000 美元：该公司所产拖拉机的市场认知价值。

因此，该公司所产拖拉机售价 10 万美元对购买者来说不是比竞争者产品贵 1 万美元，而是比应有价值便宜 1 万美元。这就是销售反而增大的原因。

2. 确定认知价值的基本方法

认知价值定价法的关键步骤是通过市场调查，对购买者心目中的认知价值有正确的估计和判断，否则就会发生定价过高或过低的失误。一般确定认知价值的方法主要有以下三种：

(1) 直接价格评比法。

即直接请顾客给出反映其对商品价值认知程度的价格。例如购买者对甲、乙、丙三家公司的同样产品所作的评价可能是：甲公司产品值 20 元，乙值 28 元，丙值 21 元。

(2) 直接认知价值评价法。

即由购买者根据其对不同企业提供的产品的认知，将 100 分在不同企业之间进行分配，最后转换出购买者对不同企业所提供的产品的认知价值。如购买者对三家公司的分值分配为：甲 42 分，乙 33 分，丙 25 分，则在市场上该类产品的平均价格为每件 26 元的情况下，消费者对三家公司产品的认知价值分别为：

甲公司产品的认知价值＝26×42/33＝33.09（元 / 件）

乙公司产品的认知价值＝26×33/33＝26（元 / 件）

丙公司产品的认知价值＝26×25/33＝19.7（元 / 件）

上述计算中分母“33”为三家公司应得的平均分数。

(3) 诊断法。

即先列出购买者评价产品时所考虑的主要方面（产品属性），请购买者根据对不同产品的各有关属性的认识，将 100 分分配给不同的产品，最后再给出各属性的重要性权数，进行加权平均后就可得到购买者对不同产品的认知价值。如要求购买者从产品耐用性、产品可靠性、服务质量、品牌知名度等方面对三家不同公司所生产的同种产品作出评价，四个方面的权数分别为：40，30，20，10。购买者对不同公司产品的评价及认知价值系数如

表 7—4 所示。

表 7—4　　购买者对不同公司产品的认知价值系数

产品属性	重要性权数	分配分值		
		甲	乙	丙
产品耐用性	40	40	35	25
产品可靠性	30	33	40	27
服务质量	20	30	30	40
品牌知名度	10	50	30	20
认知价值系数	100	36.9/33	35/33	26.1/33

在市场上该类产品的平均价格约为 26 元/件的情况下，三家公司的产品认知价值分别为：

甲公司产品的认知价值＝26×36.9/33＝29.07（元／件）

乙公司产品的认知价值＝26×35/33＝27.58（元／件）

丙公司产品的认知价值＝26×26.1/33＝20.56（元／件）

（二）反向定价法

反向定价法是企业根据市场调研和价格预测，确定市场最终可销零售价格，以此为基础，推断出中间商的批发价格和生产企业的出厂价格。这种定价方法不是主要考虑成本，而重点考虑需求状况。

1. 确定可销零售价格的步骤

采用零售价格反向定价，首要的问题是确定一个能充分反映供求和竞争关系的可销零售价格。企业不能凭想象确定一个可销零售价格，也不能从市场上许多种不同的零售价格中任意取一个作为可销零售价格。可销零售价格的确定一般分四步进行。

（1）预测某一时期目标市场对产品的需求量和价格对需求变化的影响程度。

（2）设定各种销售目标，并预测实现销售目标所需的各种成本。

（3）比较市场上竞争产品的零售价格，结合市场竞争情况，列出几种可供选择的零售价格。

（4）在各种零售价格方案中，选定市场最容易接受的且利润贡献又比较高的价格作为可销零售价格。

通过市场调研分析，企业了解到某产品需求、竞争、成本等因素，得出五种可供选择的零售价格，其有关情况如表 7—5 所示。

表 7—5

价格状况 / 产品指标	可供选择的可销零售价格				
	10	12	14	16	18
①需求量	10 000	9 000	8 500	7 000	5 000
②销售额	100 000	108 000	119 000	112 000	90 000
③变动成本	80 000	81 000	85 000	77 000	60 000

续前表

产品指标 \ 价格状况	可供选择的可销零售价格				
	10	12	14	16	18
④贡献 (②－③＝④)	20 000	27 000	34 000	35 000	30 000
⑤单位产品贡献 (④÷①＝⑤)	2	3	4	5	6
⑥市场接受度	70%	95%	90%	65%	50%
⑦利润率 (⑤÷价格＝⑦)	20%	25%	29%	31%	33%

通过计算和比较，可以看出，当价格为12元时，虽然市场接受度较高，但销量不大，贡献小；而当价格为18元时，虽然利润最高，但市场接受度低，贡献较小。但当零售价格为14元时，市场接受度很高，需求量和单位产品贡献大，利润率也很高，综合情况最好。企业应以14元的零售价格作为基础来倒推出厂价格。当然，这种选择可销零售价的方法只适用于短期预测。如果用此方法进行长期预测，因未来市场的不确定性较大，很容易出现误差和错误。

2. 反向定价法的特点

反向定价法的特点是：价格能反映市场需求情况，有利于加强与中间商的良好关系，保证中间商的正常利润，使产品迅速向市场渗透，并可根据市场供求情况及时调整，定价比较灵活。这种定价方法特别适用于需求弹性大、花色品种多、产品更新快、市场竞争激烈的商品。事实上，从上面的分析中，我们已经看出，反向定价法并不是完全不考虑成本，而只是不以成本分析为主。如果测算出的出厂价低于生产成本，企业仍然会相当慎重。因此，离开成本的需求定价和离开需求的成本定价，充其量只是一时的权宜之计。

案例7—6

小天鹅的“顺向定价”策略

小天鹅产品的价格是由谁定的？价格又是怎么定出来的呢？徐源说：“小天鹅产品是由消费者定价的！”

小天鹅在开发新产品前，先做市场调研，从全国各地区、各阶层的消费者实际需求、购买欲望和购买能力等方面做了大量调查，摸清广大消费者对各种产品能接受的价位。然后再研究决定开发什么样的产品，定下来以后就对设计提出非常严格的要求。产品设计是全方位的，包括技术设计、功能设计、工艺设计和成本设计等。

小天鹅的市场实践也一再证实了由消费者定价的“顺向定价”的巨大成功。该企业产品已连续九年在全国同行中销量第一，在全国工业企业500强中名列前茅，即使在近几年全国工商企业面临严峻形势的考验中也仍取得佳绩。

小天鹅全自动8型洗衣机是我国第一台引进整套松下技术、获国家质量奖唯一金奖的产品。由于产品过硬及价位适销对路，再加上良好的营销策略和完善的售后服务，延长了产品的生命周期，创造了数百万用户，过去市场零售价是1 300～1 500元，深受广大消费者欢迎。但是，该品种已热销12年了，模具、技术成本已收回，其生产成本便大为降低了。现在决定让利给消费者，已在全国不同地区先后降价到998元。这种定价也是消费者定的，是根据当前社会购买力分流、职工下岗收入减少、商业不景气的情势定的，当然也是基于企业规模效益的实力基础定的。

资料来源：杜明汉：《市场营销学》，103～104页，北京，中国财政经济出版社，2005。

（三）需求差异定价法

需求差异定价法是以不同时间、地点、产品及不同消费者的需求强度差异为定价的基本依据，针对每种差异决定在基础价格上加价或减价。主要有以下几种形式。

1. 以地点为基础的差异定价

针对地点的不同，对需求者收取不同的价格。比较典型的例子是影剧院、体育场等，座位不同，票价也不一样。前排、中排、后排、边座的票价不同，有时可以相差若干倍。旅游点和名胜古迹地区的旅馆、饮食的定价通常也高于一般地区。

2. 以时间为基础的差异定价

同一种产品，成本不变，价格随季节、日期，甚至钟点的不同而变化。例如不同季节的应季商品的需求量有很大的变化。夏季对电扇、冷饮、夏季服装、凉鞋的需求量增大，冬季就大减。至于以日期来改变需求量的，如不同节假日对应节品的需求量和平常日的市场需求量，也会有明显的不同。以一天中的某个时间来改变需求强度的，通常在公共运输、电报电话、电视广播方面最为明显。电报、长途电话白天用户多，定价高，晚上用户少，定价低。电视广告在黄金时刻播出收费最高，其余时间收费较低。

3. 以产品为基础的差异定价

一种产品的不同型号确定不同的价格，但价格上的差异并不反映成本之间的差别，而主要是需求的不同。例如某洗衣机厂生产三种型号的洗衣机。A型是普及型的单筒洗衣机，成本为150元，售价为180元。B型是带有甩干筒的双筒洗衣机，成本为200元，售价为400元。C型是带有甩干筒的全自动洗衣机，成本为400元，售价为850元。这三种型号的洗衣机，因为成本不同，当然售价也不同，但是后面两种型号，较高的售价不仅反映了更多的生产成本，而且反映了更大的顾客需求强度。

4. 以顾客为基础的差异定价

根据顾客的需求强度不同，企业对一种产品会定出不同的价格。例如美国轮胎工业卖给汽车厂的产品价格便宜，因为需求弹性大；卖给一般用户的价格贵，因为需求弹性小。电力工业对工业用户的收费低，因为需求弹性大；对居民用户收费高，因为需求弹性小。如果对工厂的收费高于厂内发电设备运转费用，工厂就会自行发电。

案例 7—7

乘客在乘坐飞机从克利夫兰飞往迈阿密的同一条航线上，有十种不同的票价可供选择。在这条航线上服务的三家航空公司的激烈竞争中，精明的顾客就可以得到不少好处。许多票价是针对着不同的细分市场的。这十种可能的票价是：

1. 头等舱票是218美元；

2. 标准经济舱票是 168 美元；

3. 晚间二等舱票是 136 美元；

4. 周末短途旅行票是 134 美元；

5. 义务工作人员票是 130 美元；

6. 周内短途旅行票是 128 美元；

7. 短途旅游观光团票是 118 美元；

8. 军事人员票是 128 美元；

9. 青少年机票是 112 美元；

10. 周末机票是 103 美元。

资料来源：杜明汉：《市场营销学》，109 页，北京，中国财政经济出版社，2005。

企业选择需求差异定价，必须注意下列条件：(1) 市场必须是可以细分的，且各个细分市场的需求强度不同；(2) 商品不能从低价市场流向高价市场；(3) 高价市场上竞争者难以用较低的价格销售商品；(4) 采用这种定价方法不致引起顾客的不满，以致拒绝购买。以需求为依据制定的价格若能得以顺利执行，既能满足不同消费者的需求，又能使企业的利润达到最大。

三、竞争导向定价法

竞争导向定价法是指完全根据竞争的需要，以竞争者的价格作为定价基础的定价方法。包括随行就市定价法、主动竞争定价法和密封投标定价法。

(一) 随行就市定价法

随行就市定价法是指企业按照行业的平均价格水平来定价。这种定价方法在实践中的应用相当普遍。一般在以下情况采用这种定价方法：(1) 企业难以估算成本；(2) 企业之间的价格保持一致，避免互相“残杀”；(3) 如果另行定价，很难了解购买者和竞争者对企业的价格反应。

不论是完全竞争的市场，还是寡头竞争的市场，随行就市定价都是同质产品的惯用定价方法。

在完全竞争的市场上，销售同类产品的各个企业在定价时实际上没有多少选择余地，只能按照行业的现行价格来定价。某企业如果把价格定得高于市价，产品就卖不出去；反之，如果把价格定得低于市价，也会遭到降价竞销。

在寡头竞争的条件下，企业也倾向于和竞争对手要价相同。这是因为，在这种条件下市场上只有少数几家大公司，彼此十分了解，购买者对市场行情也很熟悉，因此，如果各大公司的价格稍有差异，顾客就会转向价格较低的企业。所以，按照现行价格水平，在寡头竞争的需求曲线上有一个转折点（见图 7—7）。

随行就市的价格正好处在转折点上。如果某公司将价格定得高于这个转折点，需求就会相应减少，因为其他公司不会随意提价（需求缺乏弹性）；反之，如果某公司将其价格定得低于这个转折点，需求则不会相应增加，因为其他公司可能也会降价（需求有弹性）。反之，当需求有弹性时，一个寡头企业不能通过提价而获利；而需求缺乏弹性时，一个寡头企业也不能通过降价而获利。

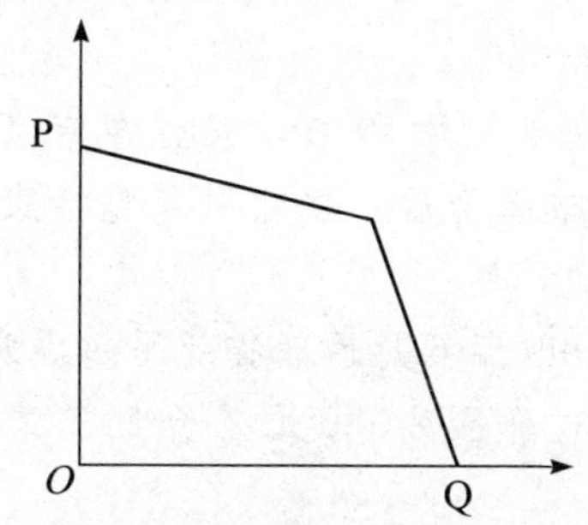

图 7—7　寡头竞争下的需求曲线

在异质产品市场上，企业有较大的自由度决定其价格。产品差异化使购买者对价格差异的存在不甚敏感。企业相对于竞争者总要确定自己的适当位置，或充当高价企业角色，或充当中价企业角色，或充当低价企业角色。总之，企业总要在定价方面有别于竞争者，其产品策略及市场营销方案也尽量与之相适应，以应付竞争者的价格竞争。

（二）主动竞争定价法

主动竞争定价与随行就市定价相反，它不是追随竞争者的价格，而是根据本企业产品的实际情况及与竞争对手产品的差异状况来确定价格。因而价格可能高于、低于或等于市价。一般为实力雄厚或产品独具特色的企业所采用。定价时，首先，将市场上竞争产品价格与企业估算价格进行比较，分为高于、等于或低于三个价格层次；其次，将本企业的产品性能、质量、成本、式样与竞争企业的产品进行比较，分析造成价格差异的原因；最后，根据以上综合指标确定本企业产品的特色、优势及市场定位，在此基础上按定价要达到的目标确定产品价格。

资料链接

中国价格战标志事件：彩电行业七次降价

1. 首次价格战

1988 年 8 月 9 日，长虹将每台彩电降价 350 元向消费者让利销售，掀起首次彩电价格战。

2. 第二次降价

1996 年 3 月 26 日，长虹宣布对 43cm 至 74cm 等 76 个品种实行降价销售，降价幅度从 8%至 18%，降价 100 元至 850 元；6 月 6 日康佳宣布 37cm 至 74cm 所有品种全部降价，让利 20%；6 月 15 日，南京熊猫宣布参战，TCL、“北京”、创维、厦华等纷纷出台让利措施。

3. 第三次价格战

1997 年初，广东高路华推出超低价位彩电，其他彩电企业也纷纷准备出台各自的低价位彩电打入市场。

4. 第四次价格战

1998 年 6 月，康佳、TCL 推出几种特价机型，其中 29 英寸、25 英寸机型比普通机型低 500～1 000元。在这次价格战中，全国彩电行业因降价减少利润 52 亿元。

5. 1999 年价格战的前前后后

(1) 长虹再掀降价潮。1999 年 4 月 10 日，长虹在南京点燃价格战火。宣布全线产品价格下调 50～1 000元。长虹宣布降价后，立即引起包括康佳、索尼、飞利浦在内的众多品牌纷纷调低售价。

(2) 熊猫彩电再次降价。1999 年 6 月后熊猫超平超黑彩电以2 580元推向市场。7 月 3 日，TCL 率先将 2909A 型彩电降至2 580元。长虹、康佳、海尔等同类产品都降到2 580元。

(3) 范围更广、价格更低，彩电价格战升温。8 月初，厦华、康佳、TCL 等推出特价机后，海信、索尼等纷纷降价，降价幅度在 400～500 元。

(4) 彩电价格回升。9 月份国内彩电价格上调 5%～10%，彩电销售利润接近正常值。

6. 第 6 次彩电价格战备忘录

2000 年 6 月 9 日，"中国彩电企业峰会" 成立。

6 月 22 日，熊猫在天津将其 74cm 纯平彩电以售价低于限价 600 元出售。

7 月 8 日，北京国美电器商城各门店以低于限价 610 元的价格，推出厦华 298K 超平彩电。

7 月中旬，熊猫彩电在国美商城京、沪、津三地的连锁店将 2966 型超平彩电以售价低于限价 690 元出售。

7 月 22 日，北京大中电器城热卖 800 台金星特价彩电，以1 888元再创价格新低。

7 月 29 日，长虹 29N18 彩电以1 980元在国美推出。

8 月 1 日，武汉汉商集团推出 "北京" 74cm 彩电，售价 1 680 元，创历史新低。

8 月 4 日，广州一商家将乐华 74cm 彩电以特价1 899元出售。

8 月 5 日，北京百货大楼推出1 780元的 74cm 平面直角彩电，北京价格大战再次掀起。

7. 2000 年价格战

2000 年 8 月 11 日，康佳宣布其产品在全国范围内降价 20%，长虹即宣布 "开闸放水"，第七次彩电价格战爆发。彩电市场风云顿起的 "军情" 传出后，彩电各路诸侯在第一时间做出了迅速反应。此次降价没能使中国彩电业重新焕发活力，却使中国彩电业首次出现销售和利润负增长。

资料来源：吴健安：《市场营销学》，337～339 页，北京，高等教育出版社，2007。

(三) 密封投标定价法

这种定价方法主要根据投标方的竞争情况来确定价格。招标投标市场有一个基本特点，即招标方只有一个，处于相对垄断地位，而投标方有多个，处于相互竞争地位。一个企业能否中标，在很大程度上取决于该企业与竞争者投标报价水平的比较。一般情况下，报价高，利润大，但中标机会小；反之，利润低，但中标机会大。在买方招标的所有投标者中，报价最低的投标者通常中标，而它的报价就是中标价格。投标定价主要有以下几种方法：

(1) 英式拍卖（升价出价）。销售人展示一件物品，竞标人抬高出价，直到达到最高的价格。英式拍卖经常用于销售古董、牲畜、房产、二手设备和车辆。

(2) 荷兰式拍卖（降价出价）。销售人员可能向许多买主提出价格，或者一个买主向许多卖主索价。在前者中，拍卖师宣布产品的一个高价，然后慢慢下降，直到有竞标者接受价格。在后者中，买主宣布他想购买的物品，潜在的卖主互相竞争，通过提供最低的价格达成销售。每个卖主都知道最新一次的出价情况，自行决定是否出更低的价格。

（3）暗标。每个可能的供应商提供一个标价，而不知道其他方出的标价。例如中央电视台使用这种方法来销售广告时段，政府采购也常用这种方法。

（4）在线拍卖。世界各地的公司都在利用在线拍卖降低成本，并扩大其供应商和顾客的数量。在线拍卖主要有以下步骤：第一，先确定公司要购买的东西，包括对质量和其他属性的详细说明，并确定相应的采购预算；第二，营销者通知有资格提供这些产品的供应商，让他们准备各种文件和报价，并确定供应商参加哪些项目的投标；第三，拍卖活动开始后，营销者审核报价和方案，并公布各种报价；第四，拍卖活动结束时，营销者把购买决定通知所有的参与者，并感谢他们积极参与。

案例7—8

网上拍卖

网上拍卖是电子商务中发展比较成熟的一种业务模式，其定价也比较独特。网上拍卖也叫C2C，即“个人对个人”，交易的参与双方都是个人，而网站只提供平台，从中收取费用。收费的基本方式是，用户在网上挂出一件物品，就要交纳一定的费用，卖出去之后，网站再根据成交额收取一定的佣金。

在所有的拍卖网站中，美国的eBay是最成功的。它从诞生的初期就实现了盈利，后来的盈利趋于规模化，而同期的amazon却处于严重的亏损状态。eBay模式被认为是互联网众多商务模式中最成功的，eBay也在网上拍卖市场获得了主导性的优势，很多人在eBay建立了个人网络商店，eBay向他们收取网络商店的月租费。此外，还对成功拍卖的物品收取佣金。

在国内，易趣网是领先的网上拍卖网站，后来被eBay收购。易趣2003年的商品交易额是10亿元、成交超过50%。易趣在最初是免费的，后来发展到一定程度后，开始收费。现在易趣是国内唯一收费的C2C网站。

2003年以后，受新兴的淘宝网的免费冲击，易趣又多次降低了自己的收费标准，以争取留住商家。

资料来源：卢强：《定价》，81～83页，北京，机械工业出版社，2006。

第五节 定价策略

根据适当的定价方法确定了基本价格以后，可以针对不同的市场竞争环境制定相应的价格策略。基本的价格策略可分为三类，即新产品价格策略、产品组合价格策略和价格调整策略。

一、新产品价格策略

一个企业的新产品可能是市场上的全新产品，也可能只是企业模仿其他竞争者现有的产品生产的产品。所以，新产品定价策略可分为以下两种。

（一）全新产品定价策略

一个全新产品刚上市时，属于产品生命周期的导入期。在导入期，消费者对产品比较陌生，潜在的市场尚未开发，需要大力推广和教育消费者。此时，市场中的竞争者很少。所以，在导入期可使用两种定价策略。

1. 撇脂价格策略

即在产品生命周期的最初阶段，把产品价格定得很高，以攫取最大利润，犹如从鲜奶中撇取奶油。企业所以能这样做，是因为有些购买者主观认为某些商品具有很高的价值。撇脂策略成功的条件是：（1）有充足的市场需求量；（2）市场价格敏感度低，需求弹性小；（3）有良好的产品品质及功能，能吸引消费者愿意出高价；（4）高价不会吸引竞争者在短期内加入市场竞争；（5）在小规模的生产条件下，仍有充足的利润。

2. 渗透价格策略

即以一个较低的价格打入市场。在短期内加速市场成长，提高市场占有率。渗透策略成功的条件是：（1）有足够的市场需求量；（2）高度的价格敏感度及需求弹性；（3）大量生产能产生显著的规模经济效益；（4）低价是减少潜在竞争者的最佳策略。

案例7—9

朗科为优盘定价

深圳市朗科科技有限公司是闪存盘的发明专利持有者，其推出的以优盘为商标的闪存盘（Only Disk）是基于USB接口、采用闪存（Flash Memory）介质的新一代存储产品。闪存盘的技术含量并不高，主要是由用于存储数据的Flash芯片和用于驱动USB接口的端口控制芯片两部分构成。从成本角度看，Flash芯片约占成本的60%，端口控制芯片和其他电路元件（接插件、控制电路等）约占总成本的30%，余下的部分则是产品的驱动软件、外观、工艺等。

朗科在产品导入期采用了撇脂定价法，其两个相关支持为“小鱼渠道”战略和捆绑销售。一方面，在优盘刚刚推出时，很难获得大代理商的青睐，朗科便找一些同样处于创业期的小代理商合作。另一方面，2001年上半年，朗科公司将其专利产品朗科优盘与联想的商用机进行捆绑销售。但是，撇脂定价吸引了市场进入行为。2001年，闪存盘市场主要是朗科和鲁文之间的竞争。2001年7月，鲁文刚刚发布了新的渠道政策与价格策略——将它的闪存盘以暑假促销的形式作了调整，并印刷了大量的宣传单准备开展一轮宣传攻势。2001年8月1日，朗科公司也正式发布了大幅降价宣传，开展了全国巡展活动，将优盘价格大幅降低40%，其中16M的优盘降到229元，32M的优盘降到349元，64M的优盘也降至600元。到了2002，当32M产品到了成熟期，朗科全线采取降价、将优盘产品大众化以及加强品牌建设三个举措。2002年2月26日，朗科全线调整了其优盘的市场零售价，其中32M无驱动型优盘从之前的349元降到259元，16M启动型优盘更是以169元震撼价跌破200元给市场带来了很大的震动。随着众多闪存盘品牌的纷纷降价，亚迅也突然宣布将旗下两款主流产品——亚迅V盘的价格分别下调28%和27%，其中较高端的一款具有铝镁合金外壳的32M的V盘率先以199元突破了消费者的“心理极限”，而另外一款具有橡胶外壳的产品价格了降到了189元。2002年7月，朗科公司获得国家知识产权局正式授权的优盘发明专利。为了宣传朗科的专利权以阻击竞争对手，朗科于同年9月将北京华旗资讯以侵犯朗科发明专利权告上法庭。此外，在2002年国庆假期结束之后，朗科又发动了“呼吁最终知识产权，维护公平竞争”大型宣传攻势。进入2003年5月，经过多次调价，此时32M无驱型的价格基本已接近于成本了，市场的主流产品开始被64M和128M所代替。朗科在2003年5月将当时出货量最大的64M优盘降到了200元，已相当接近成本了，它表明64M已逐渐进入衰退期，优盘市场将由128M唱主角。

朗科优盘的价格如表7—6所示。

表7—6　朗科优盘的价格

时间（年、月）	16M（元）	32M（元）	64M（元）
2001.03	599	999	1 799
2001.06	350	600	1 100
2001.10	229	349	600
2002.02	189	259	400
2002.12	99	199	300
2003.05		165	265
2003.10		199	299

资料来源：骆品亮：《定价策略》，230页，上海，上海财经大学出版社，2006。

（二）模仿性新产品定价策略

在给模仿性新产品定价时，应考虑由于该类产品已存在于市场中，所以必须慎重考虑企业竞争能力及产品定位的问题。价格策略必须与其他营销策略相配合。就新产品质量和价格而言，企业有九种可供选择的策略（见表7—7）。

表7—7　价格质量营销组合策略

		价格		
		高	中	低
质量	高	优质高价策略	优质中价策略	优质低价策略
	中	中质高价策略	中质中价策略	中质低价策略
	低	低质高价策略	低质中价策略	低质低价策略

如果市场领导者正采取优质高价策略，新来者就应采取其他策略。新加入的企业必须考虑每一种市场的规模、成长率及可能的竞争者。

二、产品组合价格策略

如果企业不只生产一种产品，那么个别产品的定价就需要考虑产品组合的整体定价关系，因为各种产品之间存在需求和成本的相互联系，而且会带来不同程度的竞争，所以定价十分困难。

（一）产品线定价

企业定价时总是对整条产品线的所有产品价格作全面性的考虑。个别产品的定价要依靠其在整体产品线中的相对关系及策略而制定。例如：一条产品线有高、中、低三种品质的产品，如果高级品定价 500 元，中级品 400 元，则低级品可能是 300 元。若发展一个中上级品质的产品则可能的价格应在 400～500 元。如果价格之间差距过小，一般不会影响需求的改变，反而会使购买者迟疑不决，弄不清它们是否质价相称，转而向其他地方购买。产品线定价最重要的是各产品间要有明显的差异，而且价格也能适当地反映各产品的相对价值，否则消费者会迷惑，也容易发生产品间互相替代的现象，从而无法达成市场细分化及定位细分化的目的。产品线定价如图 7—8 所示。

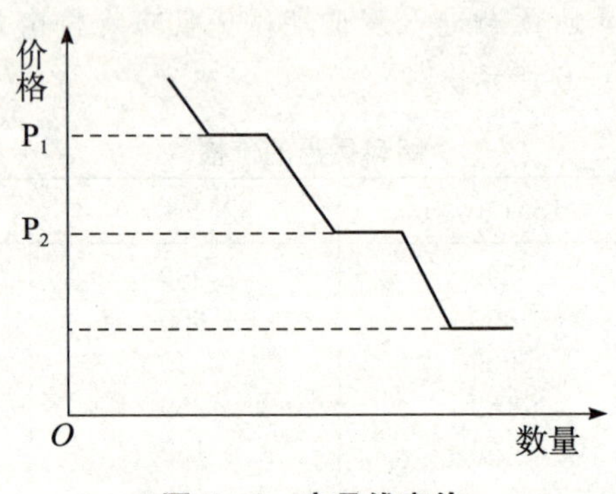

图 7—8　产品线定价

(二) 选择品定价

一个企业在提供主要产品外，还提供许多附加性的产品或不同产品属性的选择给消费者。消费者可以选择买或不买，或买哪一种。例如汽车经销商常以最基本车型报价给顾客，然后提供其他附加性的产品或服务，如是否加装空调、音响，要不要保险等。消费者会认为占到便宜，消除戒心，然后企业在附加产品上赚取利润。

(三) 补充品定价

许多主产品必须使用特定的专属产品或补充产品。在补充产品定价策略上，一般企业通常将主产品价格拉低，吸引消费者，而以专属产品或补充产品为其主要的利润来源。如拍立得公司的快速照相机，相机本身便宜，可是专用的底片价格很贵。一旦消费者买了这种相机，就会不断地购买底片。

(四) 分部定价

服务性企业经常收取一笔固定费用，再加上可变的使用费。例如电话用户每月都要支付一笔固定的使用费，如果使用次数超过规定，还要再交费。服务性公司面临和补充产品定价同样的问题，即应收多少基本服务费和可变使用费。一般来说，固定成本应较低，以推动人们购买服务，利润可以从可变使用费中获取。

(五) 副产品定价

许多产品在生产过程中经常会产生副产品，如石油的提炼产生的主产品是汽油，副产品是沥青。通常副产品并非企业推销的重点，所以定价只要是能高于成本、有合理利润就可以了。副产品定价较具弹性，如果副产品没有市场价值，只要有人愿意要可以免费赠送。

(六) 产品系列定价

企业经常以某一价格出售一组产品，例如化妆品、旅游产品等。这一组产品的价格低于单独购买其中每一产品的费用总和。因为顾客可能并不打算购买其中所有的产品，所以这一组价格必须有较大的降幅，以此来推动顾客购买。

三、价格调整策略

企业面临的销售情况千变万化，有时必须适当地调整定价。为使业务顺利开展，企业必须有一套价格调整策略作为依据。价格调整策略如表 7—8 所示。

表 7—8　　价格调整策略一览表

类型		详细说明	举例
折扣定价	现金折扣	买方在规定时间内付清货款所给予的价格折扣	如“2/10，付款期 30 天”，其余款 30 天内付清，10 日内付清则给予 2%的现金折扣
	数量折扣	买方购买较多的数量所给予的折扣	如买 100 单位以下，每单位 10 元，买 100 单位以上，每单位 9 元
	功能折扣	因渠道或扮演的特殊功能与角色所给予的折扣	如制造商给予代为提供产品维修的经销商 5%的功能折扣
	季节折扣	是企业给购买过季商品或服务的顾客的减价	如旅游、航空公司在旅游淡季给顾客以季节折扣
	价格折让	分交易折让和促销折让	交易折让如买新车将旧车卖给车商，促销折让如制造商卖经销商的物品可以折让
地区定价	FOB 定价	由卖方将货物运至某一地点后交给买方，自该地点起的运费由买方负责	如一个上海顾客的报价 FOB（昆明），以昆明为卖点的价格
	统一交货价	卖给不同地区的顾客某种产品，都按相同出厂价加相同运费定价	如对全国不同地区的顾客实行一个价格
	分区定价	企业把整个市场分为若干价格区，给不同价格区顾客的产品分别制定不同的地区价格	距离远的价格区价格高、较近的价格区价格较低，同区一价
	运费补给定价	企业分担全部或部分运费	
差别定价	顾客差别定价	企业按不同价格把同一产品或服务卖给不同顾客	如某汽车经销商按目录价把某型号车卖给 A，同时按低价格卖给 B
	产品形式差别定价	企业对不同型号或形式的产品分别定价	如某机 A 型 180 元，B 型 400 元，C 型 850 元
	产品地点差别定价	企业对处在不同位置的产品或服务分别定价	如剧院中不同座位的价格有所不同
	时间差别定价	企业对不同季节、不同时期甚至不同钟点的产品或服务分别定价	如电信服务、电力供应在一天中某一时段、周末和平时收费不同
心理定价	声望定价	企业利用消费者仰慕名牌产品或名店的声誉所产生的心理，把价格定成整数或高价	如金利来、耐克、皮尔·卡丹
	尾数定价	保持价格尾数，采用零头标价	如将某商品定为 9.8 元，而不是 10 元
	招徕定价	零售商利用顾客求廉心理，将某些产品定低价格以吸引顾客	如推出降价产品，吸引顾客
	习惯定价	按消费者的习惯心里定价	如一块肥皂 2 元

思考与练习

一、复习思考题

1. 合理的定价程序应包括哪些步骤?
2. 什么是固定成本? 什么是变动成本?
3. 单位成本随产量的变化表现出哪些规律性?
4. 何谓需求弹性系数? 需求弹性的三种类型对制定价格有什么意义?
5. 定价时应考虑哪几个主要因素? 这些因素之间有什么关系?
6. 为什么当前最大利润并不能作为企业普遍的定价目标?
7. 成本导向定价法有什么缺点?
8. 采用认知价值定价法的关键步骤是什么?
9. 企业有哪些基本定价策略?

二、案例分析题

吉利渗透定价突围价格战

2001 年 5 月，国家放开轿车定价之后，轿车价格战拉开序幕。6 月 7 日，长安铃木在全国范围内调整奥拓系列 11 款轿车销售价格，降到35 800～52 500元。此后，一直以低价位著称的吉利汽车将其三缸化油器车型由 3.99 万元降至 3.49 万元，继续保持同类车低价王的位置，目标直指售价 3.91 万元的夏利 7100A 小康型轿车。紧跟着夏利狂降 1.5 万元，捷达宣布优惠3 000元……把整个国内轿车市场搅得沸沸扬扬。降价成了 2001 年中国轿车市场的主旋律。尽管吉利进入轿车领域资历很浅，但它"为中国百姓造车"的气魄却给中国轿车市场带来了很大冲击，引发了一波又一波的轿车价格战。吉利集团以汽车、摩托车制造为核心产业，在动力机械、装潢材料、农业机械制造和商贸、房地产、教育等方面有广泛投资。1997 年，吉利集团以民营企业的身份跨入了汽车制造行业。1999 年，吉利在宁波投资建设了宁波美日汽车制造有限公司，生产吉利美日家庭轿车。2001 年 4 月，吉利与豪情两家公司成立浙江吉利汽车工业股份有限公司。吉利集团投资 10 亿元进军汽车制造业，在中国汽车工业中撕开了一道民营资本的口子。

在 2001 中国轿车市场价格战的短期战役中，吉利抢占了先机。吉利定位于经济型轿车这一细分市场，其成本优势是决定其低价策略的关键因素。但是，吉利的定价并不是一味拼成本，而是率先寻找顾客可接受的价格，以便能有效拉动需求，然后确定销售量以估计单位成本和相应的利润，并以此来制定合理的具有吸引力的价格。在此基础上，吉利进行有效的成本控制。刚开始，吉利的生产能力是一年 2.5 万辆，避免了一次投入几十亿或上百亿元的包袱。宁波美日公司年产 15 万辆的规模，也只投资 10 亿元，是同规模企业投资的十几分之一。吉利在新车型、新技术的开发和配件的配套协作上，采取全球资源"技术共享，为我所用"的策略，为此省下了汽车行业最花钱的开发成本。控制投资、资源优化组合形成了吉利的成本优势。

此外，吉利不开发配套体系，而是广泛利用大厂的过剩资源。国家定点的轿车企业配套的零部件企业生产能力普遍过剩，于是吉利通过招投标，与国内 400 多家配套企业建立了协作关系。零部件能通用的就通用，不能通用的，请它们为吉利开发，节省开发成本。而且，这些厂家生产技术相对成熟，能够保证质量。吉利付款及时并采取现金交易，获得配套厂家的优惠价格。目前吉利已经初步建立了“三大一小一外”的采购平台，“三大”是指一汽、东风、上汽三大集团配套的零部件企业；“一小”是指浙江省内的配套企业；“一外”是指国际化采购，比如用了韩国、日本的机加工件和我国台湾地区的灯具等。不随便增加不经济的固定投资，减少沉没成本的投入，充分利用外部更高效率的资源，也能最大限度地减轻吉利的成本负担。

面对中国汽车消费者，吉利并没有一味设定高价标榜高价值，亦没有盲目利用低价倾销，吉利放弃了以往民营企业的普遍做法——以利润目标、销售收入和市场份额的标准来制定价格，几乎不考虑所设定的价位消费者是否愿意或可以承受——而是采取了细分市场，以不同的产品和分销渠道满足不同价值标准的顾客群体的做法。吉利在制定“全国市场最低价位”这一定价策略时，仔细地考虑了这些问题：顾客愿意支付多少价格？我们的产品在消费者看来能值多少？怎样才能提高我们产品的经济价值？如何创造差异？如何通过更有效的途径让顾客相信我们的产品是真的“物美价廉”。

问题：吉利是在什么样的市场条件下实施渗透定价策略的？评价吉利的渗透定价策略。

三、营销讨论题

如何战胜低成本竞争者？

观点选择：价格应该反映消费者愿意支付的价值；价格应该反映制造产品或服务的成本。

第八章 分销策略

【学习目标】

通过本章的学习，掌握分销渠道的基本类型，了解影响分销渠道选择的因素，了解批发商、零售商的基本类型和实体分配决策等内容，掌握渠道选择策略。

第一节 分销渠道的结构和类型

在现代市场经济条件下，大部分制造商生产出来的产品都不是直接销售给最终的消费者，而是通过一定的分销渠道和物流过程，供应给广大消费者和用户。因此，一个企业选择合理的分销渠道，对实现企业市场营销目标具有极其重要的作用。

一、分销渠道的概念

分销渠道也称分配渠道、销售渠道或配销通路，是产品（服务）从生产者（企业）向消费者（用户）转移所经过的路线。分销渠道的概念可用图 8—1 描述。

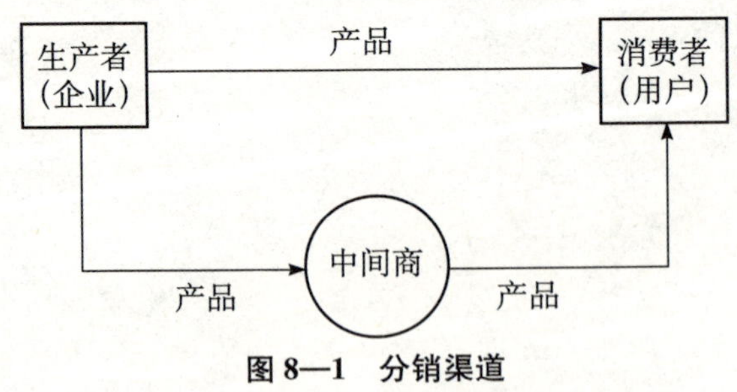

图 8—1 分销渠道

通过对分销渠道进行分析，可以看出分销渠道具有以下特征：

(1) 分销渠道是产品从生产者到消费者（用户）的一个完整的流通过程，其起点是生产者（企业），终点是最终顾客（消费者或用户）。

(2) 分销渠道由各中间商组成。所谓中间商是指从生产者向消费者转移过程中参与交易活动的和协助交易活动完成的一切中介机构。但分销渠道研究的中间商一般指的是参与了商品所有权转移或商品买卖活动交易的机构。中间商的种类很多，如按销售对象划分有批发商和零售商；按产品流通过程中有无所有权转移划分有经销商和代理商。其中代理商并不对商品拥有所有权，但他参与了商品交易活动，因此，也可以作为分销渠道成员。其他营销中介如银行、保险公司、仓储公司、咨询公司、广告公司以及其他机构（如海关、商检等）不介入商品所有权的转移过程或商品买卖交易活动过程，不处于渠道之中，但与渠道运行有密切联系，分担着渠道成员的大量营销工作，起着便利交换、提高分销效率的作用。如运输公司或仓储公司参与了商品实体转移活动，但他们却从未介入任何商品的买卖活动，他们只是提供了服务，因此他们不是渠道成员。

（3）分销渠道中存在着五种物质或非物质形态的运动“流”（见图 8—2）。

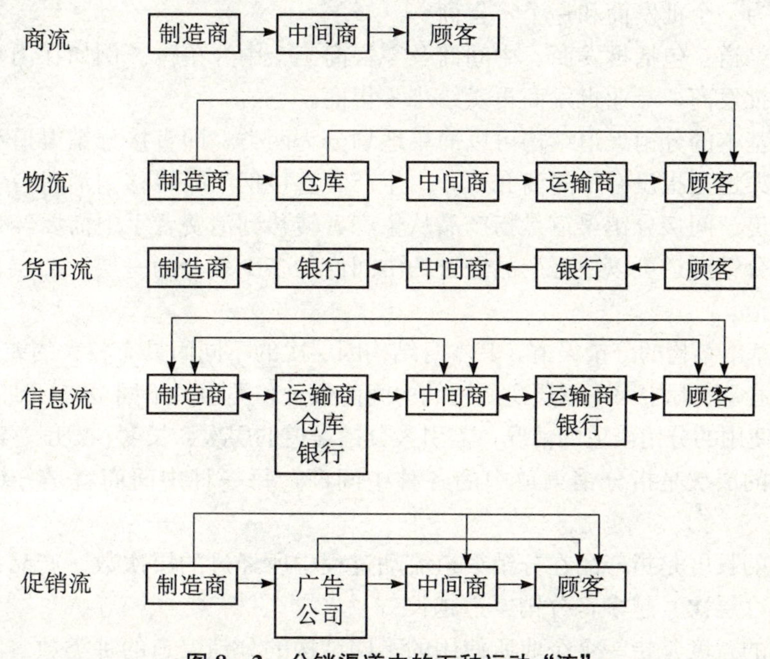

图 8—2 分销渠道中的五种运动“流”

在分销渠道中，除商品所有权转移方式外，还隐含其他使生产者与消费者相联结的流通形式，如物流、信息流、货币流、促销流等。它们相辅相成，但在时间和空间上并不完全一致。因此，渠道分销效率不仅取决于渠道成员本身，而且也取决于相关的支持系统，如商业服务单位（运输、仓库、银行、保险等）、销售服务系统（广告、调研、咨询等）。

（4）渠道成员各有不同的工作性质和组织形式，但他们之间存在共同利益关系，通常能彼此合作，协力完成营销任务。当然他们之间有时也会发生矛盾和冲突，需要解决和协调。

二、分销渠道的结构

一种产品的分销渠道，根据在生产者和消费者之间是否使用中间商或使用中间商的类型和多少，可以分为不同的结构。基本的消费者市场分销渠道结构类型如图 8—3 所示。

（1）零层渠道：是由生产者直接销售给消费者，如邮购、逐户推销、电视广播推销、电话推销或制造商直营商店销售、网络直销等。

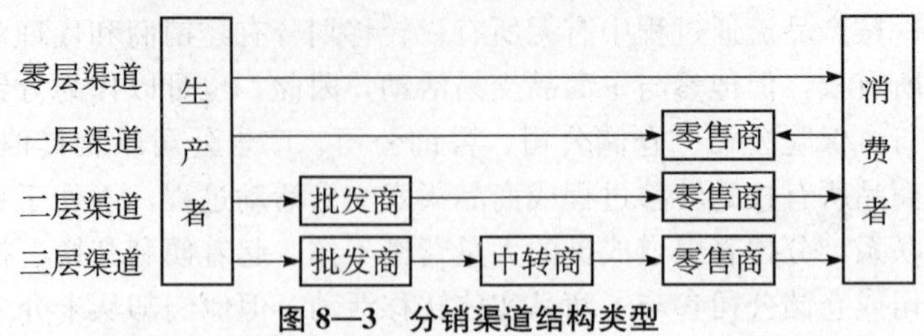

图 8—3　分销渠道结构类型

（2）一层渠道：是由生产者直接销售给零售商，再由零售商销售给消费者。

（3）二层渠道：在生产者和最终消费者之间包含两个流通中介单位，在消费者市场上，它们通常为一个批发商和一个零售商。

（4）三层渠道：包括批发商、中间商及零售商三个中介单位。例如在肉食品行业，批发商卖给专业批发商，专业批发商再卖给小零售商。

以上四种基本的分销渠道结构可以简单地划分为两类，即直接分销渠道和间接分销渠道。直接分销渠道是指没有中间商介入，由生产者直接把产品转移到消费者手中的分销渠道，如零层渠道。间接分销渠道是指产品从生产者转移到消费者手中需要经过中间商的分销渠道。间接分销渠道可以根据产品经过的中间商的多少划分为一层、二层、三层等不同层次的分销渠道。

对于四种基本结构的分销渠道，其本身结构因层次的不同而具有较大的差别。即使同一层次结构的渠道，实际中因不同层次所选的中间商数量和类型的不同也有区别。因此，要反映一个企业所使用的分销渠道的情况，需引入分销渠道的层次、长度、宽度、深度等概念。

分销渠道的层次是指分销渠道中的各种中间商，每一种中间商就是分销渠道的一个层次。

分销渠道的长度是指产品在分销渠道流动过程中所经过的层次数。产品在分销渠道中经过的中间商（层次）越多，分销渠道越长。

分销渠道的宽度是指一个企业所使用的不同结构的分销渠道的种类数。因为一个企业常常要根据它所面临的不同市场，分别选用不同结构的分销渠道，因而就形成一个企业同时使用几种不同结构的分销渠道。

分销渠道的深度是指在一种分销渠道中，一个层次所使用的同种中间商的数量。

资料链接

中国营销通路的变化

中国市场正在发生的通路变化，有以下 5 大特点：

（1）通路结构：从多层次长渠道向扁平方向变化；

（2）通路运作：由中间商操作为主向制造商操作为主变化；

（3）通路关系：由商业利益（利用）关系向共赢的合作伙伴关系变化；

（4）通路重心：由以大城市为中心向地、县级为中心下沉；

（5）通路激励：由短期激励向长期激励变化。

资料来源：卢泰宏：《2001 营销报告》，169 页，广州，广州出版社，2004。

三、分销渠道的组织类型

分销渠道成员为了追求效率及迎合市场需求，常与其他渠道成员组合，争取共同的渠道竞争利益。常见的渠道组织类型有：传统分销渠道组织、垂直分销渠道组织、水平分销渠道组织、多渠道分销渠道组织。

（一）传统分销渠道组织

传统分销渠道组织是指“生产者→批发商→零售商→消费者”这样的渠道组织。在这样的渠道组织中，渠道各成员都是独立的机构，相互之间不受其他机构的控制，渠道成员各自为政，为了寻求自身最大利益甚至不惜牺牲其他渠道成员的利益。因此，这样的渠道组织非常松散，合作度差，渠道成员之间经常发生冲突，阻碍分销渠道的正常运行。

（二）垂直分销渠道组织

垂直分销渠道组织是指由生产者、批发商、零售商作为一个统一体而组成的一种分销渠道组织。在这种组织中，整个渠道由其中的一个成员（可以是生产者，也可以是批发商或零售商）拥有、控制或管理，使得分销渠道中的每个成员为一个统一的目标而共同努力。一般常见的垂直分销渠道组织是：所有权式垂直分销渠道组织、契约式垂直分销渠道组织及管理式垂直分销渠道组织。

1. 所有权式垂直分销渠道组织

这种组织是通过经营所有权的方式达成渠道间的合作，亦即渠道成员购买下来或对该渠道成员拥有相当的股权，从而达到控制的目的。如在我国，许多生产企业同时在国内许多地方自己开办零售店，直接销售它们的产品。美国最大的零售企业之一西尔斯公司所销售的产品50%以上是它完全拥有或部分拥有的企业所提供的。

2. 契约式垂直分销渠道组织

这种组织是指渠道各成员之间通过契约的方式协调其营销活动，以保证分销渠道有效运行的一种组织形式。常用的契约式分销渠道组织有下列三种：

（1）批发商发起的自愿连锁店。这种契约组织形式由批发商发起，各个独立的零售商自愿参与，在契约条款规定条件下以标准化的方式开展其销售活动。参与这种组织的独立零售商通过利用这种组织的整体优势，可以从生产者及其他营销中介机构获得有利的交易条件，以保证在零售业中获得一定的竞争地位。

（2）零售商发起的合作连锁店。这种契约组织形式由零售商发起，建立一个具有批发或生产功能的组织，实行统一进货，共同进行广告宣传或其他的营销活动，通过实现规模经济效益来实现组织成员都取得最大经济利益。建立新组织的费用和收益，一般按规定的比例分担或分配。

（3）特许权组织。这种契约组织形式是指由特许者（可以是渠道中的任何成员）以特许权转让的方式将某些产权，如技术、品牌、管理知识等授予渠道系统中的其他成员，使渠道成员共同获利、共同发展的一种组织形式。特许权组织形式常见的有两类：一种是制造商发起的特许权组织。在这种组织中，特许者是制造商，由制造商将产品的销售权甚至部分生产权转让给批发商和零售商。例如美国的可口可乐公司将其饮料在中国境内不同地区的销售权转让给不同的分装厂。另一种是服务性企业发起的特许权组织。在这种组织中，特许者是服务性企业，特许的权力是一种服务。如麦当劳快餐、香格里拉酒店管理等，它们特许转让的是一套标准化的服务，也可以说是一种管理技能。

3. 管理式垂直分销渠道组织

这种组织是指渠道内各成员以协调的方式而不是以所有权为纽带对营销渠道进行组织管理的渠道组织。在管理式垂直分销渠道组织中，能够承担起协调工作的往往是那些势力较强的，特别是能为其他成员提供某些特定服务的，能受到其他渠道成员拥戴的渠道成员。如一些名牌产品的生产者或者著名的中间商就可以利用自己的力量，使其他的小生产成员主动为其承担一些营销职能，承担起渠道管理者的责任。

案例8—1

摩托罗拉在中国的渠道变革

摩托罗拉公司1987年进入中国，1993年率先进入中国手机市场。1999—2003年居中国手机市场份额第一。其分销渠道在中国的主要变迁如下所述。

1. 单一批发模式（1993—1996年）

当时手机分销商市场被国家邮电系统垄断，消费者只能到邮电局购机入网，零售也只有在邮电局的营业厅进行。摩托罗拉只对邮电器材公司批发供货，当然无法掌握和控制分销。

2. 总代理区域分销模式（1997—1999年）

分销领域开放准入后，国营邮电企业开始改制，摩托罗拉既保持原有的渠道生态系统，又积极构建新的渠道，采用了总代理区域分销模式。其营销渠道模式为：摩托罗拉——一级代理商——二级批发商——三级批发商——末级批发商（或零售商）——零售商。总代理区域多家分销的模式具有密集网络优势，多家代理可以形成内部竞争，能在短时间内将新产品推向全国市场。但多家代理在同一区域中分销带来渠道层次冲突混乱和失控，摩托罗拉与代理商的关系基本是博弈交易关系。

3. 区域独家总代理——FD渠道模式（1999—2005年）

意识到总代理区域多家分销模式的弊端后，摩托罗拉自1999年开始实施区域独家总代理渠道模式。2005年，摩托罗拉将中国销售渠道重新划分为4个大区、15个小区、63个销售区，全面覆盖中国的250个城市，实行深度分销。

2002年，随着家电大卖场和专业手机连锁店逐渐壮大，摩托罗拉在深化代理分销的同时，又建立面向核心批发和零售商的直销模式：以代理商为主角的资金物流平台（Fulfillment Distributor，FD）向摩托罗拉指定的重点客户——核心零售商（KR）和核心批发商（KW）直接供货。2005年，摩托罗拉实施“全球重要市场开设品牌专卖店”计划，并在上海开设了其全球第一家旗舰店，在终端提供摩托罗拉的品牌体验。

资料来源：[美]菲利普·科特勒等：《营销管理》，365页，北京，中国人民大学出版社，2009。

（三）水平分销渠道组织

水平分销渠道组织是指由同一渠道层次上的两个或两个以上的成员联合起来，共同开拓一个新的市场的一种分销渠道组织。这种分销渠道组织近几年在我国比较多见，如许多地区搞企业集团，将同行业的不同生产企业联合起来；近年来我国零售企业实行连锁经营，有的也是现有的零售企业，如粮油零售企业等，实行联合，统一经营。采用水平式联合，促使各方互相取长补短，取得综合竞争优势。例如可口可乐公司与雀巢咖啡公司合作，二者相得益彰。建立水平分销渠道组织，可以通过资产合并的形式，也可以通过签订短期或长期协议的形式。

（四）多渠道分销渠道组织

多渠道分销渠道组织是指企业使用两种或两种以上的分销渠道，将其产品销售给顾客的一种分销渠道组织。企业在使用多渠道组织形式时，可以使用多渠道供应同一细分市场的顾客，也可以使用不同类型的分销渠道供应不同细分市场的顾客。表 8—1 就列出了可口可乐公司的 22 种分销渠道。企业使用不同类型的分销渠道，可以使企业进一步提高其服务水平，同时也可以进一步扩大产品的市场占有率。这一方法的缺点是容易造成渠道间的冲突，发生两个渠道成员抢一个客户的情况，导致渠道成员之间的纷争和不满。所以，在使用多渠道分销渠道组织时，通常的做法是不同的分销渠道服务不同的目标顾客，以尽量减少渠道之间的冲突。

表 8—1　　可口可乐公司的 22 种分销渠道

1. 传统食品零售渠道	12. 部队军营渠道
2. 超级市场渠道	13. 大专院校渠道
3. 平价商场渠道	14. 中小学校渠道
4. 食杂店渠道	15. 在职教育渠道
5. 百货商店渠道	16. 运动健身渠道
6. 购物及服务渠道	17. 娱乐场所渠道
7. 餐馆酒楼渠道	18. 交通窗口渠道
8. 快餐渠道	19. 宾馆饭店渠道
9. 工矿企业事业单位渠道	20. 旅游景点渠道
10. 街道摊贩渠道	21. 第三方销售渠道
11. 办公机构渠道	22. 其他渠道

第二节　分销渠道的选择和管理

分销渠道的选择就是制造商如何选择建立理想、可行、可用的渠道。包括确定渠道模式和选择中间商。中间商选定之后，还必须对他们进行管理，包括对渠道成员的选择、激励和评价，以及渠道改进和处理渠道冲突等。

一、影响分销渠道选择的因素

影响分销渠道选择的因素很多，企业的内外部环境因素都对企业所经营产品的分销渠道的选择有不同程度的影响。主要的影响因素有以下几种。

（一）顾客特性

顾客特性包括顾客的数量、一次购买的数量、购买频率、地理分布、购买习惯等方面。当顾客的数量多、一次购买量小、购买频率高时，利用直接分销渠道把产品销售给所有的顾客就比较困难，因此，这时宜选择层次比较多的长渠道，利用众多的中间商来完成产品的销售任务。一般日用消费品多采用这种渠道。当顾客数量相对较少、购买频率低时，则宜选择渠道层次少的短渠道，消费品中的选购品和特殊品、大多数的生产资料产品都采用这种渠道。当顾客一次购买量大时，这就类似于批发，对企业来说就有能力承担直接销售的费用，这时宜选择直接分销渠道。顾客的分布对分销渠道的长度也有直接影响。在顾客数量一定的条件下，如果顾客的地理分布非常集中，这时由企业直接在顾客集中的地区设立销售点比较合适；但当顾客地理分布分散时，就必须利用各种中间商，这样才能有效地将产品转移到顾客手中。对于不同的产品，顾客的购买习惯不同，即使同一种产品，不同顾客的购买习惯也不尽相同。对于一般的日用品，一般顾客要求在使用时即可购买到，所以要用大量的零售商，分销渠道要长些。对于选购品和特殊品，如家具等产品，顾客往往要通过比较选择后才能购买，这时分销渠道就不宜太长，也不宜太深。另外，不同顾客在购买产品时的要求也常有差异，有的要求价廉，有的要求花色品种多，有的要求用时即能买到，这些特殊性往往具有一定的区域性，可以根据不同地区顾客购买的这些不同特性，选择不同的分销渠道。

（二）产品特性

产品特性不同，对分销渠道的要求就不同。对于易腐烂的、保质期短的产品，一般选择直接分销渠道；对于那些重量较大的产品，为减少搬运、储存等方面的困难，一般也选择较短的分销渠道；对于那些价格低，或完全标准化的产品，为降低销售成本，则应选择较长的分销渠道，企业可采取大量批发的形式销售。相反，对于价格昂贵的产品，则应采取直接分销渠道；对于非标准化的产品，如一些技术性较强或作为专门用途的产品，企业要根据顾客的要求进行生产，所以必须采取产需见面的直接分销渠道；对于需要安装调试和维修服务比较复杂的产品，应使用直接分销渠道或通过授权专门的经销商；对于刚开始投放市场的新产品，一般找中间商经销困难较大，现有的分销渠道较难利用，这时多选直接分销渠道或使用代理商，但当产品打开市场后，分销渠道的选择性就大大提高。

（三）中间商特性

中间商在分销渠道中承担着各种营销职能，中间商本身的特性对分销渠道的选择有较大的影响。中间商对分销渠道的选择主要有两方面的影响：一是中间商能否满足企业的要求，能否以较低的成本承担企业所要求承担的职责，如销售量的大小、运输、经销、储存、信息反馈、信用、产品的服务等；二是企业所选择的中间商是否愿意经营企业的产品，一些新产品往往会面临这些问题。如果企业能找到合适的中间商，则可利用中间商的分销渠道；如果找不到合适的中间商，则企业必须利用直接分销渠道。

（四）竞争特性

竞争者所使用的分销渠道对企业分销渠道的选择也有影响。企业可以以竞争者的分销渠道选择为借鉴，利用竞争者已经成功使用的分销渠道与竞争者的产品进行竞争。许多食品生产企业就采取这种渠道策略。企业也可以在选择分销渠道时，尽量避开竞争者已经使用的分销渠道，开辟新的分销渠道。如美国雅芳公司在化妆品分销渠道选择上，选用了上门推销的直接分销渠道，从而避开了渠道竞争，获得了成功。

(五) 企业特性

企业特性在渠道选择中扮演着十分重要的角色，主要体现在以下几个方面。

1. 企业规模

企业规模的大小反映了企业自身的能力和市场的大小。企业规模大，对市场的控制能力就大，愿意与之合作的中间商就会较多，企业对分销渠道选择的灵活性也大。相反，对于小规模的企业，在分销渠道选择时受的限制就大得多。

2. 企业财力

企业的财力决定了企业自身可以在分销渠道中承担的职能。资金雄厚的企业有能力建立自己的分销渠道，而资金短缺的企业就望尘莫及，只能利用原有的分销渠道。

3. 产品组合

企业的产品组合对分销渠道的选择也影响很大。企业产品组合的宽度越宽，与顾客直接打交道的能力越强，越倾向于使用直接分销渠道；产品组合的深度越深，选用独家经销、独家代理或选择性经销和代理越容易；产品组合的相关性越强，分销渠道的一致性也越强。

4. 管理经验和能力

企业的管理经验和能力对分销渠道的选择也有较大影响。管理经验和能力较强的企业往往可以选择较短的分销渠道，甚至采用直接分销渠道；管理经验和能力较差的企业一般宜将产品的分销工作交由中间商完成，自己专心于产品的生产。

(六) 环境特性

各种环境因素及其变化对营销渠道的选择都有影响。如政治法律因素直接限制着企业使用何种分销渠道。如我国化肥、烟草等实行专卖制度，使得这些产品的生产企业必须按照专卖程序选择分销渠道。科学技术的发展也可能为某些产品创造新的分销渠道。如食品保鲜技术的发展，使得水果、蔬菜等分销渠道由过去的直接渠道变为多渠道销售。经济因素使得企业在经济萧条时，不得不考虑尽量使用费用低廉的方式把产品送到消费者手中，使企业缩短分销渠道，减少或取消那些提高产品最终售价的不必要的服务项目。

二、分销渠道选择策略

通过对影响分销渠道选择因素的分析，企业可以根据这些影响因素选择适当的分销渠道。在具体的分销渠道选择中，主要涉及分销渠道结构、中间商的类型、中间商的数量、渠道成员的条件和责任等方面的选择。

(一) 分销渠道结构的选择

分销渠道结构的选择是指选择直接销售还是间接销售，是一层渠道还是二层渠道，是利用中间商还是委托代理商，是沿用传统渠道，还是开辟新渠道。一般是根据影响分销渠道的因素，如果现有的分销渠道不适合企业产品的要求，或企业为了避免在原有的分销渠道中与竞争者竞争，或企业能够发现新的更有效的分销渠道，那么企业就用新的分销渠道。

(二) 中间商类型的选择

市场中各中间商的选择性及功能不尽相同。选择中间商必须认清在产品市场中有多少种中间商类型，哪一种中间商最能配合企业的需要，使用各中间商的成本效益如何。选择中间商的类型必须对以上问题作详细分析。一般企业主要根据目标市场及现有中间商的情况，参考同类产品经营者的现有经验，选择自己的分销渠道。如果没有合适的中间商可以利用或企业直销能带来更大效益，企业可以设计直销渠道。在更多的场合，企业仍要采用有中间商参与的间接渠道。选择间接渠道，首先考虑短渠道，即能否利用零售商销售，然后再考虑长渠道，即利用批发商、代理商逐级销售产品。此外，企业还可寻求更多创新的分销渠道，如西方一些公司采用专门店、销售俱乐部、传销等方式。如我国西安的太阳牌锅巴在开始进入市场时中间商不愿经销或代理，使得它不能使用食品通常使用的分销渠道，而采取直接分销渠道，也取得了成功。

（三）中间商数量的选择

当中间商的类型确定后，还要进一步确定每种中间商使用的数量。确定中间商数量时，有三种可供选择的策略。

(1) 密集分销，是指企业在分销渠道的第一层次上选择尽可能多的中间商销售其产品。消费品中的便利品，要用密集分销，使广大消费者能随时随地买到这些日用品。

(2) 选择分销，是指企业在分销渠道的每个层次只挑选一部分中间商来销售其产品。选择分销适用于所有产品。但相对而言，消费品中的选购品和特殊品最适于采取选择分销。

(3) 独家分销，是指企业在一个地区只选择一家中间商销售其产品。消费品中的特殊品，尤其是一些名牌特殊品，或需要提供特殊服务的产品较多使用独家分销。

（四）渠道成员的条件和责任的选择

渠道成员的交易条件和职责，是在分销渠道结构、中间商类型和数量决定以后，需要解决的另一方面的问题。

交易条件主要包括价格政策、销售条件、区域销售权和企业与中间商的职责等方面。

(1) 价格政策，即企业写出具体产品价格和价格折扣标准。要使中间商感到公平合理。

(2) 销售条件，即价格要求企业制定出相应的付款条件和生产者的保证。如对提前付款的中间商给予现金折扣、对产品质量的保证，甚至对价格下跌时必须保证等。

(3) 区域销售权，即划分清楚经销商的区域销售权，便于中间商开拓业务，也有利于对中间商的业绩进行考核。

(4) 企业与中间商的职责，即明确企业要为中间商提供哪些方面的服务，承担哪些方面的责任；中间商要为企业提供哪些方面的服务，承担哪些方面的责任。一般情况下，相互的职责和服务内容包括供货方式、促销的相互配合、产品的运输和储存、信息的相互沟通等。

三、分销渠道的评价

企业在选择分销渠道及中间商的类型时，往往可以发现有几种类型的渠道可供选择，但企业具体要选用哪一种渠道，或以哪一种渠道为主，必须根据自身的条件和营销目标，从经济性标准、控制性标准和适应性标准三方面进行评价，从而选到对企业最有效的分销渠道。

（一）经济性标准

使用经济性标准对分销渠道进行评价时，一要评价不同渠道所能完成的销售额，二要评价不同渠道分销成本的变化。

在不同渠道所能完成的销售额方面，企业有较强控制能力的渠道，便于刺激渠道成员尽最大努力为企业销售产品；另外，如果企业与渠道成员有良好的合作关系，也便于企业产品销售额的扩大。

渠道的分销成本一般包含建立渠道的成本和渠道运行的成本。渠道分销成本的高低随销售量的变化而变化，但在同一销售量下，不同渠道的分销成本不同。因此，在一定的销售量范围内，会存在一种分销成本最低的分销渠道。根据经济性标准，企业可以从不同的渠道方案中选择适合企业一定销售量的分销成本最低的分销渠道。

（二）控制性标准

对分销渠道控制能力的评价，一是看企业与中间商利害关系处理的难易程度，二是看同一层次中间商之间关系协调的难易程度。对企业来说，一般希望这些关系越容易处理越好，但除非是属于所有权式垂直分销渠道组织，否则渠道成员会以其本身的利益作为其决策目标，出现利害关系冲突在所难免。但是，对于不同结构的分销渠道，以及不同渠道的组织方式，企业所能表现出的控制能力有一定的差别，因而要求企业在选择分销渠道时必须对不同渠道的控制能力作判断，以选择到适合企业标准要求的分销渠道。

（三）适应性标准

适应性标准是指随着环境条件的变化，所选的分销渠道能否适应这种变化，或企业能否灵活地对其分销渠道进行调整的问题。一般来说，建立分销渠道时，或者要投入一定的费用向中间商方向发展，或者要与中间商通过签订合同明确各自的权利和义务，因而所选的分销渠道不是说想改变就马上能够改变的。但随着环境条件的变化，不同渠道的效率或适应性会发生变化，过去有效的分销渠道在环境发生变化后可能会变得没有效率。因此，企业在分销渠道选择中，既要看到所选的分销渠道的短期效率，也要从长远考虑，评价所选的分销渠道对环境变化的适应性及企业对其调整的难易程度，以使企业所选的分销渠道具有较强的环境适应能力。

四、分销渠道的管理

分销渠道的管理是保证所选的分销渠道有效运行的重要条件。分销渠道管理中涉及的问题主要包括：渠道成员的选择、激励与评价，分销渠道的改进及分销渠道冲突的处理等。

（一）渠道成员的选择

渠道成员的选择是指根据所选的分销渠道的类型和所需的不同类型中间商的数量确定合适的中间商。所选的中间商的能力对企业分销渠道的有效运行和企业营销目标的实现具有重人影响。

1. 必须了解中间商具备的条件

企业在确定中间商时，必须了解中间商具备的条件：（1）过去的营业状况，如企业竞争利益、增长幅度、营业额的大小、资金是否充裕、人员多寡情况、企业设备情况等；（2）产品销售组合的内容。如该渠道成员共有多少产品？产品线的特征如何？与企业产品是否配合？（3）目标市场的一致性。如该成员现有经营的客户对象与企业产品对象是否一致？差异多少？企业产品是否适合中间商的经销渠道？（4）合作意愿高低。如中间商是否愿意全力配合销售企业产品？是否有长期承诺经营企业产品的决心？

2. 选择中间商可能面临的几种情况

产品依其名气高低及吸引力大小，对中间商的吸引力也不同。可能有以下三种情况：（1）有的生产者轻而易举地就能吸引大批合格中间商。此种情况下，企业可以为入选的中间商设定较高的条件，通过比较选择最好的中间商。（2）有的生产者费了九牛二虎之力才能找到合格的中间商。此种情况下，中间商选择的主要任务是努力说服够条件的中间商能够加盟到企业产品的营销中来，向中间商推销产品，使中间商能够看到经营企业产品可以带来利益，以尽量使所选的中间商具备较好的条件。（3）有的生产者费尽各种努力还是找不到或找不够中间商。此时必须降低中间商的条件，给中间商更多的利益，以吸引中间商经营其产品。如果采取各种优惠措施还是找不到或找不够合格中间商，则应重新设计分销渠道。

（二）渠道成员的激励

为促使中间商尽心尽力为企业工作，完成企业所要求完成的营销职责，对所选的中间商采取适当的措施给予激励是非常重要的。

由于中间商在处理与制造商之间的关系时往往存在以下情况：首先，中间商认为自己是顾客的采购代理，往往先考虑顾客的需求，然后才考虑制造商的期望；其次，中间商出于自身利益的考虑，只注重自己的广告宣传，往往不能充分利用制造商的广告材料；最后，中间商往往不愿记录和提供某一些特定品牌产品的销售资料，以方便制造商改进产品、定价、包装、服务和宣传推广等。针对这些情况，制造商必须对中间商采取措施加以激励，基本的激励方法有以下三种：

（1）合作，即设法使中间商与自己合作。可以采取软硬兼施的办法：一方面使用积极的刺激手段，如给中间商让利、发销售资金、交易折扣折让、合作营销补贴、提供某些服务、搞销售竞赛等；另一方面使用消极的制裁，如威胁不让其继续经销企业产品，提高售价，降低信用，减少销售优惠条件等。

（2）合伙，即生产者与中间商建立长期的伙伴关系。首先生产者要仔细研究并明确在销售区域、产品供应、市场开发、财务要求、技术指导、售后服务和市场信息等方面，生产者和中间商彼此之间的相互要求。然后根据产品实际可能，双方共同商定这些方面的有关政策，并对他们信守这些政策的行为给予奖励。

（3）经销规划，即建立一个有计划的、实行专业化管理的垂直市场营销系统，把生产者和中间商双方的需要结合起来。制造商可以设立一个“中间商关系规划部”，其任务是探求中间商的需要，增进彼此间的了解与合作。通过这个机构与中间商共同规划销售目标、存货水平、商品陈列、员工培训、广告宣传等，增进友好合作关系。使中间商认识到，作为制造商分销渠道的一员，积极做好相应的分销工作，就可以从中得到更大的利润。

案例8—2

江苏春兰集团实行的“受控代理制”是一种全新的厂商合作方法。代理商要进货，供销员必须提前将货款以入股方式先交给春兰公司，然后按全国统一规定，提走货物。这一高明的营销战术，有效地稳定了销售网络，加快了资金周转，大大提高了工作效率。当一些同行被三角债拖得精疲力竭的时候，春兰却没有一分钱拖欠，几十亿元流动资金运转自如。目前，春兰公司已在全国建立了13个销售分公司，同时还有2 000多家经销商与春兰建立了直接代理关系，二级批发、三级批发，加上零售商，销售大军已达10万之众。春兰的经验虽然简单易行，但并不是所有的企业都能一下子学到手。因为春兰用于维系经销商的手段并非单纯是金钱（即预收货款），更重要的是质量、价格与服务。首先，春兰空调的质量不仅在全国同行中首屈一指，而且它可以同国际上最先进的同类产品媲美。其次，无论是代理商还是零售商，都要从销售中获得理想的效益，赔本交易谁也不会干的。而质量第一流的春兰没有忘记给经销商更多的实惠。公司给代理商大幅度让利，有时甚至高达售价的30%，年末还给予奖励。这一点，许多企业都难以做到。有的产品稍有点名气就轮番提价，想把几年的利润在一个早晨就通通挣回来，根本不考虑代理商和经销商的实际利益。再次是服务。空调买回去如何装？出了毛病找谁？这些问题不解决，要想维系经销商也是很难的。春兰为了免除10万经销商的后顾之忧，专门建立了庞大的售后服务中心，有安装工、调试工、维修人员近万人，他们实行24小时全天候服务。顾客在任何地方购买了春兰空调，都能就近得到一流的售后服务。春兰正是靠这些良好的信誉维系经销商的。10万经销商也给了春兰优厚的回报：它们使春兰空调在国内市场上的占有率达到了40%，在同行各企业中遥遥领先。在2001年第三届“中证·亚商中国最具潜力上市公司50强”评选活动中，春兰制冷设备股份有限公司以其优异的综合业绩位列其中。

资料来源：郭国庆：《市场营销》，251～252页，北京，中国人民大学出版社，2002。

（三）渠道成员的评价

渠道成员的评价是指对企业所选分销渠道的中间商所完成的职责进行评价，以此对中间商进行激励和管理。

评价的标准一般包括：销售额完成情况、平均存货水平、向顾客交货时间、损坏和遗失货物处理、对企业销售与培训计划的合作情况、货款返回的状况以及中间商对顾客提供的服务等。

一定时期内各经销商所达到的销售额是一项重要的评价指标。可以将各中间商的销售业绩分期列表排名；也可以将各中间商的销售额与前期比较；还可以根据每一中间商所处的市场环境和它的销售实力分别订出其可能实现的销售额，然后将其销售额实绩与定额进行比较。

正确评价中间商的目的，是及时掌握情况，发现问题，以便更有针对性地对不同类型的中间商开展激励和推动工作，提高分销效率。

（四）分销渠道的改进

分销渠道的改进是指根据市场营销环境的变化，对企业原来使用的分销渠道的某些方面或整体的分销渠道类型进行改进，以适应新的环境条件的要求。生产企业调整分销渠道主要有三种方式。

1. 增减某一渠道成员

作这种调整需要进行经济增量分析。如增加或减少某个中间商，将会对企业的利润带来何种影响，程度如何。

2. 增减某一分销渠道

当制造商在某目标市场只增减个别中间商不能解决根本问题时，就要采取增减某一分销渠道。如某化妆品公司发现其经销商只注重成人市场而忽视儿童化妆品市场开发，就可能增加一条新的分销渠道。

3. 调整整个渠道

即对以往的分销渠道作通盘调整。这种调整难度较大。

（五）分销渠道冲突的处理

分销渠道的冲突是指在分销渠道内部或分销渠道之间出现的相互冲突现象。渠道冲突的发生往往是因为两个或两个以上的成员目标或利益不一致，这种目标或利益的不一致使得渠道成员的一方向其他方施加压力，而其他方如果不屈服于这种压力，就必然会产生冲突。此外，由于渠道成员间职责和权力不明确，渠道成员间过分的依赖关系等也都可能引起渠道冲突。

常见的渠道冲突有两种，即渠道内冲突和渠道间冲突。渠道内冲突是指同一分销渠道内部各成员之间的冲突。这种冲突一般有两种：一是渠道内不同层次成员间的冲突，常称为纵向冲突；另一种是同一渠道层次成员间的冲突，常称为横向冲突，如前几年在我国河南发生的“郑州商战”，即几家大零售企业与亚细亚商场的冲突。渠道间冲突是指两种或两种以上的分销渠道之间发生的冲突。渠道间冲突是在使用多渠道组织形式时才会出现。渠道间冲突的结果，可能使各渠道获得利润的能力都降低，也可能发展为渠道中间商与企业的纵向冲突。

渠道管理必须要妥善处理渠道成员间的冲突，否则长久积怨，会影响分销渠道间的合作及效率。因此，针对不同类型的冲突及产生冲突的原因，一般有以下几种处理方式：(1) 确立共同的目标。渠道成员之间利益共享，风险共担，为了共同的目标而努力。(2) 协调渠道成员的工作。渠道成员之间通过经常接触，通过工作中遇到的问题，可以就工作中的分歧互相达成谅解，减少发生冲突的可能性，并对已发生的冲突及时采取适当方式加以解决。(3) 严格制定和执行渠道成员的条件。严格制定渠道成员的条件，明确渠道成员的目标和利益关系，使各成员都严格执行所制定的条件，减少渠道冲突的可能。

案例8—3

宝洁的渠道冲突管理

宝洁公司所处的日化行业属于快速消费品行业，消费者的购买行为具有明显的冲动性和习惯的特征，而且品牌忠诚度不高。对于这样的行业，企业只有拥有高效的多种营销渠道才能把产品以最快的速度转移到消费者的手里，使消费者能够方便地随时购买到。

首先，宝洁公司把多渠道的组织按一定的要求进行分类管理，以便充分发挥它们各自的优势。在宝洁公司的渠道组织划中，小店主要是月销售量低于5箱的小型商店、超级市场、连锁店、平价仓储商场、食杂店、国际连锁店及价格俱乐部等。同时，宝洁公司对大店和小店的经营品种有相对准确且互补的定位。小店的优势在于极大地方便消费者随时随地购买，经营品种相对集中，以畅销规格为主，销售量受其他因素干扰小，能够有足够的毛利率保证其稳定的利润来源，基本上都有较稳定并且较为广泛的客户网络。大店的经营环境是建立企业形象、塑造品牌的有利场所，大店中良好的店内设计和形象的展示是配合宝洁公司强大的广告攻势的最有利的销售工具。

其次，宝洁公司在营销资源的分配上也采用了合理的配置，它通过供货管理和拜访制度的差异管理成功地解决了多渠道冲突。在供货管理上，小店供应价可高于批发市场的发货价，一般以出厂价加5%为宜，100%现款现货，在任何情况下都不提倡采用任何形式的代销赊销，并要求分销商向所有的小店提供送货上门服务。大店则按严格单一分销商供货政策，根据商店经营的历史背景和目前的经营状况，按比例将每一家商店划给某一具体分销商，同时其他分销商不得介入。在拜访制度上，小店的拜访频率以成熟品牌不脱销、新产品4周内卖完为目标，将1.5周作为每家小店比较合适的拜访频率。大店则根据库存周期、生意量大小、货架周转率、送货服务水平以及促销活动频率等综合指标来考虑确定合适的拜访频率。

但是，无论进行怎样好的设计和管理，总会有某些冲突，这是任何企业都无法避免的。其中多数冲突是失调的，而某些渠道冲突却能产生建设性的作用。所以说问题的关键不在于是否消除这些冲突，而在于如何更好地管理它。宝洁对渠道冲突的管理可以说是很成功的，值得我们借鉴。

资料来源：王大春：《市场营销案例评析》，163页，大连，东北财经大学出版社，2009。

第三节　批发商和零售商

批发和零售是分销渠道中的两大功能。批发商将产品集结分送给零售商，零售商则在其所选定的商业范围内直接服务于消费者。如果没有批发及零售的功能，市场将无法达到货畅其流的目的。因此，掌握批发商和零售商的特点、功能、组织及分类，了解现代商业形式的新发展具有极其重要的意义。

一、批发商

批发是指供转售、进一步生产加工或其他商业用途而销售商品的各种交易活动。批发商是指从事批发活动的个人或组织。

（一）批发商的功能

批发商的存在是由它的一些独特功能决定的，也是生产者和零售商无法代替的。为什么制造商不把货物直接售给最终用户而要通过批发商呢？关键在于效率，即批发商能够更好地完成以下一种或多种功能。

1. 销售与促销功能

批发商通过其销售人员的业务活动，可以使制造商有效地接触众多的小客户，从而促进销售。

2. 采购与搭配货色的功能

批发商代替顾客选购产品，并根据顾客需要，将各种货色进行有效的搭配，从而使顾客节约不少时间。

3. 整买零卖功能

批发商可以整批地买进商品，再根据零售商的需要批发出去，从而降低零售商的进货成本。

4. 仓储服务功能

批发商可将产品储存到出售为止，从而降低供应商和顾客的存货成本和风险。

5. 运输功能

由于批发商一般距零售商较近，可以很快地将商品送到顾客手中。

6. 融资功能

一方面，批发商可以向客户提供信用条件，提供融资服务；另一方面，如果批发商能够提前订货或准时付款，也等于为供应商提供了融资服务。

7. 风险承担功能

批发商在分销过程中，由于拥有商品所有权，承担失窃、破损、腐烂和过时的费用开支，从而便承担一定的风险。

8. 提供信息功能

批发商可以向其供应商提供有关买主的市场信息，诸如竞争者的活动、新产品的出现、价格的剧烈变动等。

9. 管理咨询服务功能

批发商可经常帮助零售商培训推销人员、布置商店以及建立会计系统和存货控制系统，从而提高零售商的经济效益。

由上述分析可知，批发商所以有其存在的必要性，主要是因为它能为制造商、零售商以及其他机构提供多种职能服务。从国内外经济发展的趋势看，批发商仍有其广阔的发展前景。

(二) 批发商的类型

批发商的主要类型如表 8—2 所示。

表 8—2　　批发商的主要类型

类型	详 细 说 明
商业批发商	商业批发商是独立公司，对其所经营的商品拥有所有权。商业批发商还可以进一步细分为完全服务批发商、有限服务批发商、分销商和工厂供应批发商。
完全服务批发商	持有存货、组织销售团队、提供顾客信贷、送货以及协助管理。批发中间商主要向零售商销售产品，有些经营多条产品线，有些经营一两条产品线，有些则只经营一条产品线中的某一部分；工业分销商只向生产商销售产品，并提供信贷和送货等有限的服务。
有限服务批发商	对其供应者和顾客提供较少的服务。现款交易运货自理批发商只经营一些周转快的商品，主要是销售给小型零售商，收取现款；卡车批发商主要向超市、小杂货店、医院和其他类似场所销售和投递容易变质的商品；直送批发商主要经营体积大的散装产品，如煤、木材和重型设备，在商品送达前拥有产品的所有权并且承担相应的风险；专柜寄售批发商主要经营非食品类商品，它们只对销售给消费者的寄售商品拥有所有权，并在年底才支付账单；生产合作社是把农场组织起来到当地市场进行销售的组织；邮购批发商直接向零售商、工业用户和其他用户寄送商品目录，收到订单后，再通过邮局、铁路、飞机和卡车送货。

续前表

类型	详细说明
经纪人和代理商	促成买卖双方达成协议，获得销售价格2%～6%的销售佣金；仅执行有限的职能；一般情况下专门经营某条产品线，或者专门为某一类顾客提供服务。经纪人为买卖双方牵线搭桥，并且协助双方进行协商。由委托方支付佣金，多见于食品业、不动产业和保险业。代理商是卖方或者买方利益的较为长期的代表。大多数制造代理商是拥有一批富有经验的销售人员的小公司；销售代理商通过与生产商签订合同从而获得销售生产商全部产品的权利；采购代理商与买主之间具有长期关系，负责为其采购商品，通常为买主提供收货、验货、储存和送货方面的服务；佣金商则会得到商品的实际持有权，负责协商产品的具体销售。
生产商和零售商的分支机构和营业所	由买方或卖方自己而不是通过独立的批发商进行批发业务。不同的销售分部和营业所专门负责销售或者采购。大部分零售商都在主要的中心市场设立这种机构。
专业批发商	农产品集货商从农民处收购农产品，散装石油厂和油站联合购买多个油井的产品用于销售，拍卖公司向经销商或者其他行业拍卖汽车或其他产品。

案例8—4

优秀批发商的战略

一些学者研究了美国97家绩优批发商，以发现他们获得竞争的核心战略。研究显示出下面的11项核心战略改变着分销的优势结构。

1. 合并与收购：调查中，至少有1/3的批发商在进入新市场、加强在现有市场的地位多样化或垂直一体化行动时进行了新的收购活动。

2. 资产重组：至少20家批发商出售或调整了一些边缘业务以加强其核心任务。

3. 公司多样化：几家批发商为降低公司风险而对其业务投资组合进行了多样化。

4. 前向和后向一体化：几家批发商加强了垂直现代化以改进获得情况。

5. 自有品牌：1/3的公司增强了其自有品牌计划。

6. 向国际市场扩展：至少26家批发商在进行跨国经营，并打算渗透到西欧和东亚市场。

7. 附加值服务：大多数批发商都改进了其附加值服务，如快速交货、定制包装和计算机联系，并建立了药剂师账户接受项目和药店的存货订购计算机终端。

8. 系统销售：许多批发商向购买者提供一揽子商品计划。

9. 新游戏战略：一些批发商找到了新顾客群，并为他们开发了新的一揽子商品计划。

10. 利基市场营销：有些批发商集中于一个或几个产品种类，保有大量存货，提供高度服务和快速交货，从而满足被大竞争者忽视的特定市场的需求。

11. 复合市场营销：当公司想同时服务多个细分市场时，复合市场营销能提高成本和竞争优势。有几家批发商在其核心市场上又加上了新的细分市场，希望能达到更高的规模经济和竞争优势。因此仓储俱乐部除了向小规模和中等规模的用户批发以外，还向消费者销售产品。一些药品批发商除了为医院提供服务外，还向诊疗所、保健组织等提供产品。

资料来源：卜妙金等：《分销渠道决策与管理》，34页，大连，东北财经大学出版社，2001。

二、零售商

零售是指所有向最终消费者直接销售产品和服务，用于个人及非产业性用途的活动。任何从事这种销售活动的机构，不论是制造商、批发商还是零售商，也不论这些产品和服务是如何销售或者是在何处销售的，都属于零售。零售商或零售商店是指那些销售量主要来自零售的商业企业。

零售商是商品流通的最终环节，是商品分销渠道的出口，它的服务对象是最终的消费者，其基本任务是直接为个人消费者服务，它对市场信息反应最直接、最敏感，而且零售商分布点多面广，新形式层出不穷，千变万化，是一个最活跃、最动荡的行业，因此，研究零售商对企业营销策略实施起重要作用。

（一）零售商的类型

零售组织变化很快，新的组织形式不断出现，对零售商的分类方式有多种。根据有无店铺对零售商进行分类可分为有店铺零售商和无店铺零售商两类。

1. 有店铺零售商

是指有固定的销售场所的零售商。有店铺零售商主要有以下几种：

（1）小杂货店。

小杂货店在我国的零售业中占有非常重要的地位，特别在广大农村，见到最多的有店铺的零售商就是小杂货店。这种杂货店一般经营的产品多为消费品中的日用品，也有其他价格比较低的产品，经营方式以家庭为主。这种零售商对批发商的依赖性强，一般除直接销售产品外，不开展其他的营销活动。

（2）专卖店。

是指经营较少产品线或单一品牌产品的零售商。这种零售商可以分为两类：一类是经营专门类别的产品，如家具、照相器材、体育用品等；另一类是经营专门品牌的产品，如李宁牌服饰专卖店、李维斯牛仔专卖店等。一般专卖店的产品很少，但各产品线内的种类齐全。

（3）百货商店。

是指经营许多产品线产品的零售商。百货商店销售多种产品，如服饰、家具、家用商品、化妆品等。每条产品线的产品种类繁多，几乎可自成独立的部门。世界上第一家百货商店巴尔夏公司于1842年在巴黎成立，其新颖的设施及齐全的产品，让人觉得买东西是一种享受。然而近年来，由于百货商店之间竞争激烈，还有来自折扣店、连锁店、仓储商店的激烈竞争，加上交通拥挤、停车困难和中心商业区的衰落，百货商店正逐渐失去往日的魅力。很多百货商店为了挽救失去的市场，开始改变经营路线，如：调整产品组合，寻找交通方便的市郊开设百货商店，经营其他类型的零售店，增加邮购服务，减少成本开支等。

（4）超级市场。

是指规模大、自我服务型的零售商店。超级市场一般主要经营食品、洗涤剂和家庭日用品等。经营上以面积大、产品多、成本低、薄利多销及采取自助式的方式为特色。超级市场从20世纪30年代出现以后，在发达国家一直发展很快，对百货商店构成较大的威胁。同时超级市场目前也同样受到许多新兴的零售店的攻击。为了迎接竞争，超级市场的发展规模越来越大，经营品种日益增多，营业设施不断改善，努力增加顾客服务项目，不断增加促销费用等。

（5）折扣店。

它是以低价销售为特征的一种零售商店。折扣店的低价格是建立在低经营成本基础上的，而不是说经营的产品质量不好。折扣店的低成本一般是通过减少服务、选择租金成本较低的销售地点、节省装潢等方面费用的形式实现。近年来折扣商店遭受百货商店及同行业价格竞争，经营方法上不得不翻新。例如产品趋向专业化，改进装潢，增加服务项目等。可是这些附加项目却往往提高成本，使折扣商店失去其低价的竞争优势。因此，折扣商店要生存下去，必须同时兼顾低成本及差异化两项重要原则。

（6）方便店。

是指设在居民区附近的、经营规模小、营业时间长的一种零售店。方便店一般经营周转快的日用品，而且营业时间长，能更好地满足人们对某些产品购买便捷的需要。

（7）仓储商店。

是指以仓库陈列和相应的管理来低价销售产品的零售店。仓储商店通过大量进货、简单陈设、很少的服务，使产品成本可以降到更低的水平，以使它可以比折扣店更低的价格销售产品，吸引更多的顾客前来购买。仓储商店从1968年开始出现，发展较快。现在在世界许多地方都可以看到。1993年，我国第一家仓储商店在广州出现，现在我国各地都开办了仓储商店。

2. 无店铺零售商

是指没有固定销售场所的零售商。无店铺零售近年来在国外发展很快，在我国也已进入发展阶段。无店铺零售商主要有以下几种：

（1）直销。

是指由推销人员直接向顾客进行推销的一种零售方式。直接推销主要是利用推销员挨家挨户进行推销，是最古老的无店铺式零售方法。此法最大的优点是消费者不必出门即能买到产品，非常方便，而且直接吸引消费者。同时，消费者又可与销售者直接面对面沟通。其缺点是销售员的训练往往非常费时费力，另外由于目前社会结构变化，愈来愈少的人会在家中等推销员上门。例如美国雅芳化妆品公司主要是通过直销来实现其销售目标的。

案例8—5

D·麦肯尼尔，1858年生于美国。他原来是个书报推销员。1886年创办加利福尼亚香水公司，后来改名为雅芳化妆品公司。

麦肯尼尔主要聘请家庭主妇为雅芳公司的推销员，在当地的街道做香水的访问推销。当时的访问推销非常兴盛，多卖些品质较差的东西，仅仅依赖于一锤子买卖。麦肯尼尔的经营方针正相反。他组织的访问推销有两个特色：第一，被雇佣的访问推销的主妇只在自家附近推销；第二，品质差的物品包换。这么一来，消费者都很放心地购买雅芳公司的化妆品，“雅芳”的信誉迅速提高。同时，通过主妇推销员能与当地消费者密切结合，这便是雅芳公司的强人之处。难怪同行们都说：“‘雅芳’是利用人与人的联系与结合而开展推销的公司。”假如某高楼公寓的访问推销比较困难，麦肯尼尔就会找到住在这栋公寓内的一位主妇来负责这栋楼的访问推销工作。麦肯尼尔的经营方针，使雅芳公司的业务发展很快。1905 年，雅芳公司即拥有了 1 万名主妇推销员；到 20 世纪 60 年代，雅芳公司已拥有 30 万名主妇推销员。麦肯尼尔把 30 万推销大军组织得井井有条，“彼此共存共荣”；30 万推销大军为雅芳公司创造出不息的生机与“无限的市场”。1966 年，雅芳公司的营业额高达 4 亿多美元，等于当时日本全国化妆品的生产总额。

资料来源：李航：《有效管理者——营销企划》，565 页，北京，中国对外经济贸易出版社，1998。

（2）直复营销。

是指通过各种媒介与消费者沟通，以引起消费者的购买反应，达到销售产品目的的营销活动。直复营销的作用过程是：企业通过某些媒介向顾客传达营销信息，顾客根据这些信息订货并支付货款，企业将产品传递给顾客。直复营销的主要方式有：邮寄目录、直接邮寄、电话推销、电视推销（如专门销售产品的节目）及网络销售。目前随着电子技术的发展及对顾客消费行为研究的深入，直复营销的效率迅速提高，直复营销也在迅速发展。

案例8—6

1984 年，年仅 19 岁的迈克尔·戴尔创立了戴尔计算机公司。迈克尔·戴尔奉行一种简单的直销商业模式。2000 年，戴尔模式被认为是计算机行业全球最有效率的模式，戴尔公司的业务进入 170 多个国家。2005 年，戴尔在全球计算机市场的份额为 16.8%，以 3670 万台的发货量成为世界第一大计算机销售商。2008 年第二季度，戴尔在全球 PC 市场上的占有率为 15.6%，位居第二（第一是惠普，为 18.1）；在美国 PC 市场的占有率为 31%，位居第一（第二是惠普，为 25%）。

1995 年，戴尔进入中国，1998 年戴尔在厦门设立中国客户服务中心，提供全方位的技术和服务支持，开始在中国开拓它的直销商业模式。此后，戴尔（中国）的业务迅速发展，在中国的销售额直线上升：1998 年为 3 亿元，1999 年 19 亿元，2000 年 37 亿元，2001 年 75 亿元，2002 年 175 亿元，2003 年 220 亿元，2004 年 303 亿元，2005 年 349 亿元，2006 年达到 387 亿元。5 年内升至中国计算机行业第三位，占中国市场 9%的份额。戴尔（中国）把大型企业及政府用户作为主要目标市场，B2B 市场占有率高达 25%～30%，服务用和商用计算机出货量全国排名第一，争取到一批重要的本地商用客户（如太平洋保险、宝钢、华为等）接受戴尔的服务器等高端产品。

资料来源：[美] 菲利普·科特勒：《营销管理》，48 页，北京，中国人民大学出版社，2009。

（3）自动售货机。

自动售货机是第二次世界大战以后出现的一种零售方式。这种零售方式可以用来销售许多产品，包括香烟、糖果、报纸等。自动售货机现在在发达国家到处可见，而且 24 小时提供服务。但自动售货机由于补充存货、机器的损坏等问题，其成本居高不下，因而影响了它的进一步推广使用。

（4）购物服务公司。

是为特定顾客（通常是大型组织的员工）提供服务的无店铺零售商，其顾客可以用折扣价从属于购物服务成员的零售商那里购买商品。例如一位顾客想买录像机，就可以从购物服务公司领取表格，到经过批准的零售商那里以折扣价购买，该零售商要向购物服务公司支付一笔费用。

（二）零售合作组织

在零售商的发展中，为了竞争的需要，通常要采用适当的组织形式，以形成某种零售商团体。零售合作的组织，有助于零售商本身的发展，也提高了参与某种团体的每个零售商的竞争能力。零售合作的组织形式如表 8—3 所示。

表 8—3　　零售合作的组织形式

组织形式	详细说明
合作连锁店	两个或两个以上的商店同时被一个所有者拥有和控制，它们销售相似的产品线，并进行集中购买和分销。
自愿连锁组织	由某个批发商发起，若干零售商参加的，可以实施大规模购买和一般性销售规划活动的群体。
零售商合作社	由若干独立零售商建立的合作组织，进行联合采购和促销活动。
消费者合作社	顾客拥有的零售公司，居民投资创办自己的商店，投票确定经营方法，选出管理人员，并享受投资应得的红利。
特许经营组织	特许者和被特许者之间存在契约关系，在某些产品和服务领域非常普遍。
商业集团	由若干不同的零售产品线和零售形式联合组织的所有权集中、统一进行分销和管理的公司。

案例8—7

麦当劳，无疑是世界上实行特许专卖制度最成功的公司之一。其分店的数量以惊人的数字在增加，其汉堡包已成为美国大众文化的标志。

麦当劳直接经营的连锁店销售额占总销售额的 25%，而加盟特许店的数额占 69%，国外分店销售额占 6%。可见特许加盟制度已成为麦当劳“帝国大厦”的基础。

麦当劳的特许加盟规则如下所述：

(1) 特许加盟制度。麦当劳的特许加盟制度有一套严格的标准和规范。

(2) 分店建立。每开一家分店，麦当劳总部都是自行派员选择地址，组织安排店铺的建筑、设备安装和内外部装潢。

(3) 特许费用。特许经营者一旦与公司签订合同，必须先付一笔特许权使用费，总额为 2.25 万美元，其中一半现金支付，另一半以后上交。此后，每年上交公司五笔特许权使用费和房产租金，前者为年销售额的 3%，后者为年销售额的 8.5%。

(4) 合同契约。特许权合同使用期为 20 年。公司对特许店经营者负有以下责任：在公司举办的汉堡包大学培训员工，该大学位于伊利诺伊州埃尔格罗夫镇；管理咨询、协助经营、负责广告宣传、公共关系、财务咨询、提供人员培训所需的各种阅读材料、教具和设备等；向特许店供货时提供优惠。

(5) 货物分销。麦当劳不是直接向特许店提供餐具、食物原料，而是与专业代销公司签订合同，再由它们向各个分店直接送货。

麦当劳在海外发展连锁店主要采取了三种方式：

(1) 直营方式。公司直接投资海外，建立分店。

(2) 特许经销。公司或子公司将经销权授予特许人，由特许人办店经营。

(3) 联合投资。公司投资50%或50%以下，其他股权由当地人投资。

资料来源：傅浙铭：《营销八段——企业营销战略》，65页，广州，广东经济出版社，1999。

(三) 零售商业发展趋势

零售市场是商品销售过程中具有决定意义的市场，是商战兵家必争之地。零售市场的激烈竞争推动了零售商业的迅速发展。从世界范围看，零售商业的发展出现了如下趋势：

(1) 新的零售形式不断涌现，特别是非商店零售异军突起，威胁着现有零售方式。

(2) 零售生命周期正在缩短。新的零售形式的生命周期也越来越短。

(3) 各种类型商店之间的竞争日益加剧。如零售商店和无店铺零售商之间相互竞争，折扣商店、超级市场与百货商店都在为同一批顾客竞争。

(4) 零售业向两极化方向发展。由于各种类型商店之间的竞争日益加剧，零售商在其所经营的各条产品线上定位时便出现了两极化的情况。如美国凯玛特这样的大型综合商场和“反斗星”玩具店这样的专门商店都能实现高利润和高增长。

(5) 超级零售商正在出现，它们可通过其优异的信息系统和强大的采购力量向顾客提供价格更低的商品，从而给供应商和竞争对手造成很大威胁。

(6) 垂直营销系统迅速发展。营销渠道的管理与专业化程度越来越高。由于大公司扩大了营销渠道，独立的小型商店正在被排挤出来。

(7) 零售技术日益重要。先进的零售商正在使用电脑提高预测水平，控制仓储成本，用电子技术向供货商订货，在商店之间用电子技术传递信息，甚至在店内用电子技术向顾客售货。它们采用电子检测系统、现金电子转账装置、店内闭路电视和改进的商品处理系统。

(8) 大型零售商向全球发展。拥有独特模式和卓越的品牌定位的零售商正在向其他国家进军。许多零售商，尤其是在西方成熟市场上的零售商正进入亚洲市场寻找新的增长机会。

资料链接

市场销售领域十大新趋势

菲利普·科特勒预言，21世纪初的市场销售领域将出现十大新趋势：

(1) 电子商务的发展，使批发和零售之间出现了实质性非居间化。

(2) 零售商交易量减少，它们更多是在推销“体验”而不是商品。

(3) 建立客户信息库，根据某客户的特别需要提供“定制商品”，成为公司时尚。

(4) 商家在通过富于想象力的方法来超过消费者期望方面做了出色的工作。

(5) 公司重视并对个别客户、产品和销售渠道进行利润核算。

(6) 许多公司进一步树立忠实于客户的远见。

(7) 公司的活动和需要，更多依赖外部资源和合作。

(8) 现场销售人员拥有更多的特许权限。

(9) 大量的电视广告、报纸杂志广告消失，“互联网”广告掘起。

(10) 公司不可能长久地保持其竞争优势，除非他们尽快地学习和尽快跟上形势变化。

资料来源：[美] 菲利普·科特勒：《我们将从这里走向何方》，载《金融时报》，1998-09-14。

第四节　实体分配

实体分配是指产品从生产者手中运送到消费者手中的空间转移，也称实体流通或物流，其基本功能是向购买者在需要的地点和需要的时间提供产品。实体分配中所涉及的内容很多，其中任何一个方面出现问题，都将对企业的营销活动产生重要影响。

一、实体分配的重要性

在现代市场营销中实体分配十分重要，这是因为只有当商品的实体通过一系列的运转，到消费者手中时产品分销活动才算真正完成。因此，合理安排商品的实体分配，对企业营销具有重要意义。

(1) 合理的实体分配，能加速商品流通，节约流通费用，降低产品成本。

实体分配成本，一般包括订单处理、运输、仓储、存货、收发货及管理等方面的成本。在产品成本方面，实体分配成本所占的比例很大。在美国，实体分配成本有时占到产品总成本的30%～40%。因此，降低实体分配成本，可以提高产品的获利能力。

(2) 合理的实体分配，可以提高企业营销服务水平，增强市场竞争力。

营销服务水平的高低影响顾客的购买行为。营销服务水平包括交货的准时性，紧急订货的满意程度，搬运的可靠性，次品的退货、补偿，能否代客户存货及提供其他方面的服务等。

因此，如何以最低的成本、在适当的时间、以适当的方式将适当的产品送到适当的地方，应从顾客的服务水平和企业成本两方面考虑，制定出合理的实体分配策略，这对企业营销具有重要意义。

案例8—8

海尔在连续16年保持80%的增长速度之后，近两年来又悄然进行着一场重大的管理革命。这就是在对企业进行全方位流程再造的基础上，建立了具有国际水平的自动化、智能化的现代物流体系，使企业的运营效益发生了奇迹般的变化，资金周转达到一年15次，实现了零库存、零运营成本和与顾客的零距离，突破了构筑现代企业核心竞争力的瓶颈。

海尔现代物流的起点是订单。企业把订单作为业务流程的源头，完全按订单组织采购、生产、营销等经营活动。从接到订单时起，就开始了采购、配送和分拨物流的同步流程。由于物流技术和计算机管理的支持，海尔物流通过3个JIT (just-in-time，即时)，即JIT采购、JIT配送、JIT分拨物流来实现同步流程。海尔集团平均每天接到销售订单200多份，每月6 000多份，订制7 000多个规格的品种，需要采购的物料品种达15万种。由于所有的采购基于订单，采购周期减到3天；所有的生产基于订单，生产过程降到1周之内；所有的配送基于订单，产品一下线，中心城市在8小时之内、辐射区域在24小时之内、全国在4天之内即能送达。总体来看，海尔完成客户订单的全过程仅为10天时间。

资料来源：郭国庆：《市场营销》，262页，北京，中国人民大学出版社，2002。

二、实体分配的主要决策

实体分配决策涉及从市场需求预测、商品运送到使用地点这一过程中的所有实体处理活动，主要包括包装、运输、仓储、装卸搬运、订单处理等内容。这里只对实体分配成本影响最大的几个方面进行研究。

（一）运输决策

运输是物流中最具有节约潜力的领域，运输决策主要包括三方面的内容，即选择运输方式、决定运输路线、发货批量。

1. 选择运输方式

制造商可以选择的运输方式有五种，即管道、水运、铁路、公路和空运。制造商可以根据对送货速度、频率、可靠性、运载能力和运输费用的考虑，以及不同的运输方式的可靠性做出选择。此外，集装箱运输是20世纪运输方式最了不起的发展之一，也引起了一场“物流革命”，即以集装箱为中心，实现了整个物流过程集装化。

2. 决定运输路线

运输方式选定后，制造商还应决定运输路线。选择运输路线时一般有以下原则：选定的运输路线应保证把货物及时运输给客户，做到准时交货，缩短订货周期，减少库存短缺情况的发生，达到较高的服务质量；选定的运输路线应能减少制造商的运输费用；选定的运输路线应保证大用户得到较好的服务。

3. 发货批量

一般来说，用户是欢迎分批少量发货的。而制造商则愿意成批大量发货，因为这样可以取得运价上的折让，如铁路整车运输运价低，公路整批运价比零担便宜，并且成批大量发货还可以节省仓库储存面积，节约存储费用。

（二）仓储决策

仓储决策包括选择仓库地址、数量和类型。

1. 仓库地址

选择仓库地址，必须考虑运输费用和顾客要求的服务水平。从制造商的角度一般应选择运输吨公里数最小的地点为仓库地址。但也要考虑顾客要求的服务水平。因此，要从制造商接到订单后到顾客收到商品的期限来选择仓库地点。

2. 仓库数量

制造商拥有的仓库数量越多，意味着越能更快地满足顾客的供货要求，但仓库多，支付的费用大。因此，选择仓库数量时，既要考虑运输费用，还要考虑仓库租赁费和仓库设施的投资。

3. 仓库类型

在选择仓库类型时，应从以下两方面考虑：一是自建仓库还是租赁仓库；二是单层仓库还是多层仓库。不同类型的仓库具有不同的优缺点，一般要根据实际需要来选择。

（三）存货控制

存货水平的高低与顾客的需求量密切相关。存货水平太低，不能满足顾客的需求和保证源源不断的供应；存货水平过高，又会增加成本，减少经济效益。因此，为了保证适当的水平要做好两项决策：一是何时进货（订货点）；二是进多少货（进货量）。

1. 订货点

存货水平随着不断地销售而下降，当降到一定的数量时，就需要再进货，这个需要再进货的存量就是订货点。

一般订货点的确定既要避免断档脱销带来声誉损失（丧失顾客信任等），又要防止货物积压而造成经济损失。实际订货点比理论订货点要稍高一些，以保证有一个安全库存量，保证不因库存量的不足而造成交货延误。但是，也不能为追求安全库存量而无限制地提高订货点。因此，订货点的确定仍要从成本和收益两方面权衡来决定。

在订货点的确定中，一般主要考虑两方面的因素：一是从订货到交货的时间长短；二是市场需求及其变化。对于订货到交货的时间，一般是比较容易确定的，而对于市场需求及其变化，则需要认真进行市场研究才能确定。订货点的确定，理论上可按以下公式计算：

$$Q=dt$$

式中：Q 为理论订货点；

t 为从订货到交货的时间（天）；

d 为 t 时间内每天平均需求量。

上式是计算理论订货点的一般方法，但在实际应用中需要注意，由于市场需求是变化的，在不同的订货期内平均需求量可能有较大的差异，特别是一些季节性产品更是如此。因此，订货点也需要根据市场需求的波动高出理论订货点的库存量，那么，可以对上式进行修正，得出实际订货点的计算公式如下：

$$Q'=Q+q$$

式中：Q' 为实际订货点；

q 为安全库存量。

2. 订货量

订货量是指每次进货的数量。订货量的多少与进货的频率有直接关系。订货量越大，则进货频率越低（即进货次数越少）。每次进货都要花费成本费用，但保留大量存货也需要成本费用。

企业在决定订货数量时，就要比较进货成本和存货成本这两种不同的成本。进货成本是指订货过程中所支付的各项费用，如订货手续费、运费等。存货成本指储存商品所支付的各项费用，如保管费、保险费、占压资金利息、商品损耗等。一般来说，随着订货量的增加，平均库存量增加，单位存货成本也要增加。如果将单位订货成本与单位存货成本相加，可得到一条随订货量的变化而引起的订货与存货总成本的变化曲线。在这条总成本变化曲线上必然存在单位总成本最小的点，这个点所对应的订货量就是最佳订货量，如图8—4中的 Q 所示。最佳订货量也可以用数学方法求得。假定成本取决于：订购量 Q，单

位成本 C，每年的存货成本占单位成本的百分比 I（%），每次订货成本 S 和每年需要量 D，可以得出三个变量：平均存货量 $Q/2$，每年订购次数 D/Q 和每单位存货成本 IC。则成本 T 为：

T＝每年进货成本＋每年存货成本

T＝每年进货次数×每次进货成本＋平均存货量×每单位存货成本

$$T=\frac{D}{Q}\cdot S+\frac{Q}{2}Q\cdot IC$$

令 $\frac{dT}{dQ}=0$　得 $Q^*=\sqrt{\frac{2DS}{IC}}$

其中，Q^* 为最佳订货量。

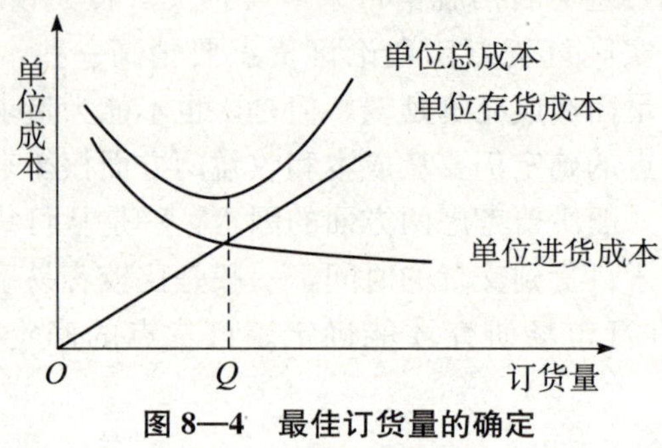

图 8—4　最佳订货量的确定

案例8—9

不少汽车厂家产品积压，而长城皮卡的产销率始终保持在100%，货款回收率则达到135%，大批用户提前付款预订，长城皮卡始终保持零库存。其成功的秘诀主要是好产品、好服务→知名度、美誉度→高产量、大销量→高回款率。长城汽车集团的决策者认为，决定产品走红的根本因素在产品自身。该公司始终把质量、科技含量放在首位，1998年2月率先在全国皮卡行业通过了ISO9000国际质量体系认证，同时获得英国皇家优卡斯证书。在达标的基础上，企业在全体员工中贯彻"质量铄金"的生产理念，制定出预防次品、质量稳定、整车完美无缺的具体措施，从而使一辆辆高品质的皮卡车像一个个优秀的推销员，走红大江南北。借助"用户告诉用户"的口碑效应是长城皮卡的另一张营销王牌。在营销人员的市场调查中，当购买长城皮卡的顾客被问及为何选择长城品牌时，绝大多数人回答有朋友或同事用得不错，所以购买皮卡直奔长城而来。为实现口碑传播网络化，长城汽车集团在健全各地服务维修站、向用户承诺服务标准的基础上，建立了生产、营销、服务相互监督的制约机制，在全国推行了"四级回访"制度，即销售回访、技术回访、督察回访、整合回访，使长城皮卡的售后服务上了一个台阶。既打质量牌、服务牌、创新牌，又打价格牌，是该集团的竞争法宝。随着生产规模由小到大，以及企业的发展扩张，集团在国内首先推出底盘五个品种的系列皮卡，形成了更大规模的生产。在皮卡市场竞争日趋激烈的今天，集团决策人表示：打好"四张牌"，不怕价格战。

资料来源：郭国庆：《市场营销学》，273页，北京，中国人民大学出版社，2002。

思考与练习

一、复习思考题

1. 什么是分销渠道？
2. 中间商在分销渠道中有哪些作用？
3. 分销渠道有哪些类型？现代分销渠道有哪些发展趋势？
4. 影响分销渠道选择的因素有哪些？
5. 确定中间商数量时，有哪几种可供选择的策略？每种策略的适用条件是什么？
6. 渠道冲突是分销渠道管理中经常遇到的问题，渠道成员之间为什么会发生冲突？
7. 批发商可以分为哪几种？零售商的组织形式可分为哪几类？
8. 零售商可分为哪几种？零售商的组织形式可分为哪几类？
9. 实体分配对企业营销的重要性表现在哪些方面？

二、案例分析题

亚美日化的“迷奇”销售策略

提起北京亚美日化厂的“迷奇”系列化妆品，它的销售渠道有点离奇。

1987 年秋，“迷奇”系列化妆品呱呱落地，就遭到“奥华”和“永芳”的两路夹击，在京城几乎无立足之地。

1988 年春，国际市场上掀起“回归大自然”的浪潮，一些天然材料制成的用品、食品广受宠爱。“迷奇”系列化妆品采用天然花粉、人参、当归等多种名贵中草药精制而成。“咱们是否走一条‘曲线救厂’之路?”经济师冯然提出了她的想法。恰逢此时，一位日本化妆品代理商来京城探亲，亚美日化厂的经营者便与日本商人牵上了“迷奇”的销售之线。

1988 年秋，亚美日化厂通过日本代理商在东京大做“名贵中草药——迷奇化妆品”广告，一时间东京掀起了“迷奇”热浪，随后席卷整个日本。尽管每瓶售价高达 1.2 万日元。但购买者众多，当年 10 月竟出现脱销现象。

1989 年春，亚美日化厂又到香港市场寻找代理商，把“迷奇”热浪引向东南亚和西欧，每月扩大销售 3 万～5 万瓶。

1989 年 5 月 4 日，“迷奇”通过了美国权威检测控制机构 FDA（食品药物管理局）的抽样检验，轻而易举地敲开了美国市场的大门，成为在美国的第一家中国高档化妆品商店，每瓶售价 60.75 美元。

1990 年春，亚美日化厂继续扩大战果。他们借助于 FDA 检验的声望和美国化妆品之王所给的“它可与国际上任何高档化妆品媲美”的赞誉大造声势，并以美国市场为窗口，一举夺得了 13 个国家的化妆品市场，订单如雪片飞来。

财大气粗的“亚美”并未忘记 1987 年在国内市场中的凄凉局面。早在 1990 年春，亚美日化厂就在北京和中央二台大造“迷奇”在海外受宠的舆论，以强刺激性的广告唤起了国内消费者的渴求。

1990年秋天，周游世界的“迷奇”，尽管披上了一层洋装，但因思念故土，终于衣锦还乡，出现在东北、华北市场。“迷奇”以“向炎黄子孙做贡献”的口号，以极低的价格、强力的促销、多种销售形式，闪电般地攻克了东北和华北市场，在整个国内市场上，它猛烈地冲击着“奥华”和“永芳”这些天之骄子的市场。

面对新的对手的剧烈冲击，“奥华”和“永芳”也开始了自身的更新。一场由销售战所导致的化妆品价格战、质量战就这样在中华大地上拉开……

失败与成功、进攻与防御是相互转化的。企业家应力争胜不骄、败不馁，兼顾眼前与未来，看准市场，在保证质量的前提下，独辟蹊径，以高效的销售渠道，尽可能快地使企业的产品流向顾客，从而使企业及其产品在竞争日益激烈的市场中立足。

问题：你对亚美日化厂的销售渠道策略是如何评价的？你认为该厂的销售渠道策略有哪些创新，哪些不足？

三、营销讨论题

1. 分销渠道与直销渠道哪个更好？
2. 有店铺零售与无店铺零售哪个更好？
3. 全国性的制造商应该如何对待零售商自有品牌？

观点选择：让零售商将自有品牌作为收入的来源，随心所欲地销售；制造商不应该支持零售商自有品牌。

第九章　促销策略

【学习目标】

通过本章的学习，理解和掌握企业如何有效地进行促销，了解促销组合四大要素的特点和作用，以及如何才能充分发挥它们的促销功能。

第一节　促销与促销组合

企业生产出品质优良的产品，制定了有吸引力的价格，选择了合适的分销渠道，但这一切并不意味着企业的产品就能全部销售出去，企业还需要采取各种有效的方法和手段，促进企业产品的销售。

一、促销的概念

促销即促进销售，是指企业通过一定的方式，向顾客传递信息，并与顾客进行信息沟通，以达到影响消费者购买行为、促进产品销售目的的营销活动。理解促销要注意以下几点：

(1) 促销是通过一定的方式进行的。促销的方式主要有两种：一是人员推销，二是非人员推销。促销的目的是利用这些方式去说服消费者接受一个产品、观念或想法。

(2) 促销是与顾客进行有效的信息沟通。信息沟通是指信息的发出者与接收者之间的信息传递活动。营销中的信息沟通是指企业与目标顾客之间的营销信息沟通。这种沟通不是单向的，而是一种双向式沟通（见图 9—1）。

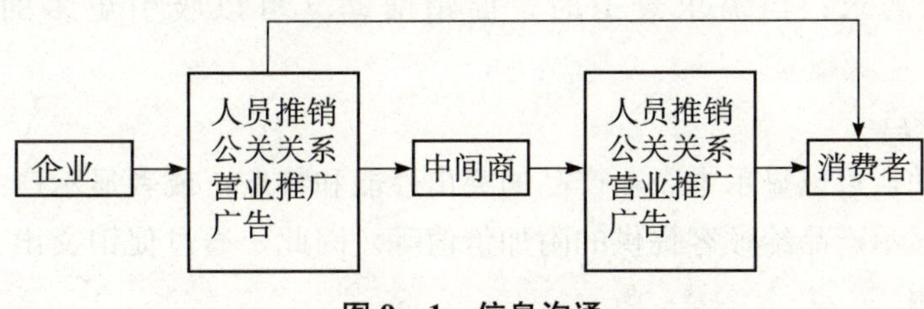

图 9—1　信息沟通

(3) 促销的最终目的是促进产品交易。促销的最终目的是希望消费者能购买企业的产品。然而这个目标未必一蹴而就。通常消费者的购买行动会经过六个阶段，即注意、认识、喜欢、偏好、确信与购买。因此，一个产品要能销售出去，第一，应该让消费者“注意”及“知道”这个产品的存在。新产品或新品牌上市，做广告或促销的目的就在于此。第二，能使消费者充分“认识”企业的产品，如充分了解产品的特性、功能与使用利益，其推广目标主要是产品说明及展示。第三，当消费者认识了该产品的优缺点后，就会产生好或坏的感觉，该阶段的重点在于使消费者建立起对企业产品的“正面”及“喜欢”的感觉。第四，消费者喜欢的同类产品不止一个，为了确保消费者在购买过程中选购本企业的产品，此阶段的目标在于建立产品及品牌的“偏好”，强化企业的品牌及产品的特殊优点，告诉消费者应该买本企业品牌而非竞争者的牌子。第五，使消费者下决心购买，“确信”如果购买即会带来预期的产品使用利益或效果。第六，有时尽管消费者已下定决心购买，可是不一定立即购买。为了避免改变主意，企业必须重点促使“购买”行为真正地发生，例如，打折、赠品等。

二、促销的作用

促销的主要任务是将商品或服务的信息传递给顾客，以达到扩大销售、增加效益的目的。促销主要有以下作用。

(一) 传递信息

促销的最基本的功能是向目标顾客传递信息，通过向目标顾客传递信息，使顾客了解企业，了解企业的产品。企业通过促销向顾客提供信息时，要注意顾客对信息的需求，根本不了解企业或产品的顾客需要得到的是介绍企业或产品的信息。因此，只有当企业提供的信息能够满足顾客对信息的需求时，提供信息才能达到增进顾客对企业或产品认识的目的。一般而言，顾客对企业或产品的认识需要一个过程。对于不同的产品，顾客认识所需的时间是不同的，顾客认识的改变过程也是有差距的，所以提供促销的信息，应多次反复并延长时间，才能达到目的。

(二) 刺激需求

通过促销刺激需求早在推销观念时代就已为人们所认识。在市场营销观念时代，通过促销刺激需求仍然对企业的营销具有重要作用。

有效的促销活动不仅可以诱导和激发需求，在一定条件下还可以创造需求，从而使市场需求朝着有利于企业产品销售的方向发展。当企业产品处于低需求时，可以唤起需求，扩大需求；当需求处于潜伏状态时，促销可以起催化作用，开拓需求；当需求波动时，可以平衡需求；当需求衰退时，促销活动又可以吸引更多的新用户，恢复需求。

(三) 突出特点

通过促销活动，可以显示本企业产品的突出性能和特点，或者显示产品给顾客带来的满足程度，或者显示产品给顾客提供的附加价值等。因此，通过促销突出企业或产品的特点，具有重要作用。

(1) 通过促销可以强调本企业的产品与竞争者产品的差异。突出本企业产品的特色，把企业的产品与竞争者的产品区别开来，使目标顾客真正认识到这些不同属性给顾客带来了满足。

(2) 通过促销可以强调产品的价值，使产品的价值能真正让目标顾客认识。许多研究表明，促销强度大的产品，顾客对它的价值评价要高于同档次的促销强度小的产品。不通过有效的促销，即使具有品牌特征的产品也难以成为市场上的名牌货。因此，企业通常需要通过促销，使产品的价值能够真正让目标顾客所认识。

(四) 稳定销售

通过有效的促销活动，可以即时反馈市场信息，同时作出相应决策。加强促销的目的性，使更多消费者对企业及产品由熟悉到偏爱，形成购买本企业产品的动机，从而稳定产品销售，巩固企业的市场地位。

三、促销方式

为了实现企业的生产经营目标，可以使用不同的促销方式。企业可以使用的促销方式分为四类，即人员推销、广告、营业推广、公共关系。

(一) 人员推销

人员推销是最古老的一种促销方式。它是企业的推销人员通过与顾客进行接触和洽谈，并向顾客宣传介绍产品，达到促进企业产品销售目的的活动。常见的方式如推销介绍、推销会议、电话销售、推销员示范、展销与展览等。

(二) 广告

广告是企业用来直接向消费者传递信息的最主要的促销方式，它是企业通过付款的方式利用各种传播媒介传递信息，以刺激消费者产生购买欲望，扩大企业产品销售量的促销活动。常见的方式如广播、电视、报纸、杂志、邮寄、包装广告、产品目录、产品说明书、招贴和传单、广告册、广告牌、产品陈列、标语与标志等。

(三) 营业推广

营业推广是指企业通过各种营业（销售）方式来刺激顾客购买的促销活动。营业推广是直接针对产品采取的促销活动，它可以引导消费者直接采取购买行动，或刺激中间商和企业的推销人员努力推销企业的产品。营业推广的形式有竞赛、抽奖、彩票、礼品与奖金、现场演示、表演、赠送样品、优惠与折扣、招待会、折让、展销等。

(四) 公共关系

公共关系促销是指企业为了获得人们的信赖、树立企业或产品的形象，用非直接付款的方式通过各种公关工具所进行的宣传活动。常见的方式如记者招待会、演讲、研讨会、年度报告会、各种庆典、捐赠等。

以上四类促销方式及主要特点，可用表 9—1 表示。

表 9—1　　促销方式及主要特点

促销类型		促销成本	优点	缺点
人员推销	推销介绍、推销会议、电话销售、推销员示范、展销与展览	最高	信息表达灵活；可以立即得到反应；易与顾客建立关系。	成本高；难以进行大范围的沟通。

续前表

促销类型		促销成本	优点	缺点
广告	广播广告、电视广告、报纸广告、杂志广告、邮寄广告、包装广告、产品目录、产品说明书、招贴和传单、广告册、广告牌、产品陈列、标语与标志	相对较低	传播广泛；传播的信息规范；易控制。	广告费用浪费大；难以明确表达完整的产品信息；促销效果难以度量。
营业推广	竞赛、抽奖、彩票、礼品与奖金、现场演示、表演、赠送样品、优惠与折扣、招待会、折让、展销	较高	促销刺激直接；易引起推广对象的注意与反应；可以迅速产生促销效果。	易引起竞争；促销效果难以持久。
公共关系	记者招待会、演讲、研讨会、年度报告会、各种庆典、捐赠	最低	可信度高；易建立企业或产品的形象。	企业难以进行控制；针对性较差。

四、促销组合

（一）促销组合的特点

促销组合是指为达到企业的促销目标而将不同促销方式进行组合所形成的有机整体。促销组合的目的是根据促销组合的特点和影响促销组合的因素，对四类促销方式进行有效的组合，使企业能够以最低的促销费用，取得最好的促销效果。

促销组合的特点主要表现在以下方面：

(1) 促销组合是一个有机的整体组合。一个企业的促销活动，不可能只使用一种促销方式，而是将不同的促销方式作为一个整体使用，使其共同发挥作用。

(2) 构成促销组合的各种方式具有可替代性。促销的实质是企业与顾客间的有效信息沟通，任何一种促销方式都可以承担信息沟通的职责，但是，由于各种促销方式各自具有不同的特点，因而，不同促销方式所产生的效果会有差异。

(3) 促销组合中的不同促销方式具有相互推动的作用。即一种促销方式作用的发挥必须由其他的促销方式推动，否则就不能充分发挥其作用。促销组合的这一特点说明，将不同的促销方式合理组合，必将产生比使用单一促销方式更好的效果。

(4) 促销组合中的不同促销方式在促销中分别起着不同的作用。各种促销方式的不同特点，决定了不同促销方式的作用范围，而企业的促销效果，往往又是由各种不同促销方式对各方面共同作用后产生的。因此，每种促销方式对不同方面的作用，最终将产生一个共同的结果，实现企业的促销目标。

(5) 促销组合是一种动态的、多层次组合。企业的促销组合必须根据环境的变化而调整，一定时期、一定环境条件下效果很好的促销组合，在环境条件变化后可能成为一种效果很差的组合。同时企业的促销组合也是一种多层次的组合，在企业可以选用的四类促销方式中，每一类又有许多可供选用的促销工具，各种促销工具可分为许多类型。

促销组合的上述特点说明，适当的促销组合所能达到的促销效果，比把所有促销费用投入到一种促销方式上所取得的促销效果大。促销组合建立以后，不可以一劳永逸，必须根据环境变化适时调整。

案例9—1

“娃哈哈”是一种家喻户晓的儿童营养液，在江浙一带几乎已深入到每一个家庭，然而其在北京的市场占有率并不高。如何使北京人也喜爱“娃哈哈”呢？聪明的企业家决定使用广告媒体组合的方式打破这个缺口。

“娃哈哈”首先选择报纸媒体进行“巷战”。因为“娃哈哈”是一种营养型口服液，而市场上口服液品种繁多，消费者需要科学性的指导和解说，而报纸应该是首选。他们选择的主要报纸有：北京日报、北京晚报、北京广播电视报、健康报、医药报、妇女报、少年儿童报、中国科技日报、经济日报。整个活动以北京晚报为主，这个媒介在北京拥有的读者最多，是最理想的发布媒介。

在消费者对“娃哈哈”有一定了解后，“娃哈哈”把重点放在了电视广告上。他们选择了北京电视台作为主要媒介，其理由是北京市民对市电视台在一定程度上要比其他台有亲近感，收视率高，另外收费适中。电视广告播出后，引起强烈反响，收到了预期的效果。

“娃哈哈”对广播媒体也不放过。很多北京市民一直有收听广播的习惯，因此可以借助广播电台的力量。广告分为两则，一则以抒情诉求方式为主，另一则以产品告示诉求方式为主，都取得了良好的效果。

另外，“娃哈哈”还联系了几个地段，树立路牌，做起了户外广告，扩大了产品的影响。

“娃哈哈”的广告媒体组合策略为企业和产品树立了良好的形象，赢得了广大消费者的青睐，“娃哈哈”可以说是隔着门缝吹喇叭——名声在外了。

资料来源：王方华：《市场营销学》，490～491页，上海，复旦大学出版社，2001。

（二）影响促销组合的因素

影响促销组合的因素很多，一般主要有产品类型、企业策略、顾客与市场特性、产品生命周期、促销预算。

1. 产品类型

不同类型的产品，消费者的购买状况及购买要求不同，因而采取的组合策略也不同。一般来说，具有广泛的消费者、价值较小、技术难度较弱的消费品，促销组合中广告的成分要大一些；而具有较集中的消费者、价值较大、技术难度较强的工业品，适用于人员推销方式的成分大一些。不同类型产品不同促销方式的相对重要性如图 9—2 所示。

对于同一类型的不同产品，所使用的促销组合也相差较大。如对于消费品中的家电产品，据有关调查发现，居民在选购电冰箱和空调器时，除亲朋的推荐外，广告的影响居第一，其次才是推销人员和专家的推荐。对于工业品中的主要设备和标准零部件，主要设备是靠人员推销，而标准零部件则较多地利用广告。

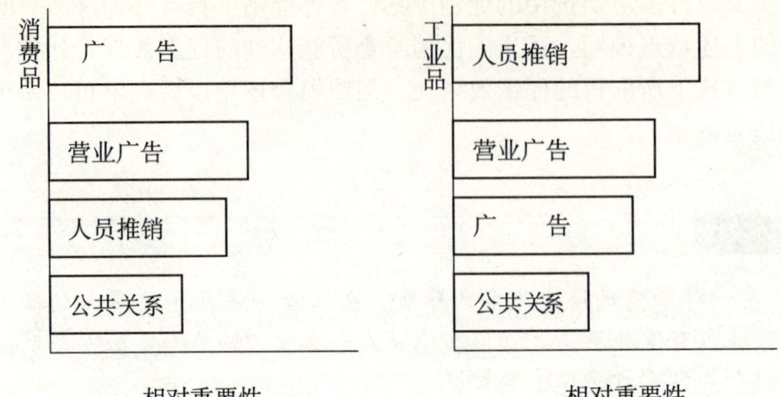

图 9—2　不同类型产品不同促销方式的相对重要性

2. 企业策略

企业是选择推式策略还是选择拉式策略来促进销售，对促销组合影响很大。推式策略是指企业采取各种营销手段促使中间商购买产品，并使中间商把产品推销给消费者。在这种策略中，促销的方向与产品在分销渠道中流动的方向是一致的。拉式策略是指企业直接针对消费者进行营销，以刺激消费者产生购买需求，然后消费者向中间商求购产品，中间商在消费者需求的拉动下，从企业采购产品。这种策略是在消费者需求的拉动下，使销售渠道中的各个成员向上一层次购买产品。推式与拉式策略如图 9—3 所示。

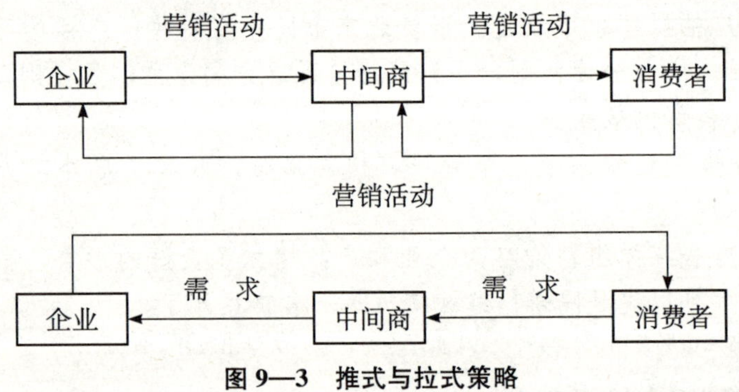

图 9—3　推式与拉式策略

在上述两种不同的策略中，企业面对的促销对象不同，所使用的促销方法也不同。推式策略主要使用人员推销和营业推广方式，拉式策略则多使用广告和直接针对消费者的营业推广方式。在实际应用中，一般都是将两种策略结合使用。对于价格低廉的产品，特别是日用消费品，以使用拉式策略为主；而对于价格比较昂贵的产品，如一些专用产品，则更多是以推式策略为主。

3. 顾客与市场特性

顾客的特性通常是根据顾客对企业或产品的认识深度来划分的。从顾客购买行为的角度讲，认识深度可以划分为三个阶段，即认识阶段、动情阶段、行为阶段。认识阶段是指顾客对企业或产品从开始认识到了解这个阶段；动情阶段是指顾客对企业或产品开始产生兴趣，并且逐步信任的阶段；行为阶段是顾客进行购买的阶段。对于不同认识阶段的顾客，不同促销方式的促销效果差异较大（见图 9—4）。

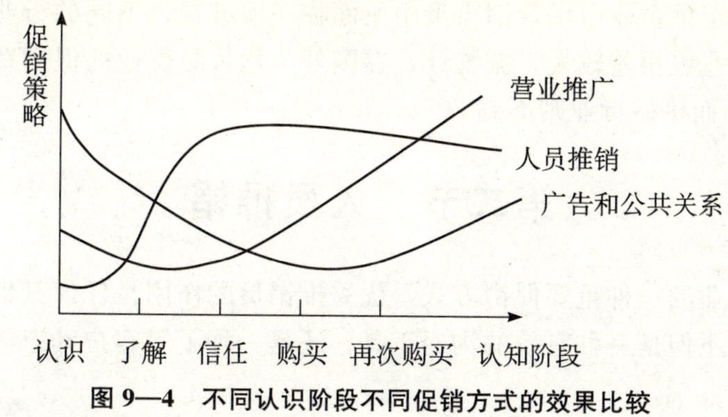

图 9—4　不同认识阶段不同促销方式的效果比较

从图 9—4 中的曲线看，在认识阶段，广告和公共关系促销起着最重要的作用；而在促进顾客对企业或产品的了解中，除广告和公共关系以外，人员推销也起着重要的作用；在增强顾客对企业或产品的信任中，人员推销的影响最大；在促成顾客购买和再次购买阶段，人员推销和营业推广是最强大的推动力；在再次购买阶段，广告和公共关系促销的作用又有所提高。

企业所面对的市场不同，各种促销方式所起的作用的大小也不同。另外，不同市场对不同促销方式的接受程度也不同。因此，在促销方式的选择中，必须首先对面临的市场特点有比较充分的了解，然后选用与该市场相适应的促销组合。

4. 产品生命周期

在产品生命周期的不同阶段，各种促销方式的促销效果相差较大。在投入期，促销的目的主要是建立产品的知名度，让更多的顾客认识并了解新产品，所以广告和公共关系在这方面具有最显著的作用；在成长期，由于有了投入期强大的促销攻势，整体促销水平可能下降，但影响最大的促销方式仍是广告和公共关系促销；在成熟期，因为顾客对产品已经比较熟悉，所以，广告和公共关系促销仍然具有较强的促销效果，但营业推广的作用已开始超过广告和公共关系促销；在衰退期，除营业推广的效果继续进一步提高外，其他各种促销方式的效果都显著下降。因此，在产品生命周期的不同阶段，应根据不同促销方式的相对效果，选择相应的促销组合。在产品生命周期不同阶段的促销目标与手段如表 9—2 所示。

表 9—2　　在产品生命周期不同阶段的促销目标与手段

产品生命周期阶段	促销重点目标	促销主要手段
投入期	认识了解产品	各种广告、公共关系
成长期	增进兴趣与偏爱，建立品牌知名度	改变广告形式、公共关系
成熟期		
衰退期	促成信任，购买	营业推广为主
市场生命周期各阶段	消除不满意感	改变广告内容，利用公共关系

5. 促销预算

促销预算对促销方式的选择有很大影响。在促销预算不足的情况下，费用昂贵的促销方式，如电视广告、强度较高的营业推广就无法使用。只有在促销预算充足，或者采取目标任务法决定促销预算的情况下，促销预算才不会对促销组合产生实质性的影响。

促销预算的决定是企业市场营销决策中所面临一项难题，不同的行业相差较大，即使同一行业的不同企业也相差较大。据统计，在国外，化妆品行业的促销费用占销售额的比重最多可达50％，而机械行业则不到20％。

第二节　人员推销

人员推销是企业的一种重要促销方式，优秀推销员的作用是任何其他沟通形式所无法比拟的。这种方式不但是一种有效的沟通工具，还是一种了解客户动态的最重要和最可靠的途径。

一、人员推销的概念

人员推销是指通过推销人员与顾客的有效沟通，达成销售目的，并建立良好的关系，为将来销售铺路。因此，正确的人员推销观念应该包含两个重点：一是人员推销应该是“顾客导向”，而非单纯的“销售导向”。“顾客导向”是以顾客的需求为出发点，销售符合顾客需要的产品。唯有顾客得到真正的满足，生产才能长久。而“销售导向”则是以企业利益为出发点，利用各种推销技巧将产品说得天花乱坠，想尽办法要顾客购买，至于符合不符合顾客的真正需要，那是顾客的事。二是正确的人员推销观念，是建立在长期的良好关系上的，也就是营销观念上所谓的“关系营销”。关系营销所重视的不单单是如何产生交易，更重要的是如何争取长期有效的服务客户。关系营销强调维持一个良好的顾客关系是企业所有部门共同的责任，如送货的准时，技术部门及时解决客户的问题，营销或销售人员配合顾客的需求等。实施关系营销必须针对顾客本身的业务流程及需求作全盘性的考虑。

二、人员推销的程序

要发挥人员推销的作用，企业的推销人员必须掌握一定的推销技术，把握好推销进程。一个有效的人员推销过程至少包括三个重要程序，即客户开发、进行推销、售后追踪及评估。

（一）客户开发

客户开发对企业至关重要，客户开发应注意以下几点：(1) 如何寻找客户？(2) 有哪些客户具有真正的经济开发价值？(3) 是否能接近这些具有经济价值的客户？

寻找潜在客户的渠道有：(1) 市场调查；(2) 客户介绍（现有客户介绍潜在客户）；(3) 资料查询（企业名录、统计资料、年鉴、电话等）；(4) 经销商、零售商及供应商提供的情报；(5) 广告开发（利用各种广告媒介来寻找潜在顾客）。

寻找潜在客户应注意的问题：(1) 由于人员推销成本高，要优先将时间及力量投入最具潜力的客户；(2) 要注意有哪些潜在的客户是企业无法接近的，早点确认可以不必浪费时间及精力。

（二）进行推销

当潜在客户目标被确认后，销售人员马上要积极着手接触客户进行销售。其中主要活动可分两大方面：一是销售前的准备工作；二是销售活动的安排。

1. 销售前的准备工作

销售前推销人员应多了解其客户目前的业务情况及需求，研究进行推销的策略及方法。及时将有关产品资料寄给客户，争取及时安排双方会谈的机会。

2. 销售活动的安排

当会谈或拜访时间确定后，销售活动就开始了，主要的销售活动包括：（1）见面开场白。要给客户留下良好印象，细节包括如何寒暄、如何拉关系、如何自然而清楚地将产品带入话题。（2）产品介绍及展示。强调产品的功能、特性、优点及如何为客户提供更好的效益，深入浅出地详加说明及展示。（3）处理关键问题。在说明及展示的销售过程中，一般客户除了提出他们对产品的看法外，有时会提出一些特别的需要及问题，希望推销人员能解决，推销人员当然应立即回答。如果推销人员不能马上做出回答，则应明白地告诉客户何时可以解决。有些推销并非一蹴而就，需经过多次接触才能成功。因此，推销人员要为自己下一次见面创造机会。（4）提出订货要求。当会谈进入适当时机时，推销人员应向客户提出订货建议。许多生意机会的丧失，就在于推销人员缺少临门一脚，同样，如果推销人员过于急促推销，使客户感到压力，他们也会打退堂鼓。（5）订货进度追踪。如果客户应允要下订单，不可自以为大功告成而松懈下来。推销人员应紧锣密鼓，确定下订单或签订合约的时间及数量，并立即交给企业相关部门处理，免得夜长梦多。

（三）售后追踪及评估

客户正式下订单后，推销人员应追踪企业是否如期将货交给客户，交货是否正确，安装是否完善，客户使用后满意不满意，产品是否需作相应的修正，有没有什么问题发生。良好的售后服务及追踪，不但能提高顾客满意度，更能增加产品再销售的可能性。销售人员的眼光要放远一点，不但要能把握第一次的生意机会，更要创造连续性的销售机会。此外，销售人员也要确定客户是否如期支付货款，信用有无问题，如果客户不理想应尽早淘汰。

三、人员推销的规模和销售组织

（一）人员推销的规模

推销人员的规模是指企业推销人员数量的多少。那么，究竟有多少推销人员才是合理的？

通常企业采用得比较多的是用工作量来确定一个企业所需推销人员的数量。

1. 确定总工作量

将所有的客户进行分类，然后再确定每类客户每年需要访问的总次数。根据客户的分类和每类客户每年的访问次数，即可知道企业每年应进行的总访问次数，根据总访问次数，即可确定企业推销人员的总工作量。

2. 确定每位推销人员的年工作量

根据不同客户的分布情况，以及每访问一个顾客需要花费的时间因素，确定每位推销人员每年的平均访问次数，并以此平均访问次数作为每位推销人员的年工作量。

3. 确定推销人员的数量

企业每年推销人员的总工作量除以每位推销人员的年工作量，即为企业所需的推销人员数量。

(二) 人员推销的销售组织

销售组织常因企业大小、市场特性、产品差异等因素而有所不同。一般最常见的销售组织结构有以下四种。

1. 区域式组织

即企业依地理区域来划分销售人员的责任区域，在各区域销售人员负责销售企业所有产品。该组织的优点是相对成本较低，拜访客户比较省时省力。同时，由于一人负责分管一区不会发生推销员间互抢客户的现象。该组织的缺点是，在责任区内，一个推销员销售企业所有的产品，如果企业产品众多，很难产生单项产品专业化效果。在无法兼顾的情况下，推销员可能偏好较好卖的产品，而无暇经营所有产品或具有潜力但目前销售差的产品。

2. 产品式组织

即依产品项目或产品线划分销售人员的职责。该组织的最大优点是由于销售人员专业推销某几种产品，不但可集中精力且可产生专业化的效果。该组织的缺点是同一个销售区域中，企业可能有不止一个销售人员同时卖不同的产品给一个客户。多重推销会造成不必要的浪费，同时客户也极易产生混淆。

3. 顾客式组织

即以顾客类别作为销售责任组织划分的基础。该组织的优点是使用市场细分化的观念及方法，以不同的方式服务不同的客户对象，具有专业化的效果。尤其是某些重要客户，企业更可以特别加强管理及服务。该组织的缺点是如果企业的产品种类繁多，组织庞大，极可能产生如产品式组织的困扰，即多位推销员同时销售给一个客户，形成不必要的人员重叠，造成浪费。

4. 混合式组织

即依据销售功能的需要，企业采取以上三种组织中的两种或三种进行组合所形成的销售组织。如按区域—产品、区域—顾客、产品—顾客、区域—产品—顾客等进行组合。该组织的优点是多方考虑市场、产品及顾客的特性及需要，具有多种方法的优点。然而由于该组织较复杂，相对所需的管理成本及技术较高。尤其要小心避免出现人员过剩及推销人员彼此竞争的浪费现象。

四、推销人员的管理

推销人员的管理是指企业对推销人员从选拔到使用整个过程所进行的系统的管理活动。

(一) 推销人员的选拔

企业推销队伍的建立，关键是要选到优秀的推销人员。企业在选拔推销人员时，一般要完成三方面的工作，即制定选拔标准、招聘、对应聘者进行评价考核。

1. 制定选拔标准

推销人员的素质，决定人员推销活动的成败。不同的企业对推销人员有不同的要求，一般应根据推销人员的工作特点确定选择标准。

(1) 确定一些基本的标准，如性别、年龄、受教育水平、工作经历、技术专长等，这些都可以作为初步选拔推销人员的标准；

(2) 推销人员要具备一些基本素质要求，如要具有高度的责任心和使命感，热爱本职工作、不辞辛苦、任劳任怨、敢于探索、积极进取、耐心服务、同顾客建立友谊；

（3）推销人员必须有较强的上进心和求知欲，具有广博的知识，包括企业知识、产品知识、市场知识、心理学知识等；

（4）推销人员推销产品的同时也是在推销自己，这就要求推销人员要注意推销礼仪，讲究文明礼貌，仪表端庄，热情待人，举止适度，谦恭有礼，谈吐文雅，口齿伶俐，语言要诙谐、幽默，给顾客留下良好的印象；

（5）推销人员要能准确地了解顾客的有关情况，能为顾客着想，尽可能地解答顾客的疑难问题，善于说服顾客，善于选择适当的洽谈机会，掌握良好的成交机会。

因推销工作及环境的不同，成功的推销人员所具备的特征，应针对不同的企业作不同的考虑，每个企业应研究并发展其特有的挑选标准。

2. 招聘

就是根据企业所制定的选拔标准招募应聘者。推销人员可以从企业内部，也可以通过各种传播，如职业介绍所、人才交流中心、大专院校或其他企业等媒介向社会招聘。无论通过哪种途径招聘，都应经过严格的考核，择优录用。

在众多的应聘者中，筛选出最优秀的人选，一般要经过以下程序：初步面谈、填写申请表、测验、第二次面谈、学历与经历调查、体检、决定录用、安排工作等。

3. 对应聘者进行评价考核

对应聘者进行评价考核是指根据所定的选拔标准对应聘者进行考核。在对应聘者进行评价考核时，首先应对应聘表中所填内容进行核实，然后对照标准进行初选和全面考核评价。

在进行全面考核时，一般可以采取不同的方法，从不同的方面对应聘者进行考核。如通过笔试，考核应聘者所掌握的知识水平；通过心理测试，评价应聘者的能力、性格、成就等；通过面试，考核应聘者的语言表达能力、应变能力、仪表风度等。当然这些方面的考核不一定都要做，而应该根据企业对推销人员的要求具体决定。

资料链接

日本汽车推销明星的推销原则

- 拥有奔放、热情的性格。
- 推销员是企业战争中第一线的战士。
- “偷懒”是推销员最严重的“疾病”。
- 多工作，如神经病似的工作。
- 走访，要忍耐客户冷酷的回拒。
- 要有炽热强烈的人生目标。
- 浪费时间是推销员最可怕的陷阱。
- 要成为受人欢迎和期待的推销员。
- 有超群的贩卖实力。
- 最佳推销员是承受最多侮辱和屈辱的人。

资料来源：吴健安等：《现代推销学》，29页，大连，东北财经大学出版社，2001。

(二) 推销人员的培训

对招聘的推销人员，还需经过培训才能上岗，使他们学习和掌握有关知识与技能。一般对推销人员培训的内容主要有以下方面：(1) 企业概况，使推销人员清楚地了解企业组织的目标、任务、各部门之间运作及整体作业流程；(2) 推销的产品情况，即具有完善的产品知识、推销技巧及正确的推销作业程序等；(3) 面对的市场情况，如了解有关竞争者的策略及同行业产品优缺点等，分析消费者或客户的购买行为等；(4) 营销知识、推销技巧及推销工作程序。培训场所可以在企业内部，也可以在企业外委托有关大专院校或职业培训机构。

培训推销人员的方法很多，常用的有以下三种：(1) 讲授培训，一般通过举办短期培训班或进修等形式，由专家、教授和有丰富推销经验的优秀推销员来讲授基础理论和专业知识，介绍推销方法和技巧；(2) 模拟培训，由受训人员扮演推销人员向由专家教授或有经验的优秀推销员扮演的顾客进行推销，或由受训人员分析推销实例等；(3) 实践培训，推销人员直接上岗，与有经验的推销人员建立师徒关系，通过传、帮、带，使受训人员逐渐熟悉业务，成为合格的推销人员。

(三) 推销人员的报酬与激励

推销人员的工作是富有创造性和挑战性的，如果没有合适的报酬与激励机制，推销人员的潜力就很难完全发挥。

推销人员计酬方法的选择，一方面要能够促进推销人员奋发向上，另一方面也要有利于企业对推销人员的管理。目前国内外企业对推销人员报酬的支付办法可分为以下三种。

1. 薪金制

推销人员的基本收入按固定的薪金支付，另外再根据所执行的各项任务给予一定的补贴或奖金。薪金制的好处是推销人员拿固定的工资，心理上有一种安全感，另外，便于企业对推销人员进行调动。但其缺点是不易刺激推销人员更加努力地工作。

2. 佣金制

是推销人员根据完成的销售量或利润额的比例领取报酬的一种方法。佣金制的优点是可以最大限度地刺激推销人员多销售产品，易于发挥推销人员的潜能。但不能为个人带来收益的工作不易引起推销人员的关心。

3. 薪佣制

是薪金与佣金混合使用确定推销人员报酬的方法。其优点是可以吸收薪金制和佣金制单独使用的优点，并在一定程度上克服其缺点，因而，目前在企业中使用较多。但对于薪金与佣金两者的比例关系的确定，与使用这种办法是否成功密切相关。现在薪金的标准，一般以能够维持推销人员的基本生活为基础，而佣金的数量则直接根据推销人员的业绩而定。

资料链接

业务代表的六种薪酬制度

1. 高底薪+低提成

这是以高于同行业的平均底薪，以适当或略高于同行业的提成发放奖励。该制度主要在外企或国内大企业中执行比较多。如国内家电企业在上海的业务代表底薪4 000元，提成为1%。

2. 中底薪+中提成

这是以同行业的平均底薪为标准，以同行业的平均提成发放奖励。该制度主要在国内一些中型企业运用得较多，对能力不错而学历不高的业务代表有很大吸引力。

3. 低底薪+高提成

这是以低于同行业的平均底薪甚至以当地的最低生活保障为底薪标准，以高于同行业的平均提成发放奖励。该制度主要在国内一些小型企业运用得相当多。例如国内某保健品企业，其薪资制度为：该城市最低生活保障（450元）+完成业务量×制定百分比（1%）。

4. 分解任务量

这是一种比较新的薪水发放原则，能够公平地给每个业务代表发放薪水。例如某公司共有10个业务代表，2005年4月份完成的销售任务额为50万元，每人平均任务为5万元，当业务代表完成任务额5万元时，得平均工资3 000元。具体发放方式：平均薪水完成任务÷任务额=应得薪水。那么当一个业务代表完成10万元销售额时，应得薪水就是6 000元。

5. 达标高薪制

这是一个达到标准就可以拿到高工资的薪水制度，例如某公司采取达标高薪制，给业务代表开出的薪水是10 000元/月，销售人员必须达到20万元的销售业绩才能拿到1万元的薪水，业务代表平均距离20万元中间的差距，按照8%扣除，比如完成了10万元，实际薪水是能发到2 000元。具体发放方式：最高薪水－（最高任务额－实际任务额）×制定百分比=应得薪水。这里的“制定百分比”非常关键，应略大于（最高薪水÷最高任务额）×100%的值。

6. 阶段考评制

该制度采取的也是“薪水+提成”制度。具体操作方式是在每月发放薪水时，提成不完全发放，比如提成先发一部分，剩下提成到三个月后，按照总业绩是否达标进行综合评价，然后再发放三个月的累计提成薪水。

资料来源：http：//www.emkt.com.cn。

（四）推销人员的评价

推销人员的评价是人员推销管理的重要环节，因为许多关于推销人员的重要决策都是以此为基础作出的，如推销人员的报酬、晋升、去留等。

评价推销人员最主要的是考核其销售定额的完成情况，其他的评价标准还有利润额、访问次数、访问成功率、平均订单数、发展的新客户数、丧失客户数、销售费用及费用率。

确定了对推销人员进行评价的指标后，就应全面收集和积累各个推销人员相应的资料。资料的来源可以通过推销人员的工作报告和各种记录资料，顾客对推销人员的反映，其他推销人员和有关管理部门的反映等获得。评价的方法一般是使用比较评价法，具体的方法有以下两种。

1. 横向比较法

这种方法是对每个推销人员的各项评价指标完成情况进行比较，以评价每个推销人员工作成绩的优劣。具体方法如表 9—3 所示。

表 9—3　　推销人员绩效评价的横向比较法

评价因素	甲推销员	乙推销员	丙推销员
1. 销售收入			
(1) 权数	0.5	0.5	0.5
(2) 目标（元）	200 000	400 000	300 000
(3) 完成（元）	160 000	360 000	300 000
(4) 效率［(3) ÷ (2)］	0.80	0.90	1.00
(5) 绩效水平［(1) × (4)］	0.40	0.45	0.50
2. 订单平均订货数			
(1) 权数	0.3	0.3	0.3
(2) 目标（元）	500	600	400
(3) 完成（元）	450	480	320
(4) 效率［(3) ÷ (2)］	0.90	0.80	0.80
(5) 绩效水平［(1) × (4)］	0.27	0.24	0.24
3. 每周平均访问次数			
(1) 权数	0.2	0.2	0.2
(2) 目标（次）	25	40	30
(3) 完成（次）	20	30	27
(4) 效率［(3) ÷ (2)］	0.80	0.75	0.90
(5) 绩效水平［(1) × (4)］	0.16	0.15	0.18
绩效水平合计	0.83	0.84	0.92
综合绩效（%）	83%	84%	92%

2. 纵向比较法

这种评价方法是对每个推销人员现在和过去的工作进行比较，以评价每个推销人员工作成绩的优劣。这种比较能反映推销人员工作的改进情况。具体方法如表 9—4 所示。

推销人员的管理是一项系统的、程序化的工作，也是企业的一项经常性的管理工作。企业在进行推销人员的管理时，要求在进行评价以后，要逐步完善其各环节的管理工作，以使企业推销人员的管理工作走向科学化。

表 9—4　　推销人员绩效评价的纵向比较法

评价因素	2000 年	2001 年	2002 年
(1) 产品 A 销售额（元）	251 300	253 200	270 000
(2) 产品 B 销售额（元）	423 200	439 200	553 900
(3) 销售总额［(1) ＋ (2)］	624 500	692 400	823 900
(4) 产品 A 推销定额完成率（%）	95.6	92.0	88.0
(5) 产品 B 推销定额完成率（%）	120.4	122.3	134.8
(6) 产品 A 毛利（元）	50 260	50 640	54 000
(7) 产品 B 毛利（元）	42 320	43 920	55 390
(8) 总毛利（元）［(6) ＋ (7)］	92 580	94 560	109 390
(9) 销售费用（元）	10 200	11 100	11 600
(10) 销售费用率（%）［(9) ÷ (13)］	1.5	1.6	1.4
(11) 访问顾客次数	1 675	1 700	1 680

续前表

评价因素	2000 年	2001 年	2002 年
(12) 每次访问成本 (元/次) [(9) ÷ (11)]	6.09	6.53	6.90
(13) 顾客平均数	320	324	328
(14) 新增顾客数	13	14	15
(15) 失去顾客数	8	10	11
(16) 每一顾客平均推销额(元)[(3)÷(13)]	2 108	2 137	2 512
(17) 每一顾客平均毛利 (元) [(8) ÷ (13)]	289	292	334

第三节 广告

在现代市场经济中，广告已经成为企业营销活动的先导，是应用最为广泛的沟通工具。

一、广告目标

广告是企业以付费的方式，由特定的广告主，通过各种传播媒体，向目标市场的消费者传递产品或服务信息的活动。从广告的概念可以看出，广告是以广大消费者为广告对象的大众传播活动；广告是以传播商品或服务等有关信息为其内容的；广告是通过特定的媒体来实现的，并且广告主要对使用的媒体支付一定的费用；广告的目的是为了促进商品销售，进而取得较好的经济效益。

广告目标是指在特定的时间内，对特定的目标顾客所要完成的沟通任务和销售目标。根据企业的营销策略和目标顾客的情况，广告目标可以分为告知、说服和提醒。

(一) 告知

告知性广告的目的是介绍产品的功能、特性及使用利益，希望能引起消费者的注意及需求。新产品上市广告多属此类。一般多用于引起消费者注意的阶段。

(二) 说服

说服性广告的目的在于使消费者建立起对企业品牌的偏好，说服消费者接纳并购买企业的产品。说服性广告中常见的一种广告类型是“比较性广告”。比较性广告直接或间接地将本企业产品与竞争者产品作比较，以突出本企业产品的优点或特点。一般主要用于激起消费者对产品的兴趣、欲望及购买行为。

(三) 提醒

提醒性广告的目的在于使消费者不要淡忘企业的产品及品牌，以达到维持品牌知名度及其忠诚度的目的。在产品成熟期通常会出现许多提醒性广告，一般主要是使目前的产品使用者继续维持其购买行为。

案例9—2

飞利浦电动剃须刀的广告目标

20 世纪 90 年代，荷兰飞利浦电子集团花了 4 000 万美元在全球推广“让我们做得更好!”这句广告语。1995年的广告费用已占到产品净销售额的12%。随着飞利浦电动剃须刀一系列新产品不断开发的成功，销售业务迅速上升，需要不断更新的广告来配合，它的国际代理机构DMB&B这样描述飞利浦的广告目标：

(1) 吸引年轻一代的新用户。为此，推出低价格的Tracer产品，并且分开做广告。

(2) 鼓励那些对湿剃与干剃各自优点都不太明白的人开始使用飞利浦电动剃须刀。

(3) 在那些干剃习惯已稳固确立的国家与它的重要竞争者“百灵”相对抗，提高产品的领导地位。

资料来源：纪华强：《广告战略与决策》，82页，大连，东北财经大学出版社，2001。

二、广告预算

企业在确定了广告目标之后，可以着手为每一产品制定广告预算。广告预算的多少要受到销售目标、广告预估效果和影响广告的因素的制约。企业如果设定高销售目标，则广告支出会相对提高。广告如果需经较长时间才能产生效果，则所需的预算较高。影响广告的因素很多，这些因素对广告预算有很大的影响，在具体确定广告预算时，必须考虑。

(一) 影响广告预算的主要因素

影响广告预算的因素很多，主要有以下几方面。

1. 顾客基础规模与市场占有率

一般来说，对市场占有率高的企业或产品，增加广告预算意义不大；而对于市场占有率低的企业或产品，则应适当提高广告预算。顾客基础规模的大小，即广告所覆盖的区域目标顾客的数量，对广告预算的大小也有影响，顾客基础规模越大，广告预算越大，但每一顾客平均所花费的广告费用将会减少。

2. 竞争与干扰

在竞争激烈、竞争者数量多、广告支出大的市场，需要较多的广告费用投入，这样才有可能使顾客接触到企业的广告信息。另外，各种各样的干扰也对广告预算影响很大。因为对企业而言，可以使用的广告媒介是有限的，各个企业都试图在不同媒介上竞争，既有竞争者的也有非竞争者的，但不论是谁的广告信息，都会分散目标顾客的注意力。因此，在干扰较大的媒介上进行广告宣传，所需的广告预算要大一点，反之，广告预算要小一些。

3. 广告频率

对一般的广告信息，顾客通常要接触几次才能产生记忆或留有印象。国外学者通过研究发现，目标接受者在一个购买周期或四周内需要接触三次广告信息才能对广告产生记忆；接触次数在五次以后，对目标接受者的影响力开始递减，一般认为六次为最佳频率；当广告频率超过一定限度（一般认为八次）以后，将产生负影响。因此，在进行广告宣传时，需要针对广告的有效传播情况确定适当的频率，而频率的大小必然影响广告预算的多少。

4. 产品生命周期阶段

在产品生命周期的不同阶段，广告的目的、作用都不相同，对广告的要求也不相同。在产品生命周期的导入期，为了增加产品的最初需求量，使消费者认知并记忆产品，企业要投入大量的广告费用，利用各种媒体优势，以便获得广告的“认知”效果。在成长期，由于前一阶段广告效果的时间积累和该产品信息的非广告传播，人们逐渐熟悉了该产品，开始产生心理变化，这个阶段所需要的刺激因素有所减少，因此，广告活动频率可以放慢，广告费用支出渐次递减而有所侧重，以求维持公众的产品印象。在成熟期，由于竞争者的纷纷加入，迫使产品价格下跌，利润趋于下降，为了增加产品的竞争性，维持现有的市场地位，推迟衰退期的到来，企业有必要投入大笔广告费，大张旗鼓地开展促销活动，突出宣传本企业产品具有的其他企业所不及的特点。当产品处于衰退期时，则应缩减广告费用。

5. 产品的替代性

对于替代性强的产品，一般要求做大量的广告，以树立产品的品牌形象，突出企业产品与替代产品的差异性，对这一类产品，广告预算要多一点。对于替代性较弱的产品，广告预算则可少一些。

此外，还有企业的财力、产品差异化程度，以及选择何种媒体或广告形式等都会影响广告预算。

(二) 确定广告预算的方法

企业确定广告预算的方法主要有以下四种。

1. 量力支出法

根据企业有能力负担的广告费用来确定广告预算。企业量力而行，能负担多少广告费用就负担多少。但这种方法忽视了广告费用与销售额之间的因果关系。广告费用随企业经营状况的好坏而时多时少，不利于企业长期的营销规划工作。

2. 销售比例法

即企业根据销售额的一定比例来确定广告费用预算，这种方法简单易行，应用广泛。但这种方法颠倒了广告费用与销售收入的因果关系，忽视了广告对销售的促进作用，而且也难以确定合理的比例。

3. 竞争对等法

即企业以竞争对手的费用或行业的平均广告费用为标准来确定广告预算。采用这种方法的理由：一是竞争者或行业的费用支出一定有其道理，是企业或行业的经验与智慧所在；二是与对手保持同样的广告费用，可以防止企业间的广告战。但是竞争企业都有其不同的背景，广告目标、广告资源、企业声誉等都不同，很难说竞争对手的预算能适合本企业，也难相信对手的预算就一定合理。

4. 目标任务法

即根据企业的广告目标来确定广告费用预算。这种方法是先确定具体的广告目标，然后列出为达成目标所必须进行的工作，并估计完成各项工作必须的费用，这就是预算。这种方法根据实际的目标及工作来制定预算，把费用与工作紧密联系在一起，但企业必须明确广告费用与实际效果的关系，并要有一定的经济实力。

三、广告信息

不同的广告信息可以引起目标接受者不同的反应，因而会产生不同的广告效果。大量的广告费用并不能保证广告的成功，广告的成功还须考虑“质”的问题，即向目标接受者提供什么样的信息，这个广告信息必须引起人们的注意，提起人们的兴趣，唤起人们的欲望，促使人们采取行动。

(一) 广告信息的产生

广告信息的产生，一般必须通过大量的调查研究，了解目标顾客对产品所追求的利益和通过什么方式才能唤起顾客购买产品。因此，一方面，可以征询消费者、中间商、竞争者或有关专家的意见，让他们对广告应向顾客传递的信息提出看法或建议。另一方面，也可以对顾客的消费心理进行分析，首先了解顾客使用产品时期望得到的利益和不同使用阶段对可能得到的利益的体验，然后根据这两个方面决定向顾客提供什么信息。

广告作为一种促销方式，核心问题是要解决“向谁说”、“说什么”和“如何说”。“向谁说”即是确定广告的诉求对象，“说什么”即是广告要表达什么样的主题思想和宣传概念，“如何说”即是用什么样的方式和什么样的手段来表达。

广告信息的产生，即是创意人员用什么方式来形成广告信息，这种信息能否满足诉求对象的需要，是否令诉求对象注目，是创意人员关注的重点，“令人注目才能促进销售”。

营销专家马洛尼（J. C. Malong）提出表 9—3 所示的一种构思。他认为购买者期望从某个产品中获得下列四种报偿之一：理性报偿、感官报偿、社会报偿和自我满足报偿。同时消费者可从使用后体验、使用体验或偶然使用体验中获得这些报偿。综合这四种报偿和三种体验，就形成了十二类广告信息。

表 9—5　　十二类诉求举例

产品可能的报偿体验类型	可能的报偿类型			
	理性报偿	感官报偿	社会报偿	自我满足报偿
使用后体验	1. 更洁净的衣服	2. 完全消除胃疼	3. 您注意最佳服务时	4. 为护肤而买
使用体验	5. 不用筛的面粉	6. 色清味醇的淡啤	7. 社会要求的除臭剂	8. 面向年轻人的商店
偶然使用体验	9. 香烟保鲜塑料盒	10. 手提式电视，轻便易带	11. 标志现代家庭的家具	12. 面向发烧友的音响

广告客户可以从上表每格中形成一个可能的产品广告信息主题。例如“更洁净的衣服”的诉求就是从使用后体验中得出的理性报偿，而“色清味醇的淡啤”则是和产品使用体验有关的感官报偿。

(二) 广告信息的评估与选择

信息的产生及创意通常不止一个，也并非每一个皆可用，必须经过筛选评估。如广告一般是着重一个核心的销售主题。一般认为广告信息可以从满意性、独特性、可信性三方面来评价。

1. 满意性

即广告信息必须首先介绍产品使人们感到满意的理由。广告表达的内容只有能为顾客提供某方面的满足，才可能引起顾客接受信息的兴趣。

2. 独特性

即本企业产品与竞争者产品相比所具有的差异。广告信息只有用独特的方式表达，表现出与众不同之处，才能使顾客产生较深的印象，激发顾客的购买欲望。

3. 可信性

即消费者对广告所产生的信赖感。广告信息必须具有可信性，使顾客对产品产生信赖感。

（三）广告信息的表达

广告信息的传播不但应考虑“向谁说”、“说什么”，也要考虑“如何说”才能产生最佳效果，从而达到引起消费者注意及产生兴趣的目的。所以必须考虑广告信息表达的具体形式、语调、措词、格式和结构等各方面的因素。

1. 广告的表达形式

(1) 生活片段：表现一个或几个在日常生活中使用产品的情景，如一家人品尝某种食品。

(2) 生活方式：所强调的是产品如何适应某种生活方式，如早出晚归的公务员、应酬频频的豪商富贾是如何使用某产品的。

(3) 新奇幻想：这种方式是由产品及用途造成一种幻想，如某银行环球信用卡的广告讲述了一个故事：两个雅皮士在异国一个风景优美的岛上度假时相识相爱，当他为她买钻石订婚戒指时，用的就是某环球信用卡。

(4) 气氛或形象：借助产品唤起某种气氛或形象，如美丽、爱情或恬静等，对产品本身除了暗示再没有片言只语。

(5) 音乐：应用背景音乐或普通人演唱的方式播放有关本产品的歌曲。

(6) 拟人：为产品赋予人性，拟人形象可以是动物（如新加坡文明礼貌全国运动中的礼貌雄狮），也可以是真人（如麦当劳大叔、万宝路先生）。

(7) 技术经验：显示公司在制造产品中的专业经验，如日立广告展示从盒式录音机到复杂的医疗器械等广泛的产品种类，向人们强调公司制造了两万多种产品的事实。

(8) 科学证据：展示公司品牌比别的品牌更为优秀和受欢迎的试验或科学证据。

(9) 感谢证词：通过有很高威信、受人欢迎的人或行家来认可产品，如请名人、演员推广产品。

可口可乐的广告

从 1986 年到现在，可口可乐用过的代表性广告语达 100 多条。

1886 年：请喝可口可乐。

1904 年：美味又清新。

1911 年：享受一杯欢乐饮料。

1923 年：享受渴望。

1932 年：阳光下的冰凉。

1942年：喜欢可口可乐是因为可口可乐本身。

1957年：好味道的象征。

1965年：享受可口可乐。

1972年：可口可乐……好时光。

1993年：永远的可口可乐。

2004年：假日欢乐由自己。

资料来源：何永琪：《市场营销学》，425页，大连，东北财经大学出版社，2006。

2. 广告的语调

指广告是采用肯定的语气还是否定的语气，严肃的还是幽默的口吻等。如美国宝洁公司的广告往往用正面的语气来推荐产品，而德国大众公司的甲壳虫牌汽车广告却以“丑陋的甲壳虫”这种自嘲的方式来推销，效果甚佳。

3. 广告的措词

广告的措词应清新脱俗、容易记忆。特别是广告的标题，应具有独创性，能在瞬间抓住消费者的注意力。常见的标题方式有：新闻报道式（……不景气，股市不乐观……），问题式（你有没有想到……），叙述式（当我牵着孩子的小手，那种天伦之乐……），耳提面命式（吸毒是自杀行为），因果关系式（自从电脑化后，工作效率大增……）及数字式（商业制胜的101条法则）。

4. 广告的格式

这里主要探讨如何利用媒体的特性，如何使广告最有效、最吸引人。通常包括大小、色调、插图等因素的安排，这些因素对广告效果及成本产生影响。以印刷广告来说，应强调视觉效果，广告格式必须考虑标题、文字布局、样图说明、颜色搭配、印刷品质及大小等。印刷广告吸引人的常用方式有新奇又醒目的标题、吸引人的因素、版面的变化等。收音机广告因为看不见产品，所以偏重于用词、用字、音质、语气、语调及快慢等。电视产品广告不但听得见，更看得见，因此，其广告重点还须包括要考虑肢体语言、外表、服饰、表情、变化、演员的可信度及受欢迎程度等。

5. 广告的结构

在广告结构方面，应考虑使用单面论证还是双面论证，是否应在广告中替消费者下结论，或是由消费者自己得出结论。还应考虑广告信息的顺序。例如公司是否在广告中明白地告诉消费者：“本公司产品质量第一”，或是以广告手法让消费者自己得出同样的结论，研究表明，消费者自己得到的结论比被告知或听来的结论有更好的沟通效果。然而不作结论的广告信息，接收者有可能会得出不能控制的结论，扭曲了本来沟通的目的，所以使用者要特别小心。“单面或双面论证”是指在广告信息中指出产品的优点（单面论证）或同时提出优缺点（双面论证）。双面论证法有时会产生不可控制的负面效果，一般建议使用单面论证法。但是如果接收者是理性化的人或对公司及产品印象不佳的消费者，那么双面论证方式则更为有效。如美国AIVIS汽车出租公司，曾打出一个双面性论证广告：“我们不是最大的汽车租赁公司，但是我们非常努力。”这给消费者留下了良好印象。“表达顺序”是要考虑将主要论点放在信息传达的最前面还是最后面较为有效。一般研究建议单向论证时将主要论点放在前面；而双面论证时为避免混淆，主要论点应在最后强化或重复。

四、广告媒体

广告信息需要通过一定的媒体才能传递给购买者，不同的媒体对同一信息所起的作用各不相同，因此，必须在充分发挥不同媒体功能的基础上，选择合适的媒体。

（一）主要广告媒体及其特点

广告媒体是指能够用来传播广告信息的工具。根据人们对广告的感知方式，广告媒体可以分为三类，即视觉媒体、听觉媒体、视听媒体。从企业在媒体的广告投入和使用数量看，使用最多的是报纸、杂志、广播、电视、户外媒体和互联网等广告媒体。主要广告媒体及其特点如表9—6所示。

表9—6　　主要广告媒体及其特点

媒体	优点	缺点
报纸	时效性强，读者面广，针对性强，制作简单、灵活，可信度高，具有新闻性，费用低廉。	广告寿命短，表现手法单调，不易引起注意，重复出现率低。
杂志	针对性强，表现手法灵活，重复出现率高，竞争干扰小，广告寿命长。	时效性差，篇幅受到限制，版面位置选择性差。
广播	覆盖面广，传播速度快，时效性强，通俗易懂，费用低廉。	只有声音效果，表达单调，时间短促，对顾客的选择性差。
电视	覆盖面广，表现手法灵活，综合视听与动作，有感染力，重复出现性好，可信度高。	对顾客的选择性小，竞争干扰大，费用昂贵。
户外媒体	比较灵活，展露时间长，重复性高，费用低，竞争少。	对象没有选择，缺乏创意。
互联网	多媒体，互动，虚拟界面模拟现实感觉，灵活，可逐层展开。	范围比较狭窄，价格并不便宜。

（二）选择广告媒体时必须考虑的因素

选择广告媒体的基本原则是以最低的费用达到企业的广告目标。因此，选择广告媒体时，必须综合考虑以下因素。

1. 媒体特性

不同的媒体在传播范围、表现手法、目标接受者、影响力等方面都有很大差异，对广告效果影响很大。

2. 产品特性

不同性质的产品，要采用不同的媒体，如原理复杂的产品，可以利用报纸、杂志等文字性的媒体表现；服装、食品等产品则应通过电视、杂志等媒体，利用彩色画面广告，可以增加其美感和吸引力。

3. 顾客对媒体的接触习惯

不同的人由于职业、文化程度、习惯的不同，对不同媒体的接触习惯也不同。如绝大部分儿童用品的购买者受电视广告的影响。

4. 媒体费用

企业应考虑不同媒体广告费用的差别，结合企业实力进行选择。如我国中央电视台比省级电视台广告费用贵10倍左右，黄金时段的广告要更贵一些。中央电视台黄金时段广告招标数据如表 9—7 所示。

以上是广告媒体选择中应考虑的几个基本因素。在实际的广告媒体选择中，一方面要综合考虑上述因素，选择合适的广告媒体；另一方面因不同媒体有不同的优点和局限性，因而企业往往要选择几种广告媒体，形成企业的广告媒体组合，以扩大广告的总体效果。

表 9—7　　中央电视台黄金时段广告招标数据

年份	中标额最高企业	中标金额（元）	央视招标总额（元）
1995	孔府宴酒	0.31 亿	—
1996	秦池酒	0.67 亿	—
1997	秦池酒	3.2 亿	—
1998	爱多 VCD	2.1 亿	—
1999	步步高	1.59 亿	—
2000	步步高	1.26 亿	—
2001	娃哈哈	0.221 1 亿	—
2002	娃哈哈	0.201 5 亿	26.26 亿
2003	熊猫手机	1.088 9 亿	33.15 亿
2004	蒙牛	3.1 亿	44.12 亿
2005	宝洁	3.8 亿	52.48 亿
2006	宝洁	3.94 亿	58.69 亿
2007	宝洁	4.2 亿	67.96 亿
2008	伊利	3.78 亿	80.2 亿
2009	纳爱斯	3.05 亿	92.56 亿

资料来源：http：//paper. people. com. cn。

（三）具体媒体的选择

广告的目的在于借助适当“数量”的广告，将信息传递给目标消费者。如何决定广告的适当“数量”？取决于媒体对消费者的送达率、频率及影响力。

1. 送达率

即在特定的时间内，特定媒体计划一次最少能触及的个人或家庭数目。

2. 频率

即在特定时间内，平均每个人或家庭触及信息的次数。

3. 影响力

即通过特定媒体传播信息的效果及质量。如服装广告，杂志的视觉效果显然比收音机要好。再如一个公司要向 10 万个目标群体宣传其产品，假设平均每接触一人一次的电视广告费用是 2 元，有效的接触必须在 3 次（频率）以上才能产生真正的影响力，那么为达到对 10 万人产生有效影响所需的广告费用至少是：100 000×2×3=60（万元）。

广告中有所谓的“门槛效应”，即广告费用太少，不能发挥应有的效果，如果超过太多，又会形成不必要的浪费。有专家建议对同一个消费者理想的广告展露（或接触）次数是 3 次。第一次展露是在吸引人注意：在广告什么？第二次确定广告内容：广告里说了哪些东西？第三次则提醒消费者采取购买行动。以上是针对短期目标来说的。从长期来看，因为人们会对广告或产品发生遗忘，所以仍有必要作“提醒式广告”。

（四）媒体使用时机

媒体使用时机主要是安排年度或季度的广告时间表。如决定在何时发出广告，在某一时段发多少广告。

按时间的安排广告可以分为连续式广告、集中式广告、飞跃式广告或起伏式广告。连续式广告是指在一段时间内均衡地安排展露时间，但由于广告成本过高和销售季节的变化，这种方法将难以持续。在属于频繁购买类型商品的市场扩展时期，如果购买的类型很明确，广告客户一般应采用持续式广告。集中式广告是指在某一时刻支出所有的广告费用，适用于销售集中在某个季节和假日的产品。飞跃式广告是指在某段时间播放广告，间歇一段时间，再进行第二轮广告。在经营有限、购买周期长或宣传季节性产品的情况下，常使用这种广告。起伏式广告是指持续进行低强度的广告，同时定期用高强度的广告来加强广告攻势，这种广告是吸取了连续式广告和飞跃式广告的优点而创造出的一种折中的时间安排策略。

此外，媒体使用时机还应考虑以下三个因素：购买者流量是指新的购买者进入市场的速率，这一速率越高，广告的连续越强；购买频率是本期普通消费者购买该产品的次数，购买频率越高，广告的连续性越强；遗忘率是指购买者忘记该品牌的速率，遗忘率越高，广告的连续性越强。

五、广告效果评估

当广告制作完成并正式大量播出前，必须对广告进行效果测量，检验其是否达到预期的效果。广告效果评估可分为沟通效果评估及销售效果评估。

（一）沟通效果评估

沟通效果评估的主要目的是研究广告信息是否与目标群体达到有效沟通。信息测试包括对制作的广告在正式播出前及播出后的效果分别进行测试。信息测试通常是利用抽样的方式找一部分目标消费者或专家来进行测试。测试的重点主要包括以下几个方面：

（1）记忆测验。

给受测者充分的时间看广告，然后要求受测者尽其所能，以回忆的方式述说广告的内容，主要在测试对广告的理解力及记忆力。

（2）反应测验。

以直接或间接的方式，检测受测者对广告的感受程度、想法等。

（3）心理测验。

以生理测验仪器衡量受测者接受广告刺激的生理反应，如心跳、血压、瞳孔大小等。

（4）销售测验。

测验广告对消费者购买行为的影响。

案例9—3

美国盖洛普广告效果测试法

盖洛普广告效果测试法的测试步骤要点如下所述：

（1）评估市场上各广告的表现。

（2）分析全盘广告活动及其策略的效果，并与从前的广告策略和其他相同商品的广告做比较。

(3) 针对同一类型产品或某一行业的销售和执行情况做效果评估。

测试时，测试人员每次抽选样本约为150名，年龄在18岁以上，样本户分布于全美10个城市，被调查者可以选择自己常看的杂志广告接受测试，他们必须看过最近四期中的两期，但没有看过最新一期。测试人员事先不透露测试内容，同时要求被调查者不要在访问当天阅读有关杂志。电话访问时，首先询问被调查者在某一期杂志的所有广告中，记得哪几则广告，以确定这些广告的阅读率。媒体受众指出所记得的广告后，就可以问以下问题：

(1) 那则广告是什么模样？内容是什么？

(2) 该广告的销售重点是什么？

(3) 您从广告中知道了什么？

(4) 当您看到该广告时，心理有何反应？

(5) 看完广告后，购买产品的欲望是增加了还是减少了？

(6) 广告中什么因素影响您的购买欲望？

(7) 您最近购买的产品是什么品牌？

综合分析整理这些问题的答案后，可衡量出该广告的三种广告效果：

(1) PNR (Proved Name Registration) ——吸引读者记住某则广告的能力。

(2) Idea Communication——媒体受众对该广告的心理的反应或对销售重点了解程度的分析。

(3) Persuasion——广告说服媒体受众购买产品的能力，即媒体受众看了该广告后，购买该产品的欲望，受影响的程度。

资料来源：纪华强：《广告战略与决策》，326～327页，大连，东北财经大学出版社，2001。

(二) 销售效果评估

广告事后测试主要衡量广告播出后所产生的实际效果。由于影响消费者行为的因素很多，广告播出后的效果，基本上是难以正确衡量的。最常见的是消费者认知测试和回忆测试。

1. 认知测验

以抽样的方式访问一些目标消费者，问他们是否看过这个广告，能否正确指出广告中的产品或广告品牌，知道多少广告内容。认知测验不但可以测知广告的影响力，而且更可与竞争者的广告效果比较。

2. 回忆测验

找一些使用该媒体的消费者，就他们最近看过的广告，请其回忆并复述所记得的东西，此测验主要在评估广告的吸引力。

第四节　营业推广

营业推广在各种沟通工具中具有重要作用，尤其是在短期内刺激顾客购买产品的效果最好，但需要合理组合运用。

一、营业推广的概念

营业推广也叫销售促销，是指企业在短期内为刺激需求鼓励购买行为而进行的各种促销活动。营业推广的种类包罗万象，大体可分为消费者促销、交易促销（针对批发商和零售商）和推销人员促销三种。

营销上一般认为，营业推广是适用于短期的促销工具，它在吸引消费者试用或破坏其他品牌使用者的忠诚度上最为有效。然而长时间使用营业推广促销，会造成消费者对价格的敏感，不但无法使消费者建立起真正的品牌忠诚度，甚至会产生负面的影响，如怀疑质量降低，无法维持正常价位，造成恶性竞争，等等。长期的品牌忠诚度主要应靠广告来维持。

二、营业推广的目标

营业推广的目标是指通过营业推广促销所要达到的目的。营业推广促销作为企业营销与促销的组成部分，其目标必须服从企业营销目标和促销目标的要求，一般有以下三方面的目标。

（一）以消费者为目标

以消费者为目标的营业推广主要是为了刺激消费者多购买，鼓励现行产品使用者增加使用率和使用量，吸引没有使用过本企业产品的消费者试用，促使竞争品牌的忠诚者改变品牌信念，对付竞争者的营业推广活动等。

（二）以中间商为目标

对中间商实行营业推广活动主要是为了鼓励中间商购买与销售本企业的产品，提高存货水平，促进中间商在销售淡季购买，提高中间商的品牌忠诚度，打击竞争品牌，吸引新的中间商加入本企业的销售渠道等。

（三）以推销人员为目标

对推销人员实行营业推广活动主要是为了鼓励他们积极推销本企业的产品，刺激他们去寻找更多的潜在顾客，使他们投入更多的精力推广本企业的产品，提高销售业绩。

三、营业推广的方式

营业推广的方式有很多种，不同的方式各有其不同的特点，企业应根据营业推广的目标、市场类型、竞争情况、费用来选择合适的营业推广方式。

（一）向消费者推广

向消费者推广的方式如表 9—8 所示。

表 9—8　向消费者推广的方式

推广方式	详细说明
样品	企业免费向消费者提供的一定数量的产品或服务。
优惠券	持有人在购买指定产品时可以获得预先设定的优惠额度的一种凭证。
现金返还	产品购买活动结束之后给予顾客价格优惠。消费者购买产品后将“购买凭证”交给生产商，生产商再将部分购买款返还消费者。

续前表

推广方式	详细说明
特价包装	以比正常价格优惠的价格销售的打包或标记商品。
奖品（礼品）	在购买特定产品时以较低价格或者免费提供的用于刺激购买的商品。
使用者奖励	对经常或大量使用企业产品的消费者，以资金或奖励的方式激励其继续使用本企业产品。
竞赛、抽奖和游戏	针对顾客购买公司产品或服务的次数和数量给予奖励。 消费者购买特定商品后有机会获得现金、旅游机会或者商品。 竞赛要求消费者参与某种活动，然后由裁判选择表现最好的参与者并给予奖励。抽奖要求消费者进行摸彩。游戏是指消费者在每次购买时可以得到一些物品。
回馈奖励	以现金或者点数给予光顾特定卖主的顾客的奖励。
免费试用	邀请目标顾客免费试用产品，希望他们在试用后购买。
产品担保	卖方作出明确的隐含的承诺，保证产品在一定时期内产品性能将满足特定的标准。否则卖方将负责免费维修或退换。
捆绑销售促销	两个或以上的品牌或公司共同发放优惠券、开展竞赛来增加合作。
交叉销售促销	利用一个品牌为另一个不存在竞争关系的品牌做广告。
在购买地点展览或演示	在购买地点或者销售地点进行的展览或者演示。

（二）向中间商推广

向中间商推广的方式主要有以下几种。

1. 购买折扣

在规定的期限内，每次购买都可以享受一定的折扣。应鼓励中间商大量进货或购买一般不愿进货的新产品。

2. 资助

是指生产者为中间商提供陈列的商品、支付部分广告费用和垫付部分运费等。在这种方式下，中间商陈列本企业产品，企业可免费或低价提供陈列商品；中间商为本企业产品做广告，生产者可资助一定比例的广告费用；为刺激距离较远的中间商经销本企业产品，可给予一定比例的运费补贴。

3. 经销奖励

对经销本企业产品有突出成绩的中间商应给予奖励。这种方式能刺激经销业绩突出者加倍努力，更加积极主动地经销本企业产品，同时，也有利于诱使其他中间商为多经销本企业产品而努力，从而促进产品销售。

（三）向推销人员推广

企业可以通过促销竞赛、推销红利、礼品广告等方式来奖励推销人员，鼓励他们把企业的各种产品推荐给消费者，并积极地开拓潜在的市场。

四、营业推广方案的制定

制定营业推广方案通常要考虑以下五个方面的因素。

（一）推广的规模

奖励规模的确定要考虑成本与效益的关系。推广活动要获得成功，一定规模的奖励是必要的。但如果超过一定限度，规模的扩大不一定会带来效益的递增。

（二）推广的对象

哪些消费者可以参加营业推广并获得奖励？一般应选择对这种方式反应最强烈的顾客、中间商或推销人员来开展营业推广活动。对营业推广对象的范围，可以选择目标市场的一部分，也可以选择整个目标市场。

（三）推广的途径

即要决定如何把营业推广方案向目标对象传送。如对消费者以奖金方法开展营业推广活动，可以将现金装在包装袋里，可以在包装袋中附标有特定标志或金额的奖券，也可以通过广告媒体进行宣传，对购买特定数量的消费者给予奖励等。

（四）推广的时间

推广的时间以多长为恰当？时间太短，许多消费者将无法享受及使用推广优惠；时间太长，不但形成浪费，还可能造成不良的效果。如长期打折，消费者会逐渐认为打折价是正常价格，在正常价格时就无人购买。

（五）推广的预算

预估营业推广的费用支出可以有两种方法：一是自上而下，先确定各种具体促销方式的费用，然后相加得出总预算；二是先确定企业促销的总费用，然后按一定的比例来进行分配，确定营业推广费用。

营业推广方案的制定是一项复杂的工作。在制定营业推广方案时，必须进行认真的市场研究，否则将达不到企业营业推广的目标。

五、营业推广方案的测试、执行及评估

营业推广方案是否合适？能否达到预期效果？这必须经过测试。一般测试大都选定少数特定对象加以测验，这样花费少，效果显著。

当测试通过后，营销人员应设计一套推广执行规则，包含推广前规划和推广期间规划。推广前规划包括推广设计、包装、修改、批准、制作、分送至各媒体及人员等。推广期间规划是指从方案正式开始到结束这段期间的实际推广运作及管理活动。

营业推广评估最常见的是比较推广前、推广期间及推广后的销售变化，并研究推广活动如何影响消费者、中间商及推销人员，评估到底有多少销售的增加是受到推广的影响。

第五节　公共关系

公共关系是通过塑造和传递企业形象、产品形象来提升企业或产品的美誉度和知名度，建立与社会公众的良好关系，从而达到提高市场占有率和销售量的一种重要的沟通手段。

一、公共关系的含义

公共关系是指企业通过公共报道及对特殊事件的处理，有计划地与社会大众及团体保持良好关系，并建立良好的企业及品牌形象。公共关系作为企业促销的主要工具之一，其活动的内容主要有以下几个方面。

(一) 与新闻界建立关系

通过新闻媒体传播企业的各种活动及信息，以吸引消费者的注意。

(二) 产品报道

开展各种活动来宣传介绍特定的产品，如将新产品上市或产品的新用途等有关信息传递给消费者。

(三) 企业沟通

建立良好的内部（如员工、股东）及外部（如立法者、消费者）的沟通渠道以增加公众对企业的了解。

(四) 游说

建立良好的政府机关沟通渠道，影响政府施政措施并对政府政策作出反应。

(五) 咨询

公共关系部门提供营销人员关于如何处理公共事件的策略，确定企业在社会大众心目中的地位及企业形象。

在企业中，公共关系常常被忽视。一般企业大都只重视与股东、员工或政府官员的关系，往往忽视与产品营销方面的消费者及其他相关团体（如环保组织）的关系，对公共关系抱有偏见。事实上，公共关系主要以“管理的方式”来经营内部及外部的各种关系，将企业及产品通过各种公共事件、媒体及人物推荐给消费者大众，并建立良好的企业及品牌形象。公共报道是一种不需付费的新闻式报道，不但可信度高，影响力大，而且可以省下企业大笔的促销费用。公共关系在现代企业中具有非常重要的作用。

二、公共关系的对象

公共关系的对象主要是一个企业所面临的公共的、社会的关系。任何一个企业要生存和发展，必须分析和处理各种社会关系，为企业的发展创造好的社会关系环境。企业的公共关系对象主要有以下几个。

(一) 最终消费者

在市场经济条件下，满足消费者的需要是企业一切活动的出发点。企业必须使消费者对本企业产生良好的印象，以良好的企业形象和声誉吸引消费者。为了建立与消费者间的良好关系，企业应坚持为消费者提供满意的服务，与消费者进行有效的沟通，注意处理与消费者的纠纷，在消费者心目中树立产品知名度，建立质量信赖感。

(二) 经销商

企业产品的销售通常是通过经销商进行的，因此，与经销商关系的好坏，是企业销售的关键。企业应迅速、准时地给经销商提供品质优良、价格合理、设计新颖、适销对路的产品，为经销商提供各种销售便利和服务。

(三) 供应商

为了保证企业产品的正常生产，需要有充足的原材料、零部件、工具、能源等供应，因而必须与供应商维持良好的关系。

(四) 社区

社区是企业的所在地，企业要与所在地的其他工厂、机关、学校、医院、公益事业单位、居民等发生各种关系。社区关系的好坏，影响着企业的生产和经营活动。

(五) 政府

政府也是企业的一种公众。企业要生存和发展，离不开政府的支持和帮助。政府的各个职能部门所制定的政策、法规会直接或间接地影响企业。因此，企业必须经常与政府有关部门进行沟通，及时了解有关的政策、法规及计划，并使之能尽量有利于本企业的发展。

(六) 媒介

媒介是企业最特殊的一种公众，企业的公共关系活动通常要借助媒介工具来进行，通过媒介向外发布，以扩大活动的影响。因此，企业的公共关系部门要与媒介保持密切的关系。特别要重视正确处理媒介对企业的批评报道，采取冷静的态度进行调查和分析，以求重新树立企业的形象和声誉。

此外，企业还要处理好与竞争者的关系。

三、公共关系方案的制定

制定公共关系方案，一般要从以下几方面着手。

(一) 确定公共关系活动的目标

公共关系活动的目标应与企业整体目标相一致，并尽可能具体，同时要分清主次轻重。一般公共关系活动的目标主要是刺激产品销售和建立企业形象。

(二) 确定公共关系活动的对象

确定本次公关活动所针对的目标公众是谁，是最终消费者，还是经销商、供应商、社区、政府和媒介等。

(三) 公共关系的活动方式

公共关系的活动方式主要有以下几种：

(1) 宣传性公关，如运用报纸、杂志、广播、电视等各种传播媒体，采用撰写新闻稿、演讲稿、报告等形式向社会各界传播企业有关信息。

(2) 征询性公关，如开办各种咨询业务、分发调查问卷、进行民意测验、设立热线电话、聘请兼职信息人员、举办信息交流会等。

(3) 交际性公关，如采用宴会、座谈会、谈判、专访、慰问、电话、信函等形式。

(4) 服务性公关，如消费指导、消费培训、免费修理等。

(5) 社会性公关，通过赞助文化、教育、体育、卫生等事业，支持社区福利事业，参与国家、社区重大社会活动等形式来塑造企业的社会形象，提高企业的社会知名度和美誉度。

四、公共关系方案的实施和评价

公共关系方案实施的一个重要因素是时机。企业可以利用一些特殊事件或突发事件来实施公共关系方案，或者创造某些条件使平淡无奇的事情变得富有新闻性，以增加公共关系活动的效果。

有很多公共关系的机会，特别是新闻传播方面，往往取决于企业公共关系从业人员与某些“特殊人物”的关系，这些特殊人物如报纸杂志的编辑、主管领导等，因此，公共关系的实施，必须注意如何能促使企业信息被媒体接受，在什么地点及时间被发表，以及以什么样的形式进行发表等。

由于公共关系的主要目的是树立企业的形象，不是直接地去推销某产品，而且往往与其他促销工具一起使用，因此，公共关系活动的效果很难进行定量测定与评价。比较常用的衡量办法是看公共关系活动在新闻媒体上的展露次数，或在公共关系活动后，消费者对企业或品牌的知名度、理解度及态度偏好方面的变化情况，以及观察实际的销售额与利润额的变化。通过对这些方面进行分析，可以对企业的公共关系活动及效果作出较客观、准确的衡量和评价，并就未来的活动提出建议。

案例9—4

农夫山泉利用“味道有点甜”的广告传播迅速发展起来后，开始了系列的“一分钱”公益活动。“一分钱，一份力量。”从2001年支持北京申办奥运会开始，农夫山泉的“一分钱”公益行动已经持续了四届，基本上每一两年就更换一个主题。2002年，“一分钱”行动的主题更换为“阳光工程”，农夫山泉共向全国24个省的395所学校捐款500万元的体育器材。2004年，第三届“一分钱”行动与雅典奥运会同行，支持“中国体育事业”。

2006年是第四届的起始年。农夫山泉从5亿瓶水中筹集500万元，与宋庆龄基金共同成立“饮水思源”助学金，锁定长白山、千岛湖、丹江口等小绿地，捐助1 001名贫困学生及10所学校。这些举措树立了农夫山泉关注社会福利的形象，大大提升了农夫山泉的品牌美誉度。

资料来源：陈振烨：《“一分钱”的公益布局》，载《信息产业报》，2006（6）。

思考与练习

一、复习思考题

1. 什么是促销？促销的实质是什么？

2. 什么是促销组合？促销组合有何特点？

3. 试使用拉式策略为一正处于产品生命周期成长期的、顾客分布面广的日用消费品制定一套促销组合方案。

4. 人员推销有哪些缺点？

5. 推销人员的组织模式有哪几种？

6. 广告目标可分为哪几类？每类广告目标使用的条件是什么？

7. 选择广告媒体应考虑哪些因素？

8. 营业推广方案应包括哪些内容？

9. 在公关促销中企业应如何选择公关信息？

10. 某企业开发出一种不会造成环境污染的纸制饭盒，为树立企业环境卫士形象，请你为该企业策划一次公关促销活动。

二、案例分析题

“霞飞”化妆品的促销策略

上海霞飞化妆品厂针对促销对象，设计了两种类型的促销组合：(1) 以最终消费者为对象的促销组合。基本策略是：以塑造产品形象为目标的广告宣传活动，并辅之以一定的零售点营业推广活动。(2) 以中间商为对象的促销组合。基本策略是：以人员促销为主导要素，配合以交易折扣和耗资巨大的年度订货会为主要特征的营业推广活动。

霞飞厂在制定两种促销组合策略的基础上，对促销组合的几个方面都做了十分广泛而深入的工作。在广告方面，广告策划历年由厂长亲自决策。其具体做法有以下三个方面：(1) 广告费投入十分庞大，1991 年为 2 400 万元，占当年产值的 6%。(2) 广告内容的制作，除聘请著名影星参与外，还把强化企业整体形象作为重点，播映一部以“旭日东升”为主题的电视广告片，同时利用中国驰名商标的优势，强调“国货精品”、“中华美容之娇”的品质。(3) 在广告媒体的选择方面，因其目标市场是国内广大中低收入水平的消费者，而电视在他们日常生活中占有重要地位，因而把 70%的费用用于电视广告，20%的费用用于制作各种形式的城市商业广告和霓虹灯、广告牌，其余 10%的费用用于其他形式的广告媒体。

在人员推销方面，全厂产品的销售任务由销售科全面负责，该科建制占全厂总人数的十分之一。推销人员实行合同制，每年同厂方签订为期一年的合同。推销人员若不能完成销售指标，第二年即不续签。推销人员的报酬实行包干制，无固定月薪收入，按销售实到货款提取 0.5%的费用。推销人员的工作实行地区负责制，每一省区配 1 至 3 名推销人员。此外，还派出营业员进驻全国各大百货商店的联销专柜，提高推销主动性。

在公共关系方面，每年大约投入 120 万元至 150 万元，主要公关活动有：(1) 召开新闻发布会。例如 1990 年在北京人民大会堂召开“霞飞走向世界”新闻发布会，会议地点本身就产生不小的新闻效应。(2) 举办和支持社会公益活动。如赞助“全国出租车优质服务竞赛”。特别是针对女性对文艺活动的偏好等特点，赞助华东地区越剧大奖赛。

在营业推广方面，霞飞厂对零售环节采取一些常规性的推广活动，虽然创新不大，但对批发环节则集中了主要精力。主要包括两类手段：(1) 经常性手段，如交易折扣、促销津贴等。(2) 即时性手段，每年都举办隆重的订货会，既显示企业强大的实力，同时又进行感情投资，融洽工商关系。

问题：上海霞飞在市场上是如何正确运用促销策略的？

三、营销讨论题

1. 电视广告已经失去威力了吗？

观点选择：电视广告的重要性已经减弱了；电视广告依然是最有效的媒体广告。

2. 优秀的推销人员是天生的还是后天培养的？

观点选择：发展有效的推销团队的关键是招聘；发展有效的推销团队的关键是培训。

3. 营销者应测试广告吗？

观点选择：广告和公共关系营销对好的产品或服务来说是不必要的浪费；广告和公共关系营销对成功的市场营销是重要的。

第十章 市场营销组织、计划与控制

【学习目标】

通过本章的学习，了解市场营销组织的演变、营销组织形式、营销计划的主要内容，掌握编制市场营销计划的方法，以及在计划执行过程中适时采取有效的调控行动。

第一节 市场营销组织

市场营销组织是为了实现企业的营销目标，制定和实施营销计划的职能部门。它的形式经历了一个由简单到复杂的演变过程，它不仅随着企业经营哲学的发展而变化，而且也与企业营销活动规模的大小有着直接的联系。

一、市场营销组织的演变

从历史到现在，企业的营销组织经历了五个发展阶段并形成了相应的五种类型，现代企业可以根据自身的实际情况选择其中的任何一种来组织营销资源。

(一) 简单销售部门

这种销售组织，反映了企业以生产观念为经营指导思想。企业中专门的营销组织只是单纯销售部门，营销人员的主要职能就是推销产品。其他的营销职能，如市场调研、新产品开发、顾客服务等，并没有得到企业的足够重视，企业一般会聘请一名副总经理来主管销售队伍并直接参与一些推销工作。简单销售部门的组织结构如图 10—1 所示。

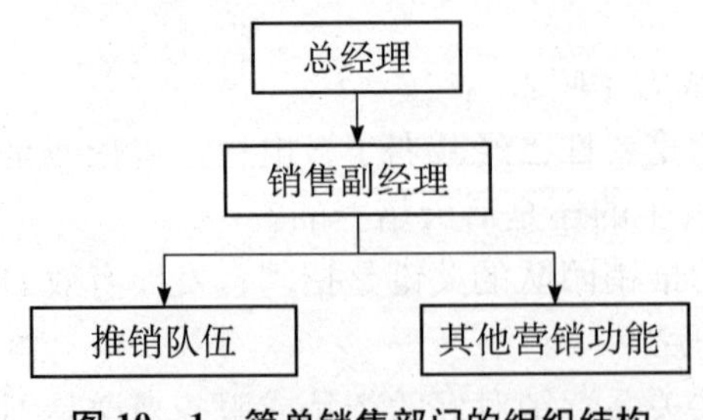

图 10—1 简单销售部门的组织结构

（二）兼有营销功能的销售部门

这种销售组织以推销观念为企业的指导思想。随着企业业务范围的扩大，企业需要进行经常性的、连续性的营销调研、广告宣传及顾客服务工作。因此，企业开始聘用一些专门的人员负责执行营销工作中除推销外的其他工作，但这些人员仍然隶属于销售部门，在同一个销售副总经理的管理下工作。兼有营销功能的销售部门的组织结构如图 10—2 所示。

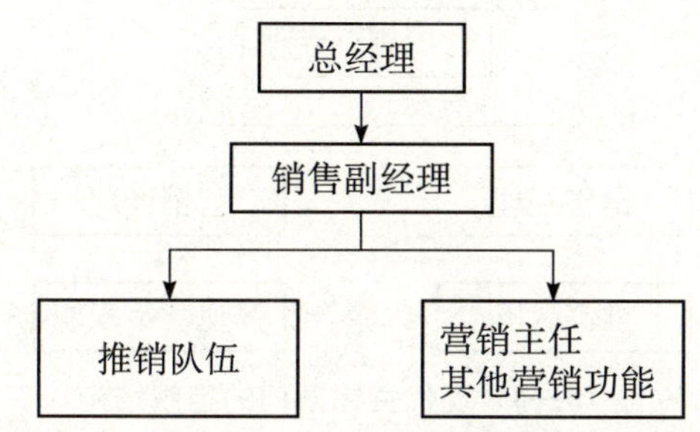

图 10—2　兼有营销功能的销售部门的组织结构

（三）独立的营销部门

在企业的不断发展过程中，市场营销的其他功能在企业经营中的作用日益突出。很多企业愿意加大对这些功能的投入力度，以进一步发挥它们的作用。因此，销售部门仍然只由产品的推销队伍构成，企业成立了专门的营销部门，诸如营销调研、广告、新产品开发、顾客服务等，并向主管营销的副总经理负责。此时，主管销售的副总经理和主管营销的副总经理共同向企业的总经理负责，企业中就形成了两个相对独立的部门——销售部和营销部，它们相互配合，共同执行营销中的所有功能。独立的营销部门的组织结构如图 10—3 所示。

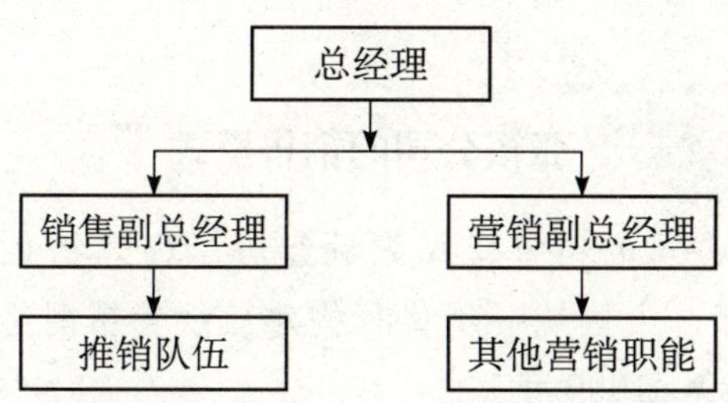

图 10—3　独立的营销部门的组织结构

（四）现代营销部门

销售部门与营销部门的工作紧密关联，应该步调一致，相互协作，但实际上它们之间的关系常常存在互相竞争和互不信任的问题。销售副总经理不愿让销售队伍在营销组合中的重要性有所降低，而营销副总经理则寻求在扩大非销售队伍的预算上有更多的发言权。

因为营销部的任务是确定营销机会，制定营销战略和计划，销售部的任务则是执行这些计划。营销部门依赖于市场调研来制定战略计划，往往更具有战略眼光，注重长期利益，它们的目标是产品利润和获得市场份额。销售部门直接与顾客打交道，它们有更多实际的经验，往往更了解消费者的需求，但却经常以短期利益为重，重视按时完成销售定额。

如果销售部门和营销部门的冲突太大，就会影响到企业营销的正常发展。因而企业在设置现代营销部门时，直接由一名主管营销的副总经理全权负责，营销部门中可以分设销售部和营销部。也可以根据企业的实际情况，按具体的营销功能设置更多分部。现代营销部门的组织结构如图 10—4 所示。

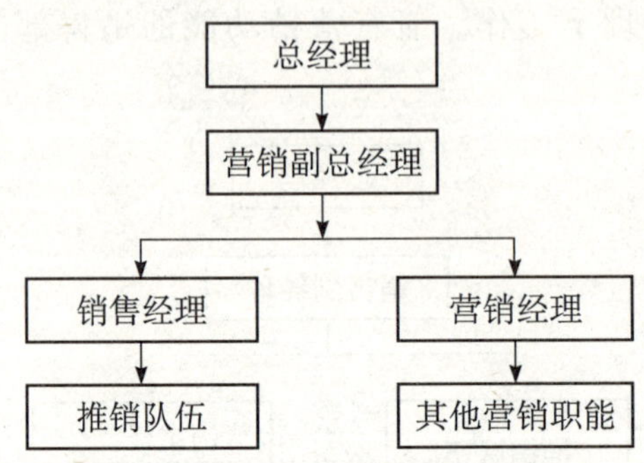

图 10—4　现代营销部门的组织结构

(五) 现代营销企业

现代营销企业应该是一个全员营销型的组织，营销观念不再只局限于营销部门，而是作为企业整体的经营哲学指导每一个员工的工作。这并不意味着赋予营销部门更多的权力，而是让企业的员工认识到，营销不只是营销部门的职责，而且是每一个员工都应当参与的工作。此时企业营销部门的主要职责是一方面从事日常的营销活动，处理好营销部门内部各职能部门之间的关系，另一方面协调营销部门与企业其他部门的关系，促进营销观念在企业整体范围内的建立。

案例10—1

张裕公司的销售模式

从 1989 年开始，张裕公司的销售模式先后经历了群体销售、扩编增员、成立产销一体化的四个酒业公司销售部、大区统一销售和构建三级营销网络体系等 5 个阶段。

1. **群体销售阶段**（1989—1990 年）

1989 年末，张裕产品库存堆积了近 80 万箱。当时，公司全年产量只有万吨酒，库存和应收销货款却占了全年产销量 70%以上。面对困境，公司提出群体销售的口号，动员上下各个部门都来参与。除了销售处承担销售任务，各管理处室、二级生产厂都承担部分销售指标，包括以酒抵货款。一个春节销售了近 5 000 吨酒，并回笼了部分货款。1990 年下半年，公司全面恢复生产。

2. **扩编增员阶段**（1990—1994 年）

为了强化销售，张裕成立了销售公司，第一次把依附于生产厂的一个处室分离出去。生产和销售各自独立运作，在当时烟台企业中还是第一家。同时，在全公司推选销售公司领导，根据大家的推选意见确定这个重要职位的人选。

机构有了，领导有了，销售人员有了。张裕在这四年间每年都在扩充经销处，1994

年扩充到38个；把补充的销售人员分到全国部分城市，初步形成全国性网络。1992年有了500万元利润，1994年利润达到4 000多万元。

3. 成立产销一体化的四个酒业公司销售部阶段（1994—1996年）

为了使张裕各酒种都有较大发展，成立了四个独立的酒业公司各自发展，它们都有可能成为大酒业公司。

在这一阶段，销售额比前几年有所增长，每年在5 000万元左右。有些酒种下滑势头得到控制，并逐渐出现增长。但也暴露出问题：四个销售部在一个城市面对一个代理商，一个代理商对四个结算部门。代理商疲于应付，破坏了张裕的整体形象，公司整体实力分散；内部互相排斥、竞争过度，有的代理商乘机钻空子，无偿长期占用张裕资金。

4. 大区统一销售阶段（1996—2003年）

1996年末，公司销售体制进行调整，统一领导、统一指挥，将原来的面向全国布点、独立核算的四个销售部整合成一个销售部总管一个区域，集中力量大力开发葡萄酒市场。

1997年下半年，公司根据市场开发薄弱省份的情况，在11个省会城市成立配售公司。三年时间，11个城市由2 000万销售额增加到1个亿。1997年末，根据实际情况又成立了西南销售部，定向开发市场。

5. 构建三级营销网络体系阶段（2003年至今）

为了实现销售总部科室职能的强化协作，按照科室职能归口分类，销售公司设立了综合管理中心、战略发展中心和客户服务中心3大中心，并组建葡萄酒南区、中区、华北区和西北区4个区域销售部，在烟台成立直销公司。酒种上也成立白兰地、保健酒和起泡酒三个销售部，并在各销售部、分公司组建3条线人员（营销线、人力线、业务线）。由此，张裕形成了总经理办公室、3大中心、8大销售部、39个分公司和487个经销处的全国市场营销网络体系。

在该阶段，公司加大“一个布局、四个调整”工作的力度，实现渠道扁平化，形成了市场人员1 087人、经销商2 700家的庞大网络。在发达地区的县级市场，基本实现了县县有代理，同时产品进一步向酒庄酒店、解百纳、高档白兰地调整，公司吨酒利润和高档酒销量得到明显提高。

资料来源：吴健安等：《市场营销学》，414页，北京，高等教育出版社，2007。

二、营销部门的组织形式

现代企业的营销部门有多种组织形式，可以按照职能、地理区域、产品、顾客市场来设置。各种不同的组织形式都具有各自的特点，企业应当根据自身的实际情况进行选择，不仅应注意到组织的协调性和有效性，而且必须贯彻以顾客为中心的指导思想，充分了解顾客的需求。

（一）职能型组织

职能型组织是按照营销的各种功能来分别设置企业的营销机构，是最常见的组织形式。根据企业中不同营销功能，可以设置营销行政管理部、销售部、市场调研部、广告及销售推广部、新产品开发部等多个平行的营销机构，每一机构汇集相应的专业人员，分别向各部门的经理负责，而各部门经理则在一个营销副总经理的统一领导下开展工作。

职能型组织的最大特点就是资源配置明晰，易于管理。另外就是由于进行了专业分工，能够保证各方面的营销专家从事自己熟悉领域的工作，充分发挥营销人员的特长。但是，随着产品的增多和市场的扩大，这种组织形式日益暴露出其效益太低的弱点。首先，在这种组织形式中，没有一个人对一种产品或一个市场完全负责，因而可能缺少按产品或市场制定的完善计划，使得一些产品或市场被忽略；其次，各职能部门为了获得更多的预算投入，或是为了提高自身在企业中的地位，会相互争斗，营销副总经理不得不经常调解它们的矛盾，并仔细审查各个部门提供的报告是否隐藏私心。职能型组织的形式如图 10—5 所示。

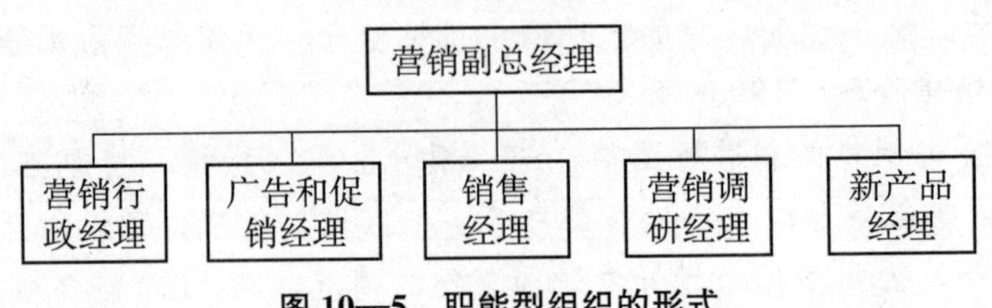

图 10—5　职能型组织的形式

（二）地区型组织

如果企业的市场范围较大，可以按照地理区域来设置营销组织机构。比如在营销部门设有中国市场经理，下有华东、华南、华北、西北、西南、东北等大区市场经理。每个大区市场经理的下面，按省、市、自治区设置区域市场经理。再往下，还可以设置若干地区市场经理和销售代表。从全国市场经理依次到地区市场经理，所管辖下属人员的数目即"管理幅度"逐级增加。当然，如果销售任务艰巨、复杂，销售人员的工资成本太高，他们的工作成效又对利润影响重大，管理幅度就可以适当缩小。地区型组织的形式如图 10—6 所示。

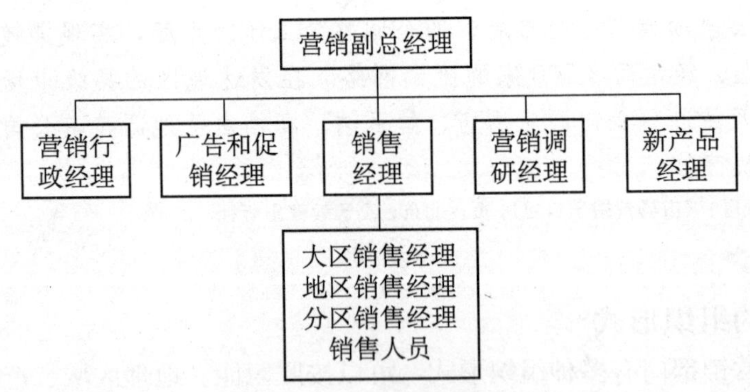

图 10—6　地区型组织的形式

设置地区型组织的优点主要表现在以下几个方面：（1）营销人员熟悉该地区市场情况，可以根据不同地区的实际情况制定出更能满足消费者需求的营销计划；（2）降低了营销人员的出差成本，减少了他们的离家时间，使他们能过上相对稳定的生活，有利于提高工作效率；（3）公司更易于确保一个地区受到完全覆盖，尽量扩大了企业的市场范围。缺点表现在：与职能型组织一样，在地区型组织中也没有一个人对一种产品完全负责，同样也会使某些不被营销人员偏爱的产品被搁置在一旁，特别是如果企业的产品线较宽，也不可能让销售人员了解全部产品的特性。此外，即使是同一地区的顾客在需求上也可能存在较大的差异，要使营销人员同时了解多个目标市场的顾客需求也比较困难。最后我们还应该看到，驻扎在各地的营销人员一旦在某一地区扎根的话，可能很不愿意被派驻到新的地区工作，这样也不利于企业的人员管理。

（三）产品管理型组织

如果企业的产品或者品牌很多，可以按照产品或者品牌建立市场营销组织。企业为每一种产品或每一个品牌设置专门的产品或品牌经理，负责制定及实施产品开发计划，监测计划的执行结果并加以改进。产品管理型组织的形式如图 10—7 所示。

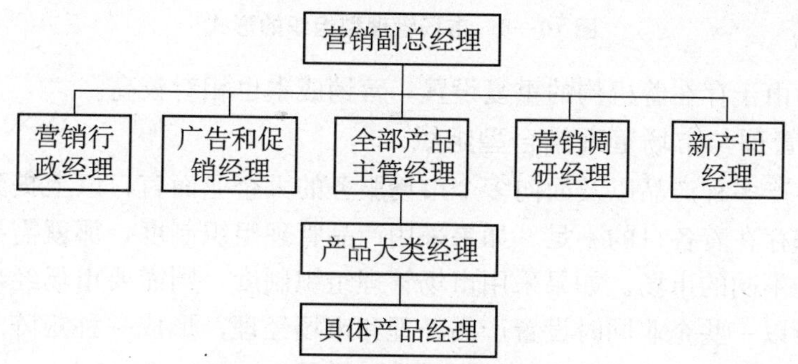

图 10—7　产品管理型组织的形式

这一类型组织的主要优点是：(1) 适用于生产多种产品和品牌的企业，特别是当这个企业的产品线差异较大且较复杂的时候，为每一种产品设置产品经理，能够更好地满足客户日益专门化和复杂化的需求，并且使企业的每一种产品都不会被忽视；(2) 便于统一协调产品经理负责的特定产品（品牌）的市场营销组合战略；(3) 能够及时反映特定产品（品牌）在市场上发生的问题；(4) 产品经理各自负责自己管辖的产品（品牌），可以保证不太出名的产品（品牌）不会被忽视；(5) 有助于培养人才——产品（品牌）管理涉及企业经营、市场营销的方方面面，是锻炼年轻管理人员的最佳场所。

该类组织的缺点包括：(1) 它并没有取代职能型管理组织，只不过是增加一个管理层次；(2) 产品管理人员的增加，导致人工成本增加；(3) 由于产品经理的任期往往是短暂的，这就不能保证企业的产品有一个长期的、战略性的营销计划。

（四）市场管理型组织

企业将顾客按不同的购买行为或产品偏好分为不同的细分市场，并为每一个市场设置市场经理，由他们对该市场的营销活动进行统一规划。市场管理型组织的形式如图 10—8 所示。

市场管理组织的最大优点是真正体现了以消费者为中心，能够让营销人员了解不同顾客的要求及变化。由于能够从更近的角度接近顾客，据此开发出的新产品及对产品的改进也更能满足顾客的需求。这一组织形式还能使公司更好地在不同的细分客户中配置资源，公司可以清晰地了解哪些顾客群体能为企业带来更大的利益，从而对此投入更多的营销资源。

市场管理组织同样也存在着一些不足之处。首先，由于企业是按照细分市场来设置市场经理，如果企业的产品线较宽，营销人员就必须同时了解所有产品的特点才能做好工作；其次，不同市场的销售人员之间也会相互竞争，可能滋生本位主义，不利于企业的整

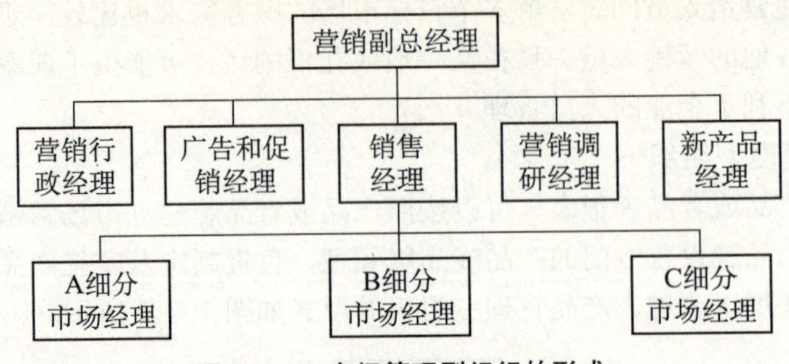

图 10—8　市场管理型组织的形式

体协作；最后，由于存在着机构的重复设置，营销成本也相对较高。

(五) 产品管理与市场管理结合型组织

对于一个生产多种产品以及面向多个市场服务的大企业而言，以上提到的产品管理和市场管理组织都存在着各自的不足。如果采用产品管理组织制度，那就需要产品经理熟悉广为分散的各种不同的市场。如果采用市场管理组织制度，则需要市场经理熟悉种类繁多的不同产品。所以一些企业同时设置产品经理和市场经理，形成一种矩阵式结构。例如杜邦公司就是按照矩阵式结构来设置营销机构的（见图 10—9）。

		市场经理			
		男式服装	女式服装	家庭装饰	工业市场
产品经理	人造丝				
	醋酸纤维				
	尼龙				
	奥伦				

图 10—9　杜邦公司的矩阵式营销组织结构

但是矩阵式的组织同样也存在问题，一是雇用的营销人员增多会大幅度地增加营销成本；二是在实际工作中，组织内部容易产生矛盾和冲突；三是权力与责任应该如何落实，例如销售队伍是按照产品分类来组织还是按市场分类来组织？各产品的最终价格由产品经理决定还是由市场经理决定？这就需要对这一组织进行一些改进。

案例10—2

海尔为建立全球供应链网络，采取了一系列重大举措。一是优化供应商网络，将供应商由原来的 2 336 家优化到 978 家，减少了 1 358 家。二是扩大国际供应商的比重。到 2001 年 7 月，国际供应商的比例已达 67.5%，世界 500 强企业中已有 44 家成为海尔的供应商。海尔与已经进入和准备进入青岛海尔开发区工业园的 19 家国际供应商建立了供应链关系。三是请大型国际供应商以其高新技术参与海尔产品的前端设计。参与海尔产品设计开发的供应商比例已高达 32.5%。供应商与海尔共同面对终端消费者，通过创造顾客价值使其订单增值，形成了双赢的战略伙伴关系。在抓上游供应商的同时，海尔还完善了面向消费者的配送体系，在全国建立了 42 个配送中心，每天按照订单向 1 550 个专卖店、

9 000多个网点配送100多个品种、5万多个产品，形成了快速的产品分拨配送体系、备件配送体系和返回物流体系。与此同时，海尔与国家邮政局、中远集团等企业合作，在国内调配车辆可达16 000辆。

资料来源：郭国庆：《市场营销》，358～359页，北京，中国人民大学出版社，2002。

第二节 市场营销计划

市场营销计划也叫品牌计划，是关于某个具体产品、品牌如何进行市场营销的安排和要求。市场营销计划是指导、协调市场营销活动的主要依据。制定和实施市场营销计划，是市场营销组织的基本任务。

一、营销计划的类型

根据所涉及的内容，营销计划主要有两种类型，即战略营销计划与战术营销计划。战略营销计划是一种长期计划，它跨越三年或是三年以上期间，它勾画出企业的战略营销目标、目标市场、市场定位、营销组合及实施营销战略所需要的企业资源，以及所希望的结果。战术营销计划则是属于操作层面的短期计划，它是为实现战略营销计划所采取的特定营销活动的详细时间和费用安排表，成功的组织在制定战术营销计划之前应该完成其战略营销计划的制定。

营销计划还可能由企业的不同管理层次来制定，不同的企业层次有不同的营销计划层次。公司层次在制定总体战略计划中必然包含一个营销战略计划的制定；公司中的各个战略业务单位往往也会制定独立的营销战略及战术计划；企业还可以由产品经理或市场经理为每一条产品线或是每一个细分市场制定单独的营销计划。一般来说，基于产品线或是细分市场的营销计划的内容应当更加具体，其中有关战术营销计划的篇幅应当更为翔实，以保证计划有更强的操作性。

二、制定营销计划的过程

（一）确定计划制定者

一般而言，由各个级别的市场营销负责人分别对其所负责的活动制定营销计划，例如企业的营销部经理负责制定企业的整体市场营销计划，产品经理负责制定某一产品线的营销计划，广告部经理负责制定广告计划等。在必要的时候也可以委托制定计划的专业部门来帮助计划的完成，这一专业部门可能是企业外部的管理咨询公司，也可能是企业内部的计划部门。但是，指令和计划的最终批准仍然取决于市场营销活动的负责人。

在制定计划过程中，吸引其他营销部门的人员甚至其他职能部门的人员参加往往有利于计划的实施，例如吸收一些基层人员参与计划制定可以有效地避免计划的内容脱离实际，制定者至少应该在计划最后定稿之前征求一些外部的意见。

（二）制定计划的时间

对于一些应变性质的临时的营销活动，企业可能很难有一个较长的准备时间，因此对于这类活动计划的制定不可能有一个固定时间。但是对于基本的营销计划，企业通常都有一个相对固定的计划制定期及计划制定周期，很多企业会在每年一个固定的时间对以往的战略计划进行审计，做出修改并形成新的战略计划，同时也会在一个相对固定的时期制定下一年度的战术计划。

（三）确定计划的内容

营销战略计划和战术计划有不同的内容，不同管理层次的营销计划内容也有很大的差别。企业在制定计划过程中应当注意到市场营销中的大部分计划都是相互依存的，例如一个市场营销的年度计划与企业的长期发展总体计划要和谐一致，针对某个营销活动制定的计划也要与年度计划保持一致。

（四）传达计划

计划最终必须由企业基层的员工来实施，计划的一个主要作用就是让参与营销活动的各个阶层员工认识到：企业对他们的期待是什么，评价他们的标准是什么，以及他们的活动和职责是如何配合企业所有的市场营销活动的。为了使计划能够真正达到这种传播和激励作用，就应该将它下达到每个相关的人。所以，市场营销计划不仅必须全文传达至直接执行的负责人，还应当部分地传达到在计划执行中起较小作用的低级别的员工手中。

三、营销计划的内容

市场营销计划的内容包括以下部分。

（一）概要

概要是市场营销计划的开端，给出一个计划的概要，涉及营销计划的目标、主要战略的介绍和战略实施的费用及成果的简介等内容。设置概要的目的是为了让计划的阅读者能迅速地把握计划的要旨。

为了便于上级主管或有关人员审核，迅速了解、掌握计划的要求，所以在形式上，最好在概要的后面附列整个计划的目录。同时，在提要的有关内容中，用括号注明在计划书中的相应页码。

（二）分析当前的营销状况

在这一部分，计划的制定者应介绍与市场、产品、竞争、分销以及现实环境有关的企业所面临的宏观及微观环境，包括宏观环境、需求状况、产品状况、竞争者状况、分销状况。

（1）宏观环境。主要介绍影响企业及产品的各种宏观环境及发展趋势，包括经济、政治法律、社会文化等各方面的内容。

（2）需求状况。列出企业所处的目标市场的一些基本数据。如用销售额及销售量表示的市场规模、市场的细分标准、市场发展的历史状况及平均水平趋势等。此外，还要介绍顾客的需求状况、购买过程的发展趋势及顾客的期望等内容。

（3）产品状况。在这一部分中，通常介绍产品过去几年的销售、价格、利润等情况。但是，对于一个新产品而言，由于没有以往的历史资料，则可以在这一部分描绘产品的收入及利润的构成比例。

（4）竞争者状况。在此要识别主要的竞争对手，描绘它们的规模、目标、市场份额、营销战略、产品特点、竞争优势以及对竞争对手行为的反应情况等内容。

（5）分销状况。这一部分的内容介绍企业的分销系统及其发展状况，包括各类分销商所起的不同作用（根据它们为企业创造的收入及利润来评价），以及企业和分销商之间的关系。

（三）分析机会和问题

根据企业的内部及外部的环境介绍，营销经理就可以对计划所涉及的产品进行 SWOT 分析，得出公司所面临的机遇和挑战，以及公司的优势和劣势。随后可以根据 SWOT 分析的结果提出在营销计划中要解决的几个主要问题。SWOT 分析表如表 10—1 所示。

表 10—1　　SWOT 分析表

内部优势与劣势 / 外部机会与威胁	内部优势（S）	内部劣势（W）
外部机会（O）	SO 战略 依靠内部优势 利用外部机会	WO 战略 利用外部机会 克服内部劣势
外部威胁（T）	ST 战略 利用内部优势 规避外部威胁	WT 战略 减少内部劣势 规避外部威胁

（四）营销目标

在分析和陈述了关键的优势、劣势、机遇和威胁，以及提出了营销计划中的主要问题之后，接下来的任务就是设定营销目标。营销目标是实施营销战略所要达到的成果，它为营销计划的成功提供了衡量尺度。制定营销目标首先要与企业的整体目标保持一致，其次应该具有较强的可操作性，也就是说它的执行要可以度量，尽量将它以数量的形式表示而不只是停留在文字描述的水平。营销目标可以有多种，常见的有以下几种：

（1）保持或增加销售量及销售额。

（2）保持或增加市场份额。

（3）保持或增加品牌知名度。

（4）保持或增加销售网点的数量。

（5）将价格控制在一定的水平。

（五）营销战略

企业通过营销战略来实现营销目标，制定营销战略的主要内容是确定目标市场及与之相对应的营销组合。营销经理不仅应当准确地描述战略的内容，而且还要说明战略所需要的资源及战略实施过程中的责任分担。营销战略的实施只有在其他职能部门的配合下才能很好完成，因此战略的最后确定应该征求其他职能部门的意见。

（六）营销战术

营销战术是营销战略的具体化，是对实施营销战略具体活动的描述，它回答以下几个问题：将做什么？什么时候做？谁来做？成本是多少？全盘考虑市场营销战略实施过程中涉及的各个因素、每个环节以及所有内容，可以把具体的战术或行动用图表形式描述出来，标明日期、活动费用和责任人，使整个战术行动方案一目了然，便于执行和控制。

（七）营销预算

尽管在营销战略及战术的描述中都对所需的企业资源进行了说明，但是一份完整的营销计划还应该包括一个较为详细的营销预算，以便能够对营销计划的可能成果有一个清晰完整的了解。

预算包括成本预算，如销售的成本、广告费用、支持经销商的费用、市场调研费等，预算还包括对产品从市场获得的预期收入的预测。营销经理应该在会计人员的帮助下制定预算，而且要在准确性和灵活性之间进行权衡。预算首先应当是准确的、详尽的，这样才能配置资源，评价不同市场行为的成本有效性，同时也为计划的控制提供标准；预算也应当有一定的灵活度，这样才能应付变化多端的企业经营环境。

（八）营销控制

为了使营销计划在执行过程中不会有太大的偏离，必须对计划的执行进行一定的控制；控制的实质就是将计划执行的后果与预期进行比较，如果发现偏离就要找出其中的原因，必要时还可以对计划进行调整。事实上营销目标本身就是一个控制指标，在计划结束时可以用它来评价计划的执行效果。但是，单单使用这一个控制指标风险太大，所以管理人员应该制定一系列的控制标准，以阶段性地衡量计划的执行效果，保证营销目标的最终实现。

资料链接

判断一份市场营销计划是否稳健

1. 该计划是否列出了企业面临的重要的新机会？是否考虑到了主要威胁？是否认识到了企业自身条件中的优势和弱点？

2. 该计划是否清楚地定义了有关的目标细分市场和它们的相对潜力？

3. 该计划中的目标市场的绝大多数人都认为我们的产品或服务比竞争者的更优秀（更值得信任和购买）吗？

4. 该计划拟用的战略、战术和行动之间，是否具有一致性、连贯性？运用的市场营销手段和工具恰当吗？

5. 该计划达成预定目标的可能性（概率）有多大？

6. 假如我们同意支付计划80%的经费，市场营销部门会减少哪些项目？

7. 假如我们支付该计划120%的经费，市场营销部门又会增加哪些项目？

资料来源：［美］菲利普·科特勒：《科特勒谈营销》，250页，杭州，浙江人民出版社，2002。

四、营销计划的执行

营销计划的执行是将营销计划转化为行动和任务的部署过程，并保证这种任务的完成，以实现营销计划所制定的目标。波诺马认为能够影响有效执行营销计划的因素有四类，它们分别是：（1）发现和诊断一个问题的技能，即当营销计划执行结果与预期不相符时，找出问题到底是什么以及如何解决出现的问题；（2）对公司存在问题的层次作出评估的技能，即找出问题是出在行使营销功能的层次，还是出在制定营销计划的层次或是公司的更高管理层的营销政策上；（3）执行计划的技能，它包括营销经理合理分配营销资源的能力、组织营销力量的能力，以及营销计划执行者相互配合的能力；（4）评价执行结果的技能，它是指适时发现并测量计划执行的实际结果与预期结果之间差异的能力。

第三节 市场营销控制

在执行市场营销计划的过程中，无论一个营销计划设计得多么完善，难免会遇到各种意外事件，所以要不断地对市场营销活动进行监督、评价，控制其发展动向。控制不仅有助于确保营销活动按预期进行，而且也能够提供重要的反馈信息，使营销经理在必要的时候对计划进行恰当的修订。

市场营销控制包括年度计划控制、盈利控制、效率控制和战略控制。年度计划控制主要检查市场营销活动的结果是否达到了年度计划的要求，并在必要时采取调整和纠正措施；盈利控制是为了确认在各产品、地区、最终顾客群和分销渠道等方面的实际获利能力；效率控制的任务是提高诸如人员推销、广告、促销、分销等工作的效率；战略控制则是审计企业的战略、计划是否有效地抓住了市场机会，是否同市场营销环境相适应。市场营销控制的方法如表10—2所示。

表10—2　市场营销控制的方法

控制类型	主管人	控制出发点	采用的方法
年度计划控制	最高层主管、中层主管	检查计划目标是否实现	销售额分析、市场占有率分析、市场营销费率分析、财务分析等
盈利控制	市场营销主管	检查企业的盈亏点	各产品的地区、细分市场、渠道、分销的获利能力等情况的分析与研究
效率控制	职能管理部门、市场营销主管	评价和提高营销费用支出的效果	销售人员、广告、促销和分配等的研究
战略控制	最高层主管、营销审计人员	检查企业是否最大限度地利用了最佳市场机会	市场营销审计、营销有效性评价等的分析与研究

一、年度计划控制

年度计划控制是对销售额、市场占有率、费用率等进行控制；年度计划控制的目的，是确保年度计划所规定的销售、利润和其他目标的实现。

年度控制过程分为以下几个步骤：确定年度计划中的月份目标或季度目标，监督市场营销计划的实施情况；如果市场营销计划在执行过程中有较大的偏差，则要找出其中的原因；采取必要的补救或调整措施，缩小计划与实际之间的差距。

(一) 销售分析

销售分析就是衡量并评估实际销售与计划销售之间的差距。具体有两种方法。

1. 销售金额分析

这种方法主要用来衡量造成销售差距的不同因素的影响程度。

案例10—3

某企业在年度计划中预计某种产品第一季度出售5 000件，单价5元，总销售额25 000元。季末实际售出4 000件，售价降为4.6元，总销售额为18 400元，比计划销售额少 26.4％，差距为 6 600 元。显然，既有售价下降方面的原因，也有销量减少的原因。但是，二者各自对总销售额的影响程度又是多少呢？计算如下：

售价下降的差距＝（5－4.6）×4 000＝1 600（元）

售价下降的影响＝1 600÷6 600＝24.2％

销量减少的差距＝（5 000－4 000）×5＝5 000（元）

销量减少的影响＝5 000÷6 600＝75.8％

由此可见，没有完成计划销售量，是造成差距的主要原因。因此，需要进一步深入分析销售量减少的原因。

2. 地区销售量分析

这种方法用来衡量导致销售差距的具体产品和地区。

例如，某企业在甲、乙、丙三个地区的计划销售量分别为 2 500 件、1 500 件和1 000 件，共 5 000 件。但是，各地实际完成的销售量分别为 2 200 件、900 件和 900 件，与计划的差距为－12％、－40％和－10％。显然，引起差距的主要原因在于，乙地区销售量大幅度减少。因此，有必要进一步查明原因，加强该地区的市场营销管理。

（二）市场占有率分析

销售分析一般不反映企业在市场竞争中的地位。因此，还要分析市场占有率，揭示企业同竞争者之间的相对关系。比如，一家企业销售额的增长，可能是它的市场营销绩效较竞争者有所提高，也可能是因为整个宏观经济环境改善，使得市场上所有企业都从中受益，而这家企业和对手之间的相对关系并无变化。企业需要密切注意市场占有率的变化情况。在正常情况下，市场占有率上升表示市场营销绩效提高，在市场竞争中处于优势；反之，说明在竞争中失利。

造成市场占有率波动的原因很多，要从实际出发具体分析：

（1）市场占有率的下降，可能出于企业在战略上的考虑。有时候，企业调整经营战略、市场营销战略，主动减少一些不能盈利的产品，使得总销售额下降，影响到市场占有率。如果企业的利润反而有所增加，这种市场占有率的下降就是可以接受的。

（2）市场占有率的下降，也可能是由于新竞争者进入市场所致。通常，新的竞争者加入本行业的竞争，会引起其他企业的市场占有率在一定程度上有所下降。

（3）外界环境因素对参与竞争的各个企业的影响方式和程度往往不同，产生不一样的影响力。例如原材料价格的上涨，会对同一行业的各个企业都产生影响，但不一定所有企业及同类产品都受到同样的影响。有些企业推出创新的产品设计，在市场上争取到较多的客户，市场占有率反而可能上升。

（4）分析市场占有率，要结合市场机会同时考虑。市场机会大的企业，其市场占有率一般应高于市场机会小的竞争者，否则其效率就有问题。

案例10—4

1998 年，家电企业集团依靠品牌和市场优势，销售额快速上升，据对 82 个家用电器企业的不完全统计，全年销售收入为 864 亿元。其中有 18 家企业销售额超过了 10 亿元，合计为678亿元。1998年家用电器销售收入超过10亿元的企业如表10—3所示。

表10—3 家用电器销售收入超过10亿元的企业 年份：1998年

企业名称	销售收入（亿元）
海尔集团	162.7
春兰集团	83.9
科龙集团	65.9
格力电器公司	53.0

据以上资料，对格力电器公司的市场份额分析如下：

$$\text{格力电器公司的市场份额}=\frac{\text{格力公司的销售收入}}{\text{家电行业的销售总收入}}=\frac{53.0}{864}\times 100\%=6.13\%$$

$$\begin{array}{c}\text{格力电器公司的相对市场份额 A}\\\text{（针对三大竞争者）}\end{array}=\frac{53.0}{162.7+83.9+65.9}\times 100\%=16.96\%$$

$$\text{格力电器公司的相对市场份额 B（针对最大竞争者）}=\frac{53.0}{162.7}\times 100\%=32.6\%$$

从以上分析可以看出，在家电行业中，格力公司属于第二梯队，市场份额仅为6%，只是海尔的1/3，即使在第二梯队中，也仅处于第3名，相对市场份额A为16.96%。

（三）市场营销费用率分析

年度计划控制要确保企业在达到销售计划指标时，市场营销费用没有超支。因此，需要对各项费用率加以分析，并控制在一定限度。如果费用率变化不大，在安全范围内，可以不采取任何措施；如果变化幅度过大，上升速度过快，接近或超出上限，就必须采取有效措施。

通过上述分析发现市场营销实绩与年度计划指标差距太大，就要采取相应措施：或是调整市场营销计划指标，使之更切合实际；或是调整市场营销战略、策略和战术，以利于计划指标的实现。如果指标和战略、策略、战术都没有问题，就要在计划的实施过程中查找原因。

二、盈利控制

除了年度计划控制，企业还要从产品、地区、顾客群、分销渠道和订单规模等方面分别衡量它们中的每一项的获利能力。获利能力的大小，对企业进行市场营销组合决策有重要和直接的影响。

企业盈利能力控制在市场营销管理中占有十分重要的地位，一般主要通过以下指标进行分析控制。

（一）销售利润率

一般来说，企业将销售利润率作为评估企业获利能力的主要指标之一。销售利润率是指利润与销售额之间的比率，表示每销售100元使企业获得的利润。其计算公式是：

$$\text{销售利润率}=\frac{\text{本期利润}}{\text{销售额}}\times 100\%$$

（二）资产收益率

资产收益率是指企业所创造的总利润与资产平均总额的比率。其计算公式是：

$$\text{资产收益率}=\frac{\text{本期利润}}{\text{资产平均总额}}\times 100\%$$

（三）净资产收益率

净资产收益率是指税后利润与净资产平均余额的比率。净资产是指总资产减去负债总额后的净值。这是衡量企业偿债后剩余资产的收益率，其计算公式是：

$$净资产收益率=\frac{税后利润}{净资产平均余额}\times 100\%$$

（四）资产管理效率

资产管理效率可通过资产周转率和存货周转率来分析。

资产周转率是指一个企业以资产平均总额去除产品销售收入净额而得出的结果。其计算公式是：

$$资产周转率=\frac{产品销售收入净额}{资产平均总额}\times 100\%$$

该指标可以衡量全部投资的利用效率，资产周转率高说明投资利用效率高。

存货周转率是指产品销售成本与存货平均余额之比。其计算公式是：

$$存货周转率=\frac{产品销售成本}{存货平均余额}\times 100\%$$

这项指标说明某一时期内存货周转的次数，从而考核存货的流动性。存货周转率次数越高，说明存货水平较低，周转快，资金使用效率好。

资产管理效率与获利能力密切相关。资产管理效率高，获利能力相应也较高。这可以从资产收益率与资产周转率及销售利润率的关系中表现出来。资产收益率实际上是资产周转率和销售利润率的乘积。

三、效率控制

如果盈利能力分析显示出企业某一产品、地区或市场的利润很差，那么紧接着下一个问题便是有没有高效率的方式来管理销售人员、广告、销售促进及分销。

（一）销售人员效率控制

企业进行销售人员效率控制时，各地区的销售经理需要记录本地区销售人员效率的几项主要指标，包括每个销售人员每次推销访问平均所需的时间、平均收入、平均成本、费用及订货单数量；每次推销能够发展的新客户数量，丧失的老客户数量；销售成本占总销售额的百分比；等等。

企业从以上分析中会发现一些有意义的问题：每次的访问成本是否过高？每次访问所花的时间是否太多？是否增加了足够多的新客户并留住了原有的老客户？当企业正视销售人员效率的改善后，通常会取得很多实质性的改进。

（二）广告效率控制

企业广告效率的控制，应注意以下指标：各种媒体接触每千名目标顾客的广告成本，注意、收看或阅读了广告的观众占整个目标观众的百分比，目标顾客在收看广告前后态度的变化，目标顾客对广告内容与形式的看法，消费者受广告刺激增加对产品询问的次数。

（三）促销效率控制

为了改善销售促进的效率，企业还需进行促销效率控制。为此，企业应该对每项促销成本和销售的影响作统计，如由于优惠销售增长的百分比、每一销售额的陈列成本、赠券收回的百分比、因示范而引起询问的次数。企业还应观察不同销售促进手段的效果，并使用最有效的促销手段。

(四) 分销效率控制

分销效率主要是对企业存货水平、仓库位置及运输方式进行分析和改进，以达到最佳配置并寻找最佳运输方式和途径。

效率控制的目的在于提高人员推销、广告、促销和分销等市场营销活动的效率，市场营销经理必须关注若干关键比率，这些比率表明上述市场营销职能执行的有效性，显示出应该如何采取措施以改进执行情况。

四、战略控制

战略控制也称市场营销审计，是定期对企业营销环境、经营战略、目标、计划、组织和整体营销效果进行全面、系统审查和评价的过程。

战略控制的目的是确保企业战略、目标、政策和策略与市场营销环境和企业内部资源的变化相一致。现代企业面对的营销环境变化极为频繁，企业原有的战略和目标经常因环境的变化而过期了，因此，每个企业都有必要建立这样一种营销审计制度，定期对影响企业经营的方向性问题作出评价和判断，及时发现问题和机会，提供给企业最高决策部门作参考。营销审计可分为六大部分，即营销环境审计、营销战略审计、营销组织审计、营销制度审计、营销生产效率审计和营销功能审计，如表 10—4 所示。

表 10—4 营销审计的六大部分

营销环境审计	(1) 宏观环境：哪些人口统计学的、经济学的、自然的、技术的、政治的和文化的趋势会给公司带来威胁和机遇？ (2) 任务环境：1) 市场和消费者：市场的大小、成长、地域分布和利润发生什么变化？消费者如何作出购买决定？他们如何评价一个公司的产品质量、价值和服务？2) 营销体系中的其他因素：谁是公司的主要竞争对手？他们的战略、优势和弱势是什么？公司的渠道表现如何？哪些趋势影响了供应商？哪些关键的公众提出了问题和机会？
营销战略审计	(1) 业务和营销目标：任务是否被清晰地定义，以及是否以市场为导向？公司是否设立了清楚的目标来指导营销计划和表现？ (2) 营销战略：公司是否有强大的营销战略来实现目标？ (3) 预算：公司是否为细分市场、生产产品、占领市场和营销组合要素准备了充分的资源？
营销组织审计	(1) 正式结构：营销活动是否沿着功能线、产品线、市场线和地域线优化结构？ (2) 功能效率：营销和销售的沟通是否有效？营销人员是否被很好地训练、监督、激励和评价？ (3) 交叉功能效率：营销部的人员是否与采购部、人力资源部、信息技术部及其他非营销部门的人员很好地合作？
营销制度审计	(1) 营销信息系统：营销的智能系统是否提供了准确、及时的信息？公司是否有效地进行了市场调研？ (2) 营销计划系统：公司是否准备了年度的、长期的及战略的计划？它们有用吗？ (3) 营销控制系统：年度计划目标实现了吗？管理层有无定期地分析产品、市场、渠道销售和利润？ (4) 新产品开发区：公司有一个有效的新产品开发过程吗？公司的新产品成功了吗？

续前表

营销生产效率审计	(1) 利润分析：公司的不同产品、市场、领域和渠道的利润如何？公司是否应该进入、扩大或退出任何业务？ (2) 成本—效益分析：有没有任何营销活动有额外的成本？如何降低成本？
营销功能审计	(1) 产品：公司产品线的目标是什么？一些现有产品是否该被驱逐？新产品该加入吗？改变产品的质量、特色和式样能否使一些产品获利？ (2) 价格：公司的定价政策和定价过程适当吗？价格与顾客认知价值相符合吗？ (3) 分销：公司的分销目标和战略及现有的渠道是否应该改变？是否该加入新的渠道？ (4) 促销：公司是否开发了好的广告、销售促销和公共关系计划？销售队伍是否足够强大？有无好的训练、监督和激励？

思考与练习

一、复习思考题

1. 市场营销组织有哪几种形式？
2. 市场营销计划是怎样制定的？实施计划需要注意哪些问题？
3. 战略营销计划和战术营销计划有何区别？
4. 市场营销控制有哪几种？

二、案例分析题

惠普公司的组织结构

1939 年，两位工程师比尔·休利特和大卫·帕卡德在帕洛阿尔托的一间汽车库里建立了惠普公司，开始制造测试设备。创业之初，比尔和大卫亲自做每一件事，从设计和制造他们的设备，一直到对这些设备进行市场营销。当公司扩展到汽车库之外并开始生产更多型号的测试设备时，休利特和帕卡德雇用了职能经理来管理公司的各类活动。到 20 世纪 70 年代中期，惠普公司的 42 个部门已雇用了 30 000 多名职员。公司结构不断演变，以支持公司对革新和自主的着重强调。每个部门都作为一个独立的单位来经营，并且对自己的战略规划和市场营销方案负责。

1982 年，彼得斯和沃特曼在其《追求卓越》一书中指出，惠普公司的结构是其保持杰出的主要原因。他们赞扬了惠普公司的非限制性结构和高度非正式的交流（即 MBWA 风格——吟游管理）因为这一做法以分散责任和权力的方式培养了自主。该方法成为著名的“惠普方式”，这种公司结构通过打破顽固的命令锁链和建立经理与职员之间的亲密平等关系，鼓励革新。

到了 20 世纪 80 年代，尽管公司仍能盈利，但在快速变化的个人电脑和小型电脑市场中，惠普公司开始遇到难题。新的气候要求惠普公司高度自主的部门在产品开发和市场营销方面进行合作，但是，惠普公司闻名的革新文化，以及对自主和企业家身份的着重强调，已成为一大障碍。因此，惠普公司采取行动，使其结构和文化与不断变化的环境保持一致。公司建立了委员会制度，以此促进部门内部与部门之间的交流，并协调它们的活动。

新结构在一段时间内看起来卓有成效。但是，权力集中运动很快便失去了控制。委员会不断增多，而且很快每个决策都需要委员会做出，到 80 年代末，"惠普方式"因庞大的官僚主义而完全停顿下来。进入 90 年代时，惠普公司有不下 38 个内部委员会，其决策范围囊括了每一个方面，从新产品的技术规格一直到投放产品的最佳城市选择。这个令人窒息的结构不但没有增进部门间的交流，反而助长了成本，增加了惠普公司决策和市场应变的时间。例如有一次，公司花了将近 100 个人力、7 个多星期来为公司的新浪潮计算机命名。

在快步前进的智能终端和个人电脑市场，惠普公司缓慢的决策过程使其与灵活的对手，如康柏电脑公司和太阳微型系统公司相比，处于严重不利的地位。当惠普公司最重要的项目之一——一套高速智能终端，由于显得没完没了的委员会会议而落后于计划一年时，公司高层管理部门开始采取行动。它把项目所需的 200 名工程师从正式的管理结构中撤出，以便他们能在项目中持续工作，不受委员会烦琐拖拉公事程序的影响。这次工作站危机使惠普管理部门相信，必须在整个公司采取类似的改革。其结果是，公司进行了一次彻底的重组，铲除了委员会结构，使组织恢复了平衡。原先要与 38 个委员会交涉的高级管理人员，现在通常只需和三个委员会打交道。现在，全球性的多功能的队伍经营着各项惠普公司的业务。尽管公司规模庞大，拥有 98 400 名职员和 250 亿美元年销售额，但是其小型、灵活和自主的业务单位能够迅速地对市场做出反应。

因此，在不到十年的时间里，惠普公司的结构从高度分散和非正式的"惠普方式"演变为高度集中的委员会制度，然后再回到位于这两者之间的某个点上。惠普公司不可能找到一种能满足未来所有需要的最好的结构。因此，公司必须不断地改变自己的结构，以适应永远处于变化中的环境的要求。

问题：惠普公司的结构是怎样变化的？惠普公司的结构为什么要变化？

三、营销讨论题

1. 就整体而言，营销管理过程当中哪一部分最为重要：计划、组织，还是控制？
2. 组织结构和公司文化哪一个较易改变？又是哪一个对计划执行的影响较大？

教师信息反馈表

为了更好地为您服务，提高教学质量，中国人民大学出版社愿意为您提供全面的教学支持，期望与您建立更广泛的合作关系。请您填好下表后以电子邮件或信件的形式反馈给我们。

您使用过或正在使用的我社教材名称		版次	
您希望获得哪些相关教学资料			
您对本书的建议（可附页）			
您的姓名			
您所在的学校、院系			
您所讲授课程的名称			
学生人数			
您的联系地址			
邮政编码		联系电话	
电子邮件（必填）			
您是否为人大社教研网会员	□ 是　会员卡号：______ □ 不是，现在申请		
您在相关专业是否有主编或参编教材意向	□ 是　□ 否 □ 不一定		
您所希望参编或主编的教材的基本情况（包括内容、框架结构、特色等，可附页）			

我们的联系方式：北京市海淀区中关村大街 31 号
中国人民大学出版社教育分社
邮政编码：100080
电话：010-62515941
网址：http：//www. crup. com. cn/jiaoyu/
E-mail：jyfs _ 2007@126. com